蒙元史

多语种文献探研

曹金成 著

山东大学出版社
SHANDONG UNIVERSITY PRESS
·济南·

图书在版编目(CIP)数据

蒙元史多语种文献探研 / 曹金成著. — 济南 : 山东大学出版社, 2024.8 (2025.6重印)

ISBN 978-7-5607-8143-3

Ⅰ. ①蒙⋯ Ⅱ. ①曹⋯ Ⅲ. ①蒙古族—民族历史—文献—研究—中国②中国历史—文献—研究—元代 Ⅳ. ①K281.2②K247.07

中国国家版本馆CIP数据核字（2024）第105703号

责任编辑 李 淼
封面设计 武守友

蒙元史多语种文献探研
MENGYUANSHI DUOYUZHONG WENXIAN TANYAN

出版发行 山东大学出版社
社　　址 山东省济南市山大南路20号
邮政编码 250100
发行热线 （0531）88363008
经　　销 新华书店
印　　刷 济南乾丰云印刷科技有限公司
规　　格 787毫米×1092毫米 1/32
11.125印张 260千字
版　　次 2024年8月第1版
印　　次 2025年6月第2次印刷
定　　价 48.00元

目　录

·蒙古文、藏文文献篇·

·波斯文文献篇·

绪　言

公元 13 世纪，成吉思汗及其继承者通过南征西讨，在欧亚大陆建立了广袤的草原帝国，后在蒙古统治集团的内部斗争中又逐渐分裂为数个王朝。其中作为蒙古诸政权宗主国的元朝，在欧亚大陆政治、军事、外交、经济与文化等领域均发挥了至关重要的作用。

以往对蒙元王朝的研究，主要从中国古代中原王朝史、中国古代北方民族史、12—14 世纪欧亚大陆史三个维度展开。就第一个维度的研究而言，汉文文献无疑是最基本、最核心也是最重要的参考文献。但不容忽视的是，汉文文献中也留下了以汉字音译或意译的多种族群的多元历史信息。对此之解读，就离不开民族语文和域外语文的学习与运用，尤其是要从蒙古统治集团的角度深入理解蒙元王朝的政治运作与时代特色，恐怕就更需要以了解之同情的心态，走进这些多元历史信息的文本现场，对其进行更为情境化的深入解读。从第一个维度研究蒙元王朝既是如此，后两个维度就更可想见而不必遑论了。总之，解读并利用非汉文文献，既有助于切实把握蒙元王朝的性格与特质，也有利于拓展并深化关于蒙元历史的既有认识。

本书对蒙元史多语种文献的研究主要采取专题的形式，选择既具重要性又不失典型性的汉文、蒙古文、藏文与波斯文文献，或对具体文献进行考索、笺注，或从具体文献的关键记载出发，提炼问题、综合研究，力求在文献解读与问题解决的相互助力中，既能够深入地认识具体文献，又较为妥帖地解决学术问题，做到文献解读与历史研究的有机结合，相辅相成，相得益彰。具体而言：

第一至四章是对蒙元史汉文文献及其所记史事的研究。

第一章考察《平宋录》一书。此书是现存成书最早且最为详细地记载元朝灭宋历程的历史文献，然作者并非刘敏中，亦非平庆安。目前所见者为三卷，系诸多材料的纂辑本，除了收录与平宋相关的诏书、贺表、碑文等文献外，还参考过严光大《丙子北狩》以及当时的其他口述性材料，其中一些记载是研究元朝灭宋的独家史料。清人李文田校跋本是目前所见较佳的版本，实有必要以此为底本重新整理点校。

第二章笺注《北巡私记》。此书作者作为历史的亲身经历者，详细记录了元顺帝从大都北遁草原后蒙元政局的诸多内幕，使此书成为后人了解这一段历史的第一手文献。国内以往的整理皆有未安之处，本章在此前提下，充分吸收海尼士与奥博里赫的德文译注本，并参考柯立夫的英文译注本残稿，间以己说，对此书进行翔实注释，力求提供一部精审的笺注本，以供学界参考。

第三章介绍、评述柯立夫关于《北巡私记》的英文译注。柯立夫此文系未竟之作，故生前并未发表，学界罕有人知。本章详细评述其主要内容、英译特点与学术价值，并指出全面梳理、总结、评述柯立夫的学术成就，是以后非常值得研究的一个重要课题。

第四章以那海家族的汉文材料为中心，重新认识元朝契丹人的族群分类、仕宦与文化倾向。学界普遍认为，元朝的哈剌契丹人属于“色目”，契丹人则为“汉人”。然那海家族的碑文昭示出原金朝境内的契丹人在元朝也自称“哈剌契丹”。那海家族后代回会在元朝中期入为都省宰相、出为封疆大吏的仕宦经历，与其皇室宿卫的出身直接相关，但在元代契丹人中并不具备普遍性。除了汉化与蒙古化，那海家族成员的叠字命名方式还留下了突厥化的印记。以上种种，均丰富了学界关于元朝哈剌契丹人的既有认识。

第五至九章是对蒙元史蒙古文和藏文文献的研究。

第五章是对《元朝秘史》所记蒙古忽图剌汗即位仪式的全新诠释。此事最早载于《元朝秘史》，后来波斯文文献亦有提及，立足于北方民族树木崇拜的文化传统，可知“绕树跳跃”作为蒙古忽图剌汗的即位仪式是对突厥选汗方式的某种承袭与改良，由此亦可窥见内亚游牧民文化习俗的一体性与延续性。

第六章是对《元朝秘史》所记札木合十三部的考证。以往学界对十三翼之战的考察，往往关注成吉思汗一方，而忽略了其敌手札木合一方的战备情况。本章从《元朝秘史》的记载出发，考证出十三翼之战中札木合所率领的十三部（哈邻）为札答阑、泰亦赤乌、亦乞列思、兀鲁兀、那牙勤、巴鲁剌思、巴阿邻、豁罗剌思、忙忽、晃豁坛、合塔斤、撒勒只兀与朵儿边。

第七章是对《元朝秘史》所记蒙古哨马的研究。“哨马”一词开始集中出现于南宋末年的汉文文献，专指当时的蒙古侦察兵。在《元朝秘史》中，蒙古哨马分为阿勒斤赤、莽来、合剌兀勒、察黑都兀勒孙。他们来源广泛，不但负责探察敌情，还作为前锋攻城略地，并担有巡逻地方之职务。元代设立哨马千户所对其进行专门管理。对哨马的研究，既为深入探讨蒙古帝国的迅速崛起提供了一个全新视角，也为今后全面考察北方民族的侦察兵提供了一个重要切口。

第八章是对《元朝秘史》旁注“扯儿宾”为“女官名”进行重新检讨。本章认为，明初议员将《元朝秘史》中的“扯儿宾”旁注为“女官名”，并不恰当。从“扯儿宾”具有侍从之义出发，结合《元朝秘史》汉字音译蒙古文的惯例，可知“扯儿宾”实应旁注为“官名”，并与其后的“斡乞”一起训作“侍女”。

第九章是对《雅隆尊者教法史》所记蒙元史事的考辨。《雅隆尊者教法史》是明初藏族史家释迦仁钦德撰写的一部藏文史书，其中关于蒙元王朝的史事不啻一部简明蒙元史。本章从藏文原文的译读出发，结合相关文献与成果，重点考辨并深入研究《雅隆尊者教法史》所记成吉思汗先祖世系、成吉思汗兄弟及后代世系、伯颜灭宋以及元顺帝即位的叙事。

第十、十一章是对波斯文文献的研究。

第十章是对术兹札尼《纳昔儿史话》中的蒙古习俗与法律进

行汇释。《纳昔儿史话》是现存第一部全面记载蒙古西征的波斯文文献，但书中所载蒙古人的习俗、法律、汗位继承等内容多为学界所忽略。本章重点汇辑、翻译、考释蒙古习俗与法律，并与相关文献记载互证，力求在发掘全新历史信息的同时，深化这方面的相关研究。

第十一章是对术兹札尼《纳昔儿史话》所记成吉思汗生年的解读。成吉思汗生于1162年，经前辈学者的严谨论证，已得到学界公认。然《纳昔儿史话》中出现的猪年（1167）生年说，亦见于当时的汉、藏、波斯文文献。本章认为，这很可能是突厥文化影响蒙古汗廷的产物，因为在突厥文化中猪是勇武善战的象征，恰与成吉思汗的赫赫武功相符。借由突厥语人群在草原汗廷内外的宣传，猪年说在欧亚大陆盛行一时，甚至为蒙古官方最初的历史编撰所采纳，然蒙古汗廷又确切知道成吉思汗生于1162年，故在后来官方史书的修订中进行了改正。

结语是对蒙元史多语种文献整理与研究的再思考。这一部分拟跳出正文的个案和专题式研究，从整体上检讨、预瞻蒙元史多语种文献的整理与研究，并指出在运用审音勘同研究蒙元史多语种文献时，还需兼顾史事的勘同。在审音勘同中以小见大、见微知著，达到“凡解释一字即是做一部文化史”（陈寅恪语）的学术境界，则是对研究者提出的更高治学要求。

本书最后附录笔者所译的三篇译文。一是李盖提的《元文宗的蒙古名》。此文主要利用藏文文献，将元文宗的蒙古名复原为Tuγ temür。笔者又据元代藏文文献进行了更为确凿的补证。二是波伊勒的《术兹札尼〈纳昔儿史话〉所记阿富汗和印度的蒙古将领》。此文是最早对《纳昔儿史话》进行专题探察的学术成果，在一定程度上反映了西方学界专研蒙元史波斯文文献的治学路径。三是松井太的《蒙古时代的畏吾儿农民与佛教教团——U 5330（USp 77）文书的再研究》。此文在重新识读、转写与注释元代回鹘文文献 U 5330 文书的基础上，重点考察文书所记畏吾儿社会的诸般面相，展现了历史学视角下研究元代回鹘文文献的一般路径。此三文均与本书主题密切相关，故纳入附录，以飨读者。

汉文文献篇

·第一章·

关于《平宋录》若干问题的新考索

《平宋录》刊于元成宗大德八年（1304），是现存成书最早且最为详细地记载元朝灭宋历程的历史文献。前人对《平宋录》的概要介绍与评价，当以清乾隆朝四库馆臣为代表：

> 《平宋录》三卷，旧题杭州路司狱燕山平庆安撰。一名《大元混一平宋实录》，又名《丙子平宋录》。前有大德甲辰邓锜、方回、周明三序。纪至元十三年巴颜下临安及宋幼主北迁之事，与史文无大异同。惟元世祖《封瀛国公诏》、巴颜《贺表》诸篇，及追赠河南路统军郑江事，为史所未备，颇足以资参考。
>
> 此书黄虞稷《千顷堂书目》以为刘敏中作。今按周明序，称"平庆安请于行省，奏加巴颜封谥，建祠于武学故基武成王庙之东。且锓梓王行实行于世"，后又有"大德八年甲戌月（案：大德元年为甲辰，九月当建甲戌，此盖当时习俗之文，不合古例，谨附识于此）燕山平庆安开板印造《平宋录》"一行。俱不言新著此书。是此书实刘敏中所撰，庆安特梓刻以

> 传。后人以其书首不题敏中姓名，未加深考，遂举而归之庆安耳。今改题敏中名，从其实焉。敏中字端甫，章丘人，由中书掾历官至翰林学士承旨，卒，追封齐国公。事迹具《元史》本传。①

四库馆臣的这一提要，涉及《平宋录》的作者、书名、卷数与史料价值等问题，所述并非完全平实可信。既往的研究，仅考察了《平宋录》的版本，并简要辨析了作者的身份②，但仍有进一步检讨的空间。有鉴于此，笔者以四库提要所涉议题为中心，并援引史源这一问题，在与前人成果充分对话的同时，对《平宋录》一书进行全新考索。

一、作者

四库馆臣征引黄虞稷（1629—1691）《千顷堂书目》的说法，进一步论证《平宋录》作者实为刘敏中，而非“旧题杭州路司狱燕山平庆安”，认为后者只是“梓刻以传”而已。此说不但在清

---

① 四库全书研究所整理：《钦定四库全书总目》（整理本），北京：中华书局，1997年，第720页。按，引文中的“巴颜”即灭宋将领“伯颜”清代改译之名。“大德八年甲戌月”，可理解为“大德八年甲辰岁建戌月”。按照古人以十二地支与十二月相配的“月建”观念，建子之月即十一月，依次类推，建戌月即九月，此即四库馆臣所谓“九月当建甲戌”之缘由。

② 参见熊燕军：《〈平宋录〉的版本及作者》，魏崇武主编：《元代文献与文化研究》第2辑，北京：中华书局，2013年，第38—47页。

代、民国时期影响甚大[①]，当今学界亦多信从不疑[②]。最新的研究则指出刘敏中的碑传材料从未提及他著有《平宋录》一书，故更倾向于将《平宋录》题名为"平庆安辑"[③]。本节即作进一步检讨。

诚如前人所言，刘敏中并非《平宋录》的作者。对此，还可进一步论证。若刘敏中果真是《平宋录》的作者，则正文前的序言必定会对其撰述旨趣以及与此相关的作序缘起有所着墨[④]，然其中除了表彰平庆安的刻印之功外，却对刘敏中未置一词，这不得不让人质疑刘敏中作为《平宋录》作者的身份。

此外，《平宋录》的文本本身亦存在诸多弊端，如同一人物前后指称有别（既称忽必烈为"至尊"，又以"上"指代）、蒙古语人名的汉译前后不一（前有"乙乞里歹"，后则作"亦只里歹"）、删节而成的衔接生硬的"云云"类话语（复州翟贵降附时，有"丞相曰'汝今迎师而降，鄂州亲属可令无虞'云云。丞相召贵曰

---

① 参见嵇璜：《续文献通考》卷一六三《经籍考》，杭州：浙江古籍出版社，2000年，第4155页上；刘锦藻：《清朝续文献通考》卷二七一《经籍考十五》，杭州：浙江古籍出版社，2000年，第10152页上；张佩纶：《张佩纶日记》，谢海林整理，南京：凤凰出版社，2015年，第390页；民国《山东通志》卷一三一《艺文志第十》，民国七年（1918）铅印本，叶39a。

② 参见中国历史大辞典·史学史卷编纂委员会编：《中国历史大辞典·史学史卷》陆峻岭所撰词条，上海：上海辞书出版社，1983年，第92页；夏征农主编：《辞海》之《中国古代史分册》，上海：上海辞书出版社，1988年，第562页；邓瑞全、王冠英编著：《中国伪书综考》，合肥：黄山书社，1998年，第336页；杨镰主编：《全元诗》第11册，北京：中华书局，2013年，第259页。

③ 熊燕军：《〈平宋录〉的版本及作者》，魏崇武主编：《元代文献与文化研究》第2辑，北京：中华书局，2013年，第47页。

④ 按，四库馆臣指出正文前有"邓锜、方回、周明三序"，其实遗漏了方回与周明二序之间的杜道坚序，故《平宋录》正文前共有四篇序文。

‘复州去江陵不远，汝遣使去招谕’云云”）以及干支纪日的一些错误等等[①]，若出自“朝廷有大制作，必遣使需其文”[②]的刘敏中之手，显然不可思议。总之，目前将《平宋录》的作者比定为刘敏中实难令人信服。

就《平宋录》的具体内容来看，卷上与卷中所记确如四库馆臣所说，是关于“至元十三年巴颜下临安及宋幼主北迁之事”。然细绎其文，卷上与卷中伯颜下临安的纪事以干支纪日，而卷中末“宋幼主北迁之事”则以数字纪日，这显然是后者直接抄录其他材料缀接到前者之后所致。[③]卷下依次编入了宋太后致淮东制置李知院书、《大丞相贺表》、《贺表》、《赐宋主诏》、《追赠郑江》、《抚劳战士》、《丞相伯颜公勋德碑》等文章，作者皆非刘敏中。邓锜序言所谓“次第《平宋录》讫”云云，暗示此书并非一蹴而就，而是按一定次序陆续纂成，恰与其卷次内容相符。至于将《平宋录》作者署名为刘敏中，很可能是刘敏中曾撰有《敕赐淮安忠武王庙碑》而导致后人张冠李戴的误解。[④]

所谓“旧题杭州路司狱燕山平庆安撰”或“平庆安辑”，其实亦不确切。缪荃孙据邓锜序“大德七年，杭州路司狱官平庆安建

---

① 按，此处所引《平宋录》原文，请参见佚名撰，曹金成整理：《平宋录》，上海：上海古籍出版社，2024年。下同。

② 曹元用：《敕赐故翰林学士承旨赠光禄大夫柱国追封齐国公刘文简公神道碑铭并序》，邓瑞全、谢辉校点：《刘敏中集》，长春：吉林文史出版社，2008年，第458页。

③ 详细参见本章“三、史料来源”一节。

④ 参见熊燕军：《〈平宋录〉的版本及作者》，魏崇武主编：《元代文献与文化研究》第2辑，北京：中华书局，2013年，第47页。

白：大丞相太傅伯颜公，加封淮安王，谥忠武，创祠立石，介于武成王庙左。又次第《平宋录》讫，大路推官王国宝请序其首”，认为“是书旧题平著，不为无据”。[①] 但在这一叙述中“次第《平宋录》讫”之主语为平庆安，并不明朗。又，周明序末有言：“杭州路司狱燕山平庆安，奋身陈言于宣抚□□。奉使嘉其言而转呈都省，遂获闻奏，追封淮安王，谥忠武，都省俯从祠祀之请，俾之募缘以集其事。平司狱又能货庐买木，以倡其首，请佃杭城亡宋武学故基武成王庙之东，建立祠宇，往来之人，得瞻庙貌，皆发忠义之心。仁义哉！平司狱之操心也。且锓梓王行实传于世，名之曰《丙子平宋录》。开卷了然，见王勋业之大。凡当时同心戮力之人，因王而得彰其名于天下后世。”显然，平庆安只是筹建杭州路伯颜祠堂的倡言者与刊刻《平宋录》的实施人。《平宋录》卷下还记有平庆安为建祠、印书之事所写的跋文：“燕山平庆安起盖祠堂，开板印造《平宋录》。大德八年甲戌月平庆安。”丝毫未将其视作《平宋录》的作者。可见，将《平宋录》的作者推断为平庆安，亦缺乏坚实的证据。

笔者注意到，元人黄溍也撰有《平宋录序》一文，是文虽不见于今本《平宋录》，但或可借以进一步管窥《平宋录》作者的身份。今征引如下：

《平宋录》者，纪淮安忠武王平宋之功也。王庙在杭城毁

---

① 周家楣、缪荃孙等编纂：《光绪顺天府志》卷一二四《艺文志三》，北京：北京古籍出版社，1987 年，第 6478—6479 页。

于灾，监察御史言："王宣劳戮力，弼成正统，功莫大焉。宜令有司复其祠宇，仰副国家崇报之意。"御史台上于中书省以闻，已被旨可其奏。而江浙行中书省亦以为言，乃命中顺大夫、本投下诸色总管府达鲁花赤普化乘传而南，与行省官同莅其役。庙之告成也，行省既请胙王以大国，锡铭于石章，且俾儒司刻《平宋录》于杭学，以侈其传。按《录》之旧文，与所赐《王庙碑》、《开国元勋佐命大臣碑》、《皇朝经世大典》所序，五战间有不能尽同，二《碑》、《大典》皆史家承旨撰著，今悉取正焉。他书有可证据则增入，有当参订则附注，余无所考者，并存其旧，以俟史官之裁择。王世胄之懿，官伐之隆，德器之宏，勋烈之茂，则有制词及碑文在。谨以冠予篇端，兹不敢赘述也。[①]

按，顺帝至正二年（1342）杭州火灾烧毁了江浙行省省衙与杭州路儒学司，伯颜祠堂殆亦受到殃及，故黄文很可能撰于其后，所提"《王庙碑》"即刘敏中撰《敕赐淮安忠武王庙碑》,《开国元勋佐命大臣碑》即元明善撰《丞相淮安忠武王碑》[②],"《皇朝经世大典》所序"殆即《经世大典》之"征伐·平宋"条。

黄溍明确指出，此次儒司重刻《平宋录》时,"二《碑》、《大典》皆史家承旨撰著，今悉取正焉"，其实是在一定程度上将《平

① 王颋点校:《黄溍全集》，天津：天津古籍出版社，2008年，第270页。

② 参见熊燕军:《〈平宋录〉的版本及作者》，魏崇武主编:《元代文献与文化研究》第2辑，北京：中华书局，2013年，第41页。

宋录》与“史家承旨撰著”区别对待。而且，与司狱平庆安刊印《平宋录》时一样，黄溍对此次所刻《平宋录》的作者亦只字未提。据此再联系到上文所述文本本身的缺陷，就不难想见：大德年间成书的《平宋录》很可能出自杭州一带文史素养较差的基层文吏之手，其作者自然也就难免在当时寂寂无名了。

二、书名与卷数

正如本章开篇所引四库馆臣之言，《平宋录》的书名并不统一。除了四库馆臣所提《大元混一平宋实录》《丙子平宋录》外，笔者发现还有其他书名，今列表如下：

书名	出处	备注
《大丞相伯颜平宋实录》	邓锜序	
《大元丙子平宋实录》	周明序	傅增湘、缪荃孙寓目者，作“《大元丙子平宋录》”，参见下文
《新刊大元混一平宋实录》	清抄本 B、C 卷上书名[1]	《守山阁丛书》《芋园丛书》本作“《平宋录》”
《新刊大元混一江南实录》	清抄本 A 卷上、中、下书名 清抄本 B、C 卷中、下书名	《守山阁丛书》《芋园丛书》本作“《平宋录》”

注：1. 关于《平宋录》的版本问题，详细参见本章“五、版本”一节。

其中，清抄本中所谓“新刊”云云，殆就元世祖朝所诏修并刊刻的《平宋录》而言。《大元丙子平宋实录》《新刊大元混一平宋实录》显然就是四库馆臣所谓《丙子平宋录》《大元混一平宋实录》

之全称，与《大丞相伯颜平宋实录》《新刊大元混一江南实录》均可简称为《平宋录》。若考虑到平庆安刻书是为了表彰伯颜平宋的丰功伟绩，则邓锜序文所用《大丞相伯颜平宋实录》最名副其实。①

相较于书名,《平宋录》的卷数引出的问题则更为复杂。四库馆臣所寓目者为三卷②，然见于文献著录者，还有一卷、二卷、十卷，如下表所示：

卷数	出处	备注
一卷	杜贵墀:《巴陵人物志》卷一二，叶启倬辑:《郎园先生全书》第 194 册，光绪壬寅（1902）长沙刻本，叶 4a	此“一卷”，系对《碧琳琅馆丛书》本《平宋录》卷数的误记（参见杜贵墀:《巴陵人物志》卷一二，叶 3b），实应作“三卷”
	莫友芝撰，傅增湘订补:《藏园订补郘亭知见传本书目》卷四，傅熹年整理，北京：中华书局，2009 年，第 285 页	

① 按，前人研究认为,“大德八年本专述伯颜平宋之事，因此也被称为《伯颜平宋录》”，又说名为《丙子平宋录》《大元混一江南实录》的《平宋录》“早佚”，参见熊燕军:《〈平宋录〉的版本及作者》，魏崇武主编:《元代文献与文化研究》第 2 辑，北京：中华书局，2013 年，第 40、38 页。然周明序所揭书名《大元丙子平宋实录》表明这一认识并不切实。

② 按，前人研究据目前所见最早的三卷本系《四库全书》本，推测今传三卷本是元代以后改编而来：“估计明清时，由于诸本残缺，后人遂将大德八年本和至正本合二为一。”同时又说，也有可能是“采入四库时，四库馆臣将其分为三卷”。参见熊燕军:《〈平宋录〉的版本及作者》，魏崇武主编:《元代文献与文化研究》第 2 辑，北京：中华书局，2013 年，第 46 页。但本节后文已指出，今传三卷本的版式与傅增湘所见“影写元刊本”同，故笔者暂不采纳此说。

续表

卷数	出处	备注
两卷	黄佐:《南雍志》卷一八,《中华再造善本》影印嘉靖刻隆庆增修本，叶 36b	
	黄虞稷:《千顷堂书目》卷五，瞿凤起、潘景郑整理，上海：上海古籍出版社，2001 年，第 141 页	
	黄虞稷、倪灿:《补辽金元史艺文志》，王承略、刘心明主编:《二十五史艺文经籍志考补萃编》卷二二，北京：清华大学出版社，2014 年，第 25 页	
	钱大昕:《元史艺文志》卷二，陈文和主编:《嘉定钱大昕全集》(增订本)第 5 册，南京：凤凰出版社，2016 年，第 154 页	
十卷	焦竑:《国史经籍志》卷三，王云五主编:《丛书集成初编》第 25 册，上海：商务印书馆，1929 年，第 67 页	
	黄虞稷:《千顷堂书目》卷五，瞿凤起、潘景郑整理，上海：上海古籍出版社，2001 年，第 141 页	此十卷本，见于上述《千顷堂书目》所记两卷本夹注
	钱大昕:《元史艺文志》卷二，陈文和主编:《嘉定钱大昕全集》(增订本)第 5 册，南京：凤凰出版社，2016 年，第 154 页	

其中，傅增湘所说一卷者，名《大元丙子平宋录》，系“影写元刊本，十行二十字。有大德甲辰邓锜序及方回序。钤有吴志忠及惠栋藏印”[①]。缪荃孙亦曾寓目:“旧抄蓝格本。元平庆安撰。卷首‘大元丙子平宋录’，卷末‘大元混一江南实录’。”[②] 此一卷本的行

① 莫友芝撰，傅增湘订补:《藏园订补郘亭知见传本书目》，傅熹年整理，北京：中华书局，2009 年，第 285 页。

② 缪荃孙:《艺风藏书续记》卷四，张廷银、朱玉麒主编:《缪荃孙全集·目录》，南京：凤凰出版社，2013 年，第 220 页。

数、每行字数以及序言作者，与今传清抄本同。[①]

最值得注意的是钱大昕所录两卷本与十卷本。十卷本名《平宋录》，前人据至元十三年六月，元廷“诏作《平金平宋录》，及诸国臣服传记，仍命平章军国重事耶律铸监修国史”[②]，推测是年诏修的《平宋录》很可能就是十卷本[③]。然目前所见对十卷本的最早著录即上文所引焦竑《国史经籍志》一书，其中还将“伯颜”认定为十卷本《平宋录》的作者，显系误解。四库馆臣早已尖锐地指出，《国史经籍志》“丛抄旧目，无所考核，不论存亡，率尔滥载。古来目录，惟是书最不足凭”[④]，故不得不令人质疑所记《平宋录》卷数的可靠性。后来黄虞稷所谓十卷说，或许即据焦竑著录而来。[⑤]至于钱大昕，他一方面指出十卷本是“至元十三年刘敏中奉诏修”[⑥]，另一方面又说此系“相传”而来[⑦]，可见他对原书并未

① 详细参见本章“五、版本”一节。

② 《元史》卷九《世祖纪六》，北京：中华书局，1976年，第183页。

③ 参见熊燕军：《〈平宋录〉的版本及作者》，魏崇武主编：《元代文献与文化研究》第2辑，北京：中华书局，2013年，第39页。按，王恽记其在至元十四年贡职翰林院后，“时每会集，日课读平宋事迹若干编类者”（王恽：《玉堂嘉话》，杨晓春点校，北京：中华书局，2009年，第49页），似乎指的是阅读官修《平宋录》一书之事。

④ 四库全书研究所整理：《钦定四库全书总目》（整理本），北京：中华书局，1997年，第1153页。

⑤ 按，《千顷堂书目》即记有“焦竑《国史经籍志》六卷”，参见黄虞稷：《千顷堂书目》卷一〇，瞿凤起、潘景郑整理，上海：上海古籍出版社，2001年，第294页。

⑥ 钱大昕：《元史艺文志》，陈文和主编：《嘉定钱大昕全集》（增订本）第5册，南京：凤凰出版社，2016年，第154页。

⑦ 钱大昕：《十驾斋养新录》卷一三《平宋录》，杨勇军整理，上海：上海书店出版社，2011年，第261页。

寓目，只是因袭前人所言而已。总之，十卷本《平宋录》的卷数，以及此书与至元十三年诏修《平宋录》为一书，目前均缺乏直接而有力的证据。

钱大昕所录两卷本，名《伯颜平宋录》。关于两卷本与十卷本的关系，周中孚怀疑："岂钱氏别有所见，抑以一书歧而为二也。"[①] 然钱氏的行文表明这显然是两部不同的史书。[②] 其实在钱大昕的其他著作中，还有对两卷本《平宋录》内容更为详细的介绍：

> 《平宋录》二卷：《丞相贺平宋表》；《太师淮安忠武王赠谥制》；《淮安忠武王庙碑》，刘敏中撰并书；《淮安忠武王碑》，元明善撰；《丞相淮王画像赞》，苏天爵撰。以上上卷。世祖至元元年入觐至英宗敕立碑；至正三年正月跋；失末页。《丞相伯颜公勋德碑》，史周卿撰，至元十三年建，卅一年重立，寇元德跋；《至正四年追封淮王制》；《淮忠武王庙碑》，王沂撰，揭傒斯书，至正四年渡江官员。以上下卷。按至元十三年，诏修《平宋录》十卷。相传刘敏中所修，与此卷数不合，且当时虽以伯颜为大将，而同事尚有阿朮、阿里海涯诸人，不应专记伯颜一人。若至正四年追封淮王，更在敏中既殁之后，

① 周中孚：《郑堂读书记》补逸卷九《史部·杂史类》，黄曙辉、印晓峰标校，上海：上海书店出版社，2009年，第1394页。

② 按，钱大昕在二卷本后有夹注："不知撰人，或云平庆安作。"与十卷本迥然有别。参见陈文和主编：《嘉定钱大昕全集》（增订本）第5册，南京：凤凰出版社，2016年，第154页。此说后为魏源所沿袭，参见魏源：《元史新编》卷九二《艺文志二》，光绪三十一年（1905）慎微堂刊本，叶3b。

此《录》必非敏中所修之本。①

此二卷本《平宋录》还收有至正四年（1344）的制文，与上文所述三卷本亦迥然有异，二者显然是两部不同的史书，对于此点胡玉缙早已指出。② 因此，钱大昕所谓“不知撰人，或云平庆安作”的推测，就根本无从谈起了。

三、史料来源

《平宋录》共三卷，卷下纂辑了与平宋相关的诏书、贺表、碑文等材料，而卷上与卷中的史源则需进一步探析。③

---

① 钱大昕:《十驾斋养新录》卷一三《平宋录》，杨勇军整理，上海：上海书店出版社，2011 年，第 260—261 页。关于两卷本《平宋录》的内容，钱大昕在其读书日记中亦有记载，见于《竹汀先生日记钞》卷一《所见古书》，参见陈文和主编:《嘉定钱大昕全集》（增订本）第 1 册，南京：凤凰出版社，2016 年，第 537—538 页。

② 胡玉缙撰，王欣夫辑:《四库全书总目提要补正》，上海：上海书店出版社，2020 年，第 470 页。按，有学者推测此两卷本即黄溍所序本，参见熊燕军:《〈平宋录〉的版本及作者》，魏崇武主编:《元代文献与文化研究》第 2 辑，北京：中华书局，2013 年，第 44 页。熊文据苏天爵《丞相淮王画像赞》撰于至正九年（1349），推测此两卷本“很可能刊印于至正九年或稍后”，又说杭州伯颜祠庙在至正二年（1342）毁于火灾。然伯颜祠庙在至少七年的时间内却一直没有告成，着实不可思议。因此，此两卷本与黄溍序本的关系，暂时存疑。

③ 按,《元史》卷一七〇《畅师文传》:“十二年，丞相伯颜攻宋，选为掾属，从定江南，及归，舟中惟载书籍而已。十三年，编《平宋事迹》上之。”（北京：中华书局，1976 年，第 3995 页）有学者怀疑此《平宋事迹》“不知是否即《平宋录》，如若不是，也一定是《平宋录》的重要史源”，参见熊燕军:《〈平宋录〉的版本及作者》，魏崇武主编:《元代文献与文化研究》第 2 辑，北京：中华书局，2013 年，第 39 页。需要指出的是，畅师文作为伯颜“掾属”，主要以当事人的身份编写《平宋事迹》，大可保障文字的整饬与纪事的准确，这也是其后来能够入职翰林并纂修《成宗实录》的重要原因（《元史》卷一七〇《畅师文传》，北京：中华书局，1976 年，第 3996 页）。然《平宋录》在文字本身与纪日等方面均存在诸多缺陷，若主要据《平宋事迹》编辑成书，则令人难以想象。

通观《平宋录》前二卷史事，与以下两部文献所记内容大有关联。

（一）《丙子北狩》。《丙子北狩》出自随南宋宗室北行的日记官严光大之手。[①]《平宋录》卷中最后按日述及南宋宗室北迁的经过，以及北迁后的遭际与处境，与《丙子北狩》几乎如出一辙。显然，《平宋录》在编撰时必定参考过《丙子北狩》一书。

（二）《元史》卷一二七《伯颜传》。《伯颜传》中伯颜入元经历与率军灭宋的详情，其叙事脉络与《平宋录》基本相同；在具体细节方面，尽管两者的个别史文互有详略，但重合之处实多。故可肯定，《伯颜传》与《平宋录》应有共同的史料来源。

不过，与《伯颜传》相较，《平宋录》的文本本身还透露出其部分史源可能具有口述材料的性质。原因有二：一是《平宋录》的个别文字体现出听音记字的书写特点，如下表所示：

《平宋录》	《元史》卷一二七《伯颜传》
万户武显	万户武秀
炎山	盐山
黄家原堡	黄家湾堡
天道难行	天道南行

① 参见刘一清撰，王瑞来校笺考原:《〈钱塘遗事〉校笺考原》，北京：中华书局，2016年，第23—24页。

其中，“炎山”与“黄家原堡”，显然是对湖北一带的地名“盐山”与“黄家湾堡”的不同汉字音译。[①]而最明显的莫过于“天道难行”，此句出自伯颜军中术士李国用之口，《伯颜传》载其所言：“天道南行，金、木相犯，若二星交过，则江可渡。”[②]揆诸语意，《平宋录》中的“天道难行”无疑就是“天道南行”之误。《平宋录》之所以出现字词上的这类不规范甚至错误音写，显然与其所据材料的口述性质有关，循此理路，关于万户武秀的姓名，似亦应以《伯颜传》为准。

二是纪日的误差所提供的证据。《平宋录》至元十一年“冬十一月戊子”（十六日）、“乙未”（二十三日）、“己亥”（二十七日）条所记史事，在《伯颜传》、《元史》卷八《世祖纪五》、《经世大典》之“征伐·平宋”条等相关文献中分别为“十月戊午”（十六日）、“乙丑”（二十三日）、“己巳”（二十七日）之事。对此，最为合理的解释应是：《平宋录》至元十一年十一月的纪事来自某一口述性材料，后者的提供者在追忆往事时将本该是十月的纪事误作十一月，从而导致《平宋录》也出现了相差一月的错误纪事。

以上对《平宋录》在编撰时曾参考过口述材料的论证，有助于重新探究其中所记“溧水”一名的由来。《平宋录》记载至元十一年（1274）九月伯颜南征，派万户武显等前锋进趋郢州，“至溧水”，正值“溧水泛滥”。按“溧水”，《守山阁丛书》本同，李

---

① 按，盐山在今湖北钟祥西北伍庙西北，黄家湾堡在今湖北钟祥东北洋梓西南黄家湾，参见邱树森主编：《元史辞典》，济南：山东教育出版社，2002年，第1195、728页。

② 《元史》卷一二七《伯颜传》，北京：中华书局，1976年，第3102页。

文田校跋本作“漂水”,《芋园丛书》本则作“濼水”。[①] 有学者据中华书局点校本《元朝名臣事略》卷二《丞相淮安忠武王》引元明善《丞相淮安忠武王碑》所记“漂水溢途”，推测《守山阁丛书》本《平宋录》中的“溧水”应为“漂水”之误，进而论定“漂水”也是误记，另引《元史》卷一二七《伯颜传》“遇水濼”，指出《守山阁丛书》本《平宋录》所记“溧水”应为“濼水”之误，从而认为“至濼水”即“到了一个水濼”，下文“濼水泛滥”即“水濼之水涨溢泛滥”。[②]《芋园丛书》作“濼水”，恰与此相合，然这一观点尚可进一步检讨。查元刻本《元朝名臣事略》原文即作“溧水”，元刻本《国朝文类》卷二四所收元明善《丞相淮安忠武王碑》亦作“溧水”，而《宋季三朝政要》卷四述此事时则将“溧水”书作“滦水”。[③]“溧水”“滦水”，与《芋园丛书》本的“濼水”，均是用汉字记写其相近读音的产物，这恰与以上所论口述性材料系《平宋录》的一大史源相符。由此可见,《守山阁丛书》本《平宋录》中的“溧水”并非“濼水”之误，而是循其所据口述性材料本身读音而来，至于李文田校跋本中的“漂水”，则为“溧水”之形讹。

① 关于《平宋录》的版本问题，详细参见本章“五、版本”一节。

② 高建国:《伯颜南征遇“溧水”事辨析》，刘迎胜主编:《元史及民族与边疆研究集刊》第25辑，上海：上海古籍出版社，2013年，第109—111页。

③ 苏天爵:《元朝名臣事略》卷二《丞相淮安忠武王》，元刻本，参见杨讷主编:《元史研究资料汇编》第94册，北京：中华书局，2014年，第326页；元明善:《丞相淮安忠武王碑》，苏天爵编:《国朝文类》卷二四，国家图书馆藏元至正刻本，善本书号：03623，叶12b;《宋季三朝政要》卷四，元皇庆元年（1312）刻本，叶7a;《宋季三朝政要》卷四，元至治三年（1323）刻本，叶6a。

四、史料价值

关于《平宋录》的史料价值，四库馆臣认为卷上、卷中“与史文无大异同”，而特别强调卷下所收伯颜《贺表》等文，“为史所未备，颇足以资参考”。其实，伯颜《贺表》具载于《元史》卷一二七《伯颜传》，又见于《元文类》卷一三,《追赠郑江》为元人魏初所上奏章之文，备录于《青崖集》，均非“为史所未备”。此外，卷上与卷中也有诸多内容颇具参考价值。[①] 清人俞正燮在指出六朝、唐、辽、金、元“娘子”一词为尊称时，即征引《平宋录》卷中“丞相娘子”一称作为例证。[②] 今人亦指出《平宋录》前两卷“有可补史阙或据以考证史事之处”[③]，惜未展开举证。下面即进一步择取卷上与卷中的相关史文，借以管窥《平宋录》的独特史料价值。

先看卷上。

至元十二年（1275）正月，伯颜遣陈奕、吕文焕谋取蕲州。至于为何选派此二人,《平宋录》以伯颜之口作了交代:“向闻管景

---

① 元人孔克齐将《平宋录》视作“异日史馆之用，不可阙”的“国朝文典”之一，目前尚不能遽断其所说为两卷本还是三卷本。参见孔齐:《至正直记》卷一，庄葳、郭群一校点，上海：上海古籍出版社，2012 年，第 65 页。按，此书作者原作“孔齐”，实应作“孔克齐”，参见丁国范:《〈至正直记〉三议》,《元史及北方民族史研究集刊》1987 年第 11 期；顾诚:《〈至正直记〉的作者为孔克齐》，蔡美彪主编:《元史论丛》第 6 辑，北京：中国社会科学出版社，1997 年，第 228—230 页；尤德艳:《关于〈静斋至正直记〉及作者考述》,《中国典籍与文化》2003 年第 3 期。

② 参见俞正燮:《癸巳存稿》卷四，沈阳：辽宁教育出版社，2003 年，第 128—129 页。按，此标点本将《丙子平宋录》讹作“《内子平宋录》”。

③ 邓瑞全、王冠英编著:《中国伪书综考》，合肥：黄山书社，1998 年，第 336 页。

模、王滕、吕师道等与汝最相亲，汝可密书示之，则令来降，不亦可乎！”

至元十二年正月，伯颜祷于大孤山神祈求渡江顺利，《元史》卷一二七《伯颜传》仅留下了“乃祷于大孤山神”这寥寥数语，《平宋录》则给出了更为详细的记载：“或言于丞相曰：‘番阳湖内大孤山神祠，请祷之。’丞相然之。遣人诣大孤山，祷曰：‘钦奉大元皇帝命，举兵以征不庭。长江既渡，今湖口大风数日，阻我兵不能进。如祭之风定，后则许汝岁时无缺祭享，若风不息，汝必不安。’是日，祭回风息，大军遂渡。丞相令江州士民岁时祭享。”

关于廉希贤遇害后派遣张羽使宋一事，《伯颜传》亦有简略提及，但据《平宋录》才可得知原来是受吕文焕的推荐：“吕文焕等言于丞相曰：‘议事官张羽为人端悫刚决，兼有才略，其人可往。’丞相然之，召而问之。羽曰：‘虽蹈廉、严之覆辙，然事不避难，臣之职也。羽何敢辞！’”

再看卷中。

至元十二年九月戊子日的纪事，《伯颜传》仅留下了“次高邮”三字，《平宋录》则着墨更多：“戊子，攻白马湖，克之。溯流至清口、桃源，进至高邮境。遣帐前合必赤千户薛彻干等，先帅铁骑数百趋高邮。遇宋兵，出战，宋兵大败，斩首数级。次日，丞相率诸将阅兵城下，观宋壁垒而还。进至范光湖，避兵之民甚众。丞相遣人招谕，悉降。又遣侍卫军总管颜聚等，乘战舰五十余艘，破草湖乡贼，即日克之，令诸将秣马俟行。”

至元十二年十月伯颜分兵三道进趋临安，据《伯颜传》，右路统帅为阿剌罕，左路统帅为董文炳。《平宋录》可对此略加补充：右路军将领还有“四万户总管奥鲁赤”，左路军还包括“蒙古官帅万户张弘范、万户张祇、都统范文虎、王世强、管如德、史胜等，省都事杨晦领幕府事”。

至元十三年（1276）三月伯颜入临安后，分兵镇戍诸处。至于其具体布置，《伯颜传》仅提及“以阿剌罕、董文炳留治行省事，以经略闽、粤；忙古歹以都督镇浙西；唆都以宣抚使镇浙东”。《平宋录》所述则更为翔实：“丞相命诸将分兵镇守临安，令阿剌罕、奥鲁赤蒙古、汉军镇屯西湖钱唐门等处，阇里帖木儿、怀都、亦乞里歹镇守钱唐、仁和，黄头兵屯富阳，相威等军屯盐官，焦兴、黄顺军屯德清，晏彻儿、刘源等镇守湖州市，忙古歹、范文虎抚治临安，以水弩砲诸将及别万户诸军分屯湖州市北，如犬牙相御。”

以上只是荦荦大端，举其要者略加阐释，但已不难看出《平宋录》中的独家记载对相关历史研究的重要参考价值。

五、版本

关于《平宋录》的版本，前人的研究重在梳理、辨析元明清书目著录中的情况。[①] 对此，还可补充的是清人邵懿辰所说的“明南监本”[②]，这是目前见于著录的最早版本，但不知是否仍在世间。

---

① 参见熊燕军：《〈平宋录〉的版本及作者》，魏崇武主编：《元代文献与文化研究》第2辑，北京：中华书局，2013年，第38—45页。

② 邵懿辰：《增订四库简明目录标注》，邵章续录，上海：上海古籍出版社，1979年，第239页。

本节则对《平宋录》的传世版本择要略加介绍。

以笔者管见，今所传《平宋录》皆为清抄本与清刻本。清抄本中最为常见的无疑当属《四库全书》本。此外，国家图书馆还藏有一部李文田校跋本，善本书号为11816（后文简称“清抄本A”），最后附有抄录者识语：

> 《平宋录》三卷，疑即平庆安所撰。黄氏《千顷堂书目》作刘敏中撰，未知何据。而焦氏《经籍志》直作伯颜撰，并云十卷，误矣。丁酉正月，借张子充之本抄得之。时雷雨乍过，雪霰交下，寒威不减，腊尽时也。二十七日，枚庵漫士吴翌凤记于古欢堂之南荣。

关于作者与卷数的问题，上文第一、二节已述。“丁酉”即乾隆四十二年（1777）。吴翌凤（1742—1819），号枚庵漫士，古欢堂为其书房。

这一抄本在吴翌凤的识语后，还留下了校勘者李文田的跋文：

> 此本当从元刻本出，以提写、空缺均仍其旧故也。《墨海金壶》《守山阁》两刊本，于缺泐之字，或径连接，或以意增补，多无义理，非见此本，不悟彼之深也。然则此乃明抄之善本矣。顺德李文田校记。

李文田所谓“明抄之善本”，似应作“清抄之善本”。他认为此本

“当从元刻本出”，与傅增湘推断“影写元刊本”同。另外，此本“十行二十字”，亦同于傅增湘所寓目者，两者可能来自同一个底本，抑或相互之间存在传抄关系。

除了清抄本A外，北京大学图书馆也藏有一部清抄本，善本书号为LSB/4244，后被《四库提要著录丛书》影印出版（史部，第195册，后文简称“清抄本B”）。《原国立北平图书馆甲库善本丛书》（第195册）亦影印了一部清抄本（后文简称“清抄本C”），题“《平宋录》三卷一册”，后有“宋兰晖脱本”，以及“姜渭”之印，但字迹模糊不清处较多，近来李治安先生所编《元史研究资料汇编补编》（桂林：广西师范大学出版社，2020年，史部，第6册）即收有此本。[①]

《平宋录》最早的清刻本是《墨海金壶》本，为嘉庆十三年（1808）张海鹏“较梓”（参见卷下叶6b），左右双边，黑口无鱼尾，半叶11行，每行23字。后钱熙祚（约1801—1844）又刻有《守山阁丛书》本。需要指出的是,《守山阁丛书》本《平宋录》系据《墨海金壶》本而来，两者实为一版，仅个别文字存在差异，如《墨海金壶》本记至元十一年“丞相总兵江南”,《守山阁丛书》本则改作“丞相总兵南伐”，再如《墨海金壶》本中的“上命左丞相巴延节制诸军伐宋”,《守山阁丛书》本则将伯颜（巴延）的官职误改为“右丞相”，可见钱熙祚的改动并未完全达到后出转精的效果。

---

① 按，缪荃孙曾记有一部三卷本《平宋录》，系“旧抄本。有‘雪苑宋氏兰挥藏书记’朱文长印”，参见缪荃孙:《清学部图书馆善本书目·史部下》,《缪荃孙全集·目录》，南京：凤凰出版社，2013年，第453页。此旧抄本似即《原国立北平图书馆甲库善本丛书》与《元史研究资料汇编补编》所影印者。

此外，清末方功惠（1829—1897）所刻《碧琳琅馆丛书》，亦收有《平宋录》（最后有“嘉应饶轸校字”，参见卷下叶8b），今陈建华、曹淳亮主编《广州大典》（第8辑第4册，广州：广州出版社，2008年）据以影印。此版《平宋录》左右双边，黑口无鱼尾，每半叶9行，每行21字。民国年间，黄肇沂（1902—1975）辑刻《芋园丛书》，所收《平宋录》即完全根据《碧琳琅馆丛书》本刊印而来。

以往学界对《平宋录》的参考利用，尤其重视清人钱熙祚辑刻的《守山阁丛书》本。[①]后出标点本，也是据《守山阁丛书》本而来。[②]不过，《守山阁丛书》本所见非汉语人名已遭清人改译，

---

① 参见杨志玖审定，李治安、王晓欣编著：《元史学概说》，天津：天津教育出版社，1989年，第291页；陈得芝：《蒙元史研究导论》，南京：南京大学出版社，2012年，第26—27页；陈高华、陈智超等：《中国古代史史料学》（第三版），北京：中华书局，2016年，第321页。

② 《中国内乱外祸历史丛书》第3册（上海：神州国光社，1936年），后改为《中国历史研究资料丛书》（上海：上海书店，1982年，书名为《避戎夜话》，实际上还收录了《大金吊伐录》《南渡录》《平宋录》三部文献）；王云五主编：《丛书集成初编》第3910册《校正元亲征录 平宋录》，上海：商务印书馆，1939年；车吉心主编：《中华野史》（辽夏金元卷），济南：泰山出版社，2000年，第564—571页。按，《中华野史》所收《平宋录》的标点本，不但遗漏了正文前的序言，而且在解题中说：“这次整理以《守山阁丛书》本为底本，并参校了《丛书集成初编》本。”其实，《丛书集成初编》本即据《守山阁丛书》本排印而来，在其整理中并无参校价值。又，前人研究认为，《四库全书》本后，“《墨海金壶》《守山阁丛书》《碧琳琅馆丛书》及《丛书集成初编》等不同版本”“很可能是据《四库》本刊印”。参见熊燕军：《〈平宋录〉的版本及作者》，魏崇武主编：《元代文献与文化研究》第2辑，北京：中华书局，2013年，第46页。但仅就改译的民族语文姓名而言，如也先卜花，《四库全书》本作“额森布哈”，《墨海金壶》等刻本作“额森卜”，再如阿塔海，《四库全书》本作“安塔哈”，《墨海金壶》等刻本作“阿达哈”，其间差异迥然，可见此说是想当然的推测。

一些词句也有讹误与不通之处，利用起来并不尽如人意。因此，在厘清《平宋录》传世版本的基础上，对其重新整理与点校就很有必要了。

通过上述的版本梳理可知，在校注《平宋录》时，清抄本A无疑是最佳的底本。同时，可以其他两部清抄本（清抄本B、清抄本C）通校，并以两部清刻本（《守山阁丛书》本、《芋园丛书》本）参校。需要补充说明的是：清刻本中，《墨海金壶》与《守山阁丛书》本实为一版，《碧琳琅馆丛书》与《芋园丛书》本也是同一版本，可取后出之《守山阁丛书》与《芋园丛书》本为参校本；此外，《平宋录》本身纪事的讹误之处，非版本校所能解决，可参考《元史》卷八《世祖纪五》、卷九《世祖纪六》、卷一二七《伯颜传》，以及《经世大典》之“征伐·平宋”条、《钱塘遗事》、《宋季三朝政要》等文献予以校正。

· 第二章 ·

《北巡私记》笺注

一、缘起

《北巡私记》是刘佶所撰的一部日记体史书。作者身为当事人，详细记载了元顺帝在明军兵临城下时的北奔，及其后约 17 个月在蒙古朝廷内外的诸多史事，如顺帝北逃所经路线、朝廷官员关于南下收复大都与北幸和林之议、大都陷落后元朝地方诸将与中央的关系、蒙古朝廷与高丽的关系，等等。可以说，此书在很大程度上对于我们了解这一时期的蒙元政局，具有独一无二的史料价值。

《北巡私记》最初在清末以抄本的形式（莫友芝手抄）为人所知，后来被罗振玉刊刻，收入《云窗丛刻》，这也是目前所见唯一的版本。20 世纪 90 年代，薄音湖、王雄两先生据以重新标点（正文前有简短的“题解”），收入《明代蒙古汉籍史料汇编》第 1 辑（呼和浩特：内蒙古大学出版社，1994 年）。标点本的出现，使此书流传渐广，从而也极大方便了学界的利用。后曹永年先生参考薄音湖、王雄标点本，撰有《〈北巡私记〉所见之北元政局》（《内蒙古大学学报》2001 年第 1 期），对书中所涉北元政治局势进行了全面考察。2004年，凤凰出版社出版的李修生先生主编的《全元文》第58册，收录了由叶爱欣先生点校的《北巡私记》（第216—221页），作者则题名为“张佶”（关于作者的姓氏，详细参见下文注释［107］）。

不过，薄、王二先生的标点本并未对书中的错讹与缺漏予以校勘；叶先生的校语只有两条，亦存在一定问题。因此，学界在利用此书时，还是有一些未安之处。需要提及的是，在20世纪60年代，著名蒙古史学者海尼士（Erich Haenisch）与奥博里赫（Peter Olbricht）曾合作出版过《北巡私记》的德文译注本，与刘祁《录大梁事》的德文译注一起，题为 *Zum Untergang Zweier Reiche: Berichte von Augenzeugen aus den Jahren 1232-33 und 1368-70*（《两个帝国的覆亡：1232—1233年与1368—1370年亲历者的报告》），收入《东方学论文》第38卷第4期（*Abhandlungen für die Kunde des Morgenlandes*，XXXVIII，4，Wiesbaden，1969）。这一德文译注本《北巡私记》，在西方学界颇受重视，傅海波（Herbert Franke）、忽瑟维（A. F. P. Hulsewé）、司律思（Henry Serruys）分别在《中亚杂志》（*Central Asiatic Journal*, Vol.15, No.2, 1971）、《通报》（*T'oung Pao*, Vol.57, Livr.1/4, 1971）、《美国东方学会杂志》（*Journal of the American Oriental Society*, Vol.92, No.4, 1972）发表书评予以介绍，然在国内几乎罕有人知。还值得注意的是，近来美国已故著名蒙古学家柯立夫（F. W. Cleaves）关于《北巡私记》英文译注的残稿已被发现。根据这一文稿可知，柯立夫已将《北巡私记》全部英译，先是手写，后打印，并就打印稿做进一步修改，惜英译正文今已不全；在柯氏开列的一百多条注释条目中，部分是对英译书面语正文的口语化解释，更多的是记下了一些重要的专有术语，以备进一步的详细注释，但绝大部分有目无注，显然这一工作并未完成。不过，柯氏留下的几条注释还是弥足珍贵，是他关于《北巡私记》研究成果的集中体现。①

本章拟在充分参考上述西文译注的基础上，对罗振玉刻本《北巡私记》进行全面笺注，并就个别问题提出一得之见。其中，海尼士与奥博里赫的注释，以“德译本注”的形式标出，柯立夫的注释，以“柯立夫注”冠之，笔者的补注则以“笔者注”标识，疏略不足之处难免，希望抛砖引玉，能引起更多学者对《北巡私记》及其内容的研究。

二、笺注

（1r）北巡私记　临川刘佶撰

至正二十八年闰七月二十八日（9 月 10 日），惠宗[1]皇帝御清宁殿[2]，召见群臣，谕以巡幸上都[3]，皆屏息无一言。独知枢密院事[4]哈（喇）〔剌〕章[5]公力言不可，大意谓：贼已陷通州[6]，若车驾一出，都城立不可保，金宣宗[7]南奔之事，可为殷鉴，请死守以待援兵。上曰：“也速[8]已败，扩廓帖木儿[9]远在太原[10]，

---

① 参见本书第三章《未竟的蒙古学译注：柯立夫关于〈北巡私记〉的研究述评》。

何援兵之可待也。”遂退朝。

[1] 惠宗

德译本注：一三七〇年六月，明朝加其号为顺帝（《明实录》，台北，1963年，卷五三，4v），其蒙古语名为妥懽帖睦尔，统治时间在一三三三—一三六八年。参见《元史》（殿本，1739年）卷三八—四八、《新元史》（1930年第2版）卷二三—二六；O. Franke, *Geschichte des Chinesischen Reiches*, IV-V, Berlin, 1948-1952, IV, pp.524-551。关于他的统治时代，我们还有一部详尽的私人报告，即同时代人权衡在一三六九年撰写的《庚申外史》，译文参见 H. Schulte-Uffelage, *Das Keng-shen Wai-shih*, Berlin, 1963。

笔者注：此即北元蒙古朝廷为元朝末代皇帝所上庙号，蒙古语尊称乌哈噶图汗（Uqaγatu Qaγan），又因其生于庚申年（1320），故亦被称为“庚申帝”。

[2] 清宁殿

笔者注：元大都宫殿名。位于宫城北面主体建筑延春阁之后，《日下旧闻考》卷三〇四库馆臣按语：“萧洵《故宫遗录》：延春阁又后为清宁宫，引抱长庑，远连延春宫。盖后宫之正殿也。《禁扁》作咸宁，注在延春阁后；而载清宁宫为上都殿名。今考《析津志》所载《游皇城》一则云：自东华门内经十一室皇后鄂尔多，前转自清宁殿后，出厚载门。据此，则大都亦有清宁宫也。”不过，大都清宁殿建成较晚。明方鹏

《昆山人物志》（明嘉靖刻本）卷八载："朱玉，字均璧，善绘事……至顺庚午（1330），奉中宫令金图藏经佛像，方不盈矩，曲尽其状，而意度横生，不束于绳墨……清宁殿成，特来召玉画其壁。值道阻，弗果上，竟老于家。"又叶子奇《草木子》卷三（北京：中华书局，1959年，第43页）载："至正十一年春正月二十日夜，京师清宁殿火，焚宝玩万计，由宦官熏鼠故也。"故可推知，清宁殿很可能建于顺帝统治初年。作为皇储的爱猷识理达腊年幼时曾在此受教。《元史》卷四六《顺帝九》至正二十二年（北京：中华书局，1976年，第962页）载："皇太子尝坐清宁殿，分布长席，列坐西番、高丽诸僧。皇太子曰：'李好文先生教我儒书多年，尚不省其义。今听佛法，一夜即能晓焉。'于是颇崇尚佛学。"

[3] 上都

德译本注：原称开平府，自一二六五年起成为元朝皇帝的夏营地，在多伦诺尔附近。对此，参见O. Franke, *Geschichte des Chinesischen Reiches*, IV, p.320; V, p.170；Pokotilov/Franke, *History of the Eastern Mongols during the Ming Dynasty from 1368 to 1634*, Studia Serica, Chengtu, 1947, Part.II, 5,11。

笔者注：一二六三年，忽必烈升开平府为上都；次年，改燕京为中都，元朝皇帝夏至上都秋返中（大）都的两都巡幸制正式确立。置上都留守司兼本路都总管府，兼治民事，车驾还大都，则领上都诸仓库之事，最高长官为达鲁花赤、总管和留守，皆正二品。参见叶新民：《元上都研究》，呼和浩特：内蒙古大学出版社，1998 年，第 14、56—57 页；陈高华、史卫民:《元上都》，北京：中国人民大学出版社，2010 年，第 158 页。

[4] 知枢密院事

笔者注：简称“知院”，为元代“掌天下兵甲机密之务”的枢密院的最高长官。世祖至元二十八年（1291），始置知院一员；成宗大德十年（1306），增置知院二员；武宗至大三年（1310），增至七员；仁宗延祐四年（1317），以分镇北边，增知院一员。后定置知院一员，从一品。以下依次为：枢密同知，正二品；枢密副使，从二品；佥院，正三品；同佥，正四品；等等。参见《元史》卷八六《百官志二》，北京：中华书局，1976 年，第 2155 页；于月:《元代枢密院研究》，北京大学博士学位论文，2017 年。

[5] 哈（喇）〔剌〕章

德译本注：即《宋史》《辽史》《金史》三部王朝史书的编者脱脱的长子。关于哈剌章，在《元史》卷一三八《脱脱传》（13r）以及《新元史》卷二〇九《脱脱传》（10v）中都可见到一些简述；后书还补充了一小部分哈剌章的内容，可能来自刘佶的记载。刘佶在叙述中，显然力求突出他的支持者哈剌章，并将其排在首位。然而在采纳这一观点时，必须慎重一些；因为在官方的历史编纂中，他在公文的名册中并不是一目了然的。据《元史》卷四七（12v），反对皇帝这一计划的更高级别的官方人员中，还有左丞相失列门和知枢密院事黑厮。作为谏言人的是一位叫赵伯颜不花的太监。而哈剌章的名字根本不见于这些反对者中。

笔者注:“哈喇章”系据四库馆臣改译辽金元三史的一般译例所改,此处刻写时未回改,实应作“哈剌章”。关于四库改译名与元代汉译名的对照,参见赵翼著,王重民校证:《〈廿二史札记〉校证》(订补本)“补遗”,北京:中华书局,1984年,第866页。

[6] 通州

德译本注:《明实录》卷三三(9r)详细记载,闰七月二十八日,占领通州。

笔者注:元代大都路所辖州名,大致相当于今北京通州区。

[7] 金宣宗

德译本注:一二一四年宣宗从燕京(今北京)迁往开封所导致的灾难性后果,参见 O. Franke, *Geschichte des Chinesischen Reiches*, IV, p.270 ff.。

笔者注:金末诸帝之一,汉名完颜珣,女真名吾睹补,庙号宣宗。贞祐二年(1214),在蒙古国的军事压力下,宣宗被迫迁都汴梁。二十年后,金亡于蒙古。可以说,“宣宗南迁”是金朝灭亡的一大前奏性事件。这里哈剌章即以此作为前车之鉴,进谏元顺帝不可“巡幸上都”。

[8] 也速

德译本注:可能是除扩廓帖木儿外最重要的蒙古将领,

从一三六七年起为中书省右丞相。山东的起义向北逼近河北，不久在莫州（河间北）与他交战。也速战败，进而北逃（《元史》卷一四二，9v）。在皇帝撤退和一三六八年五月初五日（笔者按，应作八月初二日）大都陷落（2r）后，也速随之而至，并于次年从热河出发进攻明军要塞。一三七〇年，应昌陷落（《明史》，殿本，1739年，卷二，6r；卷一二六，4r f.），他与皇室逃往哈剌和林并在那里死去。他的传记在《元史》卷一四二，6r ff.（参见《新元史》卷二一五，8r ff.）。关于他北奔前最后几年的生平，除了《元史》本传外，刘佶的记载是最重要的原始资料。

笔者注：近来有学者对也速的生平进行了全面研究，值得重视。详细参见张岱玉:《元朝末代中书右丞相也速行迹及其与时局关系探究》，刘迎胜主编:《元史及民族与边疆研究集刊》第32辑，上海：上海古籍出版社，2017年，第31—41页。

[9] 扩廓帖木儿

德译本注：本名王保保，是一三六一年（此据《庚申外史》。笔者按，实应作一三六二年）被害的著名将领察罕帖木儿的侄子和养子。一三六五年为丞相，作为其父的接班人，至少在名义上成为所有蒙古军队的最高长官。在明军的紧逼下，他退至山西太原。在此，出于进攻，他首先以建立强权政治为目标，尤其是对抗在西部行省陕西和甘肃仍在大搞独立运动的四位将领——李思齐、张思道（3r）、孔兴和脱列伯（5r），所以皇帝绝不会高枕无忧地依靠他的帮助。无疑，扩廓在当时的蒙古将领中是最优秀的。虽然多次战败，但在一三七二年夏，他大胜明军统帅徐达。一三七五年，由于明军的强硬逼迫，他退往阿尔泰山，不久在此死去。扩廓最终都没有投降，这一忠名得到明太祖的褒奖（《明史》卷一二四，5r f.），基于这一事实，他不只在《元史》卷一四一（10r ff.）和《新元史》卷二二〇（7r ff.）有传，而且在《明史》卷一二四（1r ff.）中也有一篇传记。

笔者注：据学者研究，扩廓帖木儿为蒙古伯岳吾氏，扩廓帖木儿是其本名，“保保”是异名，二者皆非汉名，参见党宝海:《扩廓帖木儿的族源、本名与汉姓》,《西北史地》1997年第1期。

[10] 太原

笔者注：元代腹里路名，治今山西太原。成宗大德九年（1305）因地震改名冀宁路，后亦习称太原。

佶待罪[11]□□□□枢密属官，知院出，佶遇于中书省[12]，问曰:“大计如何？”知院惟痛哭而已。中书左丞相庆童[13]，国之老成人也，叹息曰:“吾知死所，尚何言哉！”既而，知院密语佶曰:“今夜必有举动，君去就如何？”佶曰:“朝廷大计，不敢问，愿从公后，可乎？”知院颔之。

[11] 待罪

德译本注：遗憾的是，“待罪”在此是残缺的文本，具体指的应是认真履行公务，故似乎暗示刘佶当时是枢密院的僚属。

[12] 中书省

笔者注：元代中央最高行政机构。中书令是名义上的最高长官，由皇太子兼任，但不常设。实际上的最高长官为右、左丞相，正一品。以下依次为平章政事，从一品；右、左丞，正二品；参知政事，从二品。元代中书省的衙署所在地点比较复杂，至元二十四年（1287）前在宫城北部的凤池坊，至元二十四年至大德十一年（1307）在宫城东南方的五云坊，大德十一年至至顺二年（1331）在凤池坊，后又徙至五云坊内。参见张帆:《元代宰相制度研究》，北京：北京大学出版社，1997 年，第 29—30 页。

[13] 庆童

德译本注：此前为陕西行省左丞相，七月升中书左丞相。作为大都的防御者，他在明军攻陷大都后被处死（2r）。他的传记见于《元史》卷一四二（4r ff.）和《新元史》卷一九九（7r）。

笔者注：庆童是康里人。幼为仁宗怯薛，至正十年（1350），迁平章，行省江浙。十八年，迁福建行省平章。二十年，拜中书平章。二十五年，拜陕西行省左丞相。参见《元史》卷一四二《庆童传》，北京：中华书局，1976 年，第 3398—3400 页。

是夜漏三下[14]，车驾出（建）〔健〕德门[15]，率三宫后妃、皇太子、皇太子妃幸上都。百官扈从者左丞相失列门[16]、平章政事臧家奴[17]、右丞定住[18]、参知政事哈海[19]、翰林（1v）学士承旨李百家奴[20]、知枢密院事哈剌章、知枢密院事王（宏）〔弘〕远[21]等百余人。从者此下有脱文，佶匹马遇知院公于道中。

[14] 漏三下

笔者注：漏即古代计时的漏壶；“漏三下”，谷应泰《明史纪事本末》卷八《北伐中原》（北京：中华书局，2015年，第110页）作“夜三鼓”，指半夜三更。

[15]（建）〔健〕德门

笔者注：原作“建德门”，实应为“健德门”之误。元大都北面两门中西边的城门，今北京德胜门。元朝皇帝在两都巡幸中，从大都起程时，一般皆由健德门而出。

[16] 失列门

笔者注：又作“实理门”“失烈门”等。至正十五年（1355），为中书参知政事，后升知枢密院事兼太府监卿，分院济宁。十七年六月，为中书分省右丞，守济宁；七月，田丰陷济宁，失列门遁走。二十年，升中书平章。二十六年，以中书平章为御史大夫。二十七年，以知枢密院事为岭北行省左丞相，提调通政院事。二十八年，升中书左丞相，从顺帝北遁上都。在洪武二十一年（1388）捕鱼儿海之战后投降明朝（《明史》卷三二七《鞑靼传》，北京：中华书局，1974

年，第 8466 页）。

[17] 臧家奴

笔者注：至正二十七年（1367），为中书平章，次年随顺帝北遁上都。

[18] 定住

德译本注：此名下文又写作“鼎住”（2v，5r）。但在这两种情况下，无疑是指一个人。定住在此前一年被升为右丞，参见《元史》卷一一三（14v）、《新元史》卷三一（47r）。

笔者注：至正二十五年（1365）为左丞。

[19] 哈海

柯立夫注：Γaqai，意为“猪”。

笔者注：至正二十七年为参知政事，次年随顺帝北遁上都。

[20] 李百家奴

笔者注：后升中书平章，他事不详。

[21] 王（宏）〔弘〕远

笔者注：此名系避乾隆讳而改，实应作“王弘远”。至正二十七年（1367）以枢密参议为大抚军院经历。二十八年闰七月罢大抚军院后，不久升知枢密院事，随顺帝北遁上都。

二十九日（9 月 11 日），车驾至居庸关[22]。时经红贼之乱[23]，道路萧条，关无一兵。车驾至，亦无供张。帝太息曰：“朕不出京师，安知外事如此！”是日，诏也速率本部兵趋行在。

[22] 居庸关

笔者注：长城著名关塞，是元朝皇帝从大都至上都避暑所必经之地，在今昌平。

[23] 红贼之乱

德译本注：红贼之乱通常被理解为红巾军叛乱。红巾军最初是安徽的宗教流派，后来逐渐开始与湖北的秘密教派白莲教联合起义，对抗蒙古政权（O. Franke, *Geschichte des Chinesischen Reiches*, IV, p.531 f.）。一三五九年，推进至上都，并在此驻留七个月之久（同上，p.537）。刘佶在这里提到的一三六八年骚扰居庸关的红巾军，并未详细说明。可能只是当时的地方叛民团伙，因为红巾军所导致的此地的骚乱早就已经结束了。

三十日（9月12日），雨。车驾次鸡鸣山[24]，辽阳行省[25]左丞相也先不花[26]奏至，请入觐，诏止之。是夜，鸡鸣山西北峰崩，声如巨雷，御营中人马皆惊。上御行殿，召见群臣，以为贼兵奄至，黎明抢攘始定。

[24] 鸡鸣山

笔者注：在今河北宣化东南。王恽《中堂事记》载："鸡鸣山者，昔唐太宗东征至其下，闻鸡鸣，故名。东南距怀来七十里而远。"参见王恽著，杨亮、钟彦飞汇校：《王恽全集汇校》，北京：中华书局，2013年，第3346页。

[25] 辽阳行省

笔者注：元代东北地区的最高统治机构。至元二十四年（1287）设，长官依次为左丞相、平章政事、右丞、左丞、参知政事。参见薛磊:《元代东北统治研究》，北京：社会科学文献出版社，2012年，第121—142页。

[26] 也先不花

德译本注：也先不花自一三六三年起担任这一职务（《新元史》卷三一，44r）。元朝所设辽阳行省的治所，在热河东南、辽宁南部、朝鲜西北。

笔者注：也先不花又作“野仙溥化”，为木华黎五世孙乃蛮台长子。“入宿卫，掌速古儿赤，特授朝列大夫、给事中，拜监察御史，继除河西廉访副使、淮西宣慰副使，累迁中书参知政事，由御史中丞为中书右丞”（《元史》卷一三九《乃蛮台传》，北京：中华书局，1976年，第3353页），后袭“国王”（《元史》卷一四二《也速传》，北京：中华书局，1976年，第3403页）。

八月初一日（9月13日），雨，道路泥泞。是夕，驻跸营口[27]，知枢密院事哈（喇）〔剌〕章请速召扩廓帖木儿入援，从之。佶经日不食，谒知院公，留宿于毡帐中，炙羊肉食之。

[27] 营口

德译本注：营口的位置所在并不确定。它可能位于察哈尔南部的张家口境内，因为当时大约仍能在此发现大汗的队伍。

初二日（9月14日），雨不止，百官雨行，皆沾透。天寒甚，傔人[28]有冻毙者。左阿速卫[29]御营都指挥使此下有脱文。上以军事烦，命翰林学士承旨观音奴[30]兼知枢密院事。观音奴公（2r）三十日（9月12日）出京师，至是谢恩于马前，上命左右掖之。辽东[31]参政赛因帖木儿[32]率五千骑入觐，军容甚整，帝慰劳良久始已。

[28] 傔人

笔者注：随从和差役。

[29] 左阿速卫

德译本注：阿速是伊朗语族的奥塞梯人（iranischen Osseten）。他们在一二一九年被成吉思汗征服（Poucha, *Die Geheime Geschichte der Mongolen als Geschichtsquelle und Literaturdenkmal*, Praha, 1956, pp.69, 111）。他们是皇帝卫军的一个重要组成部分（Serruys, *The Mongols in China during the Hung-wu Period*, Brüssel, 1959, p.103, n.130）。

笔者注：阿速卫是元代中央护卫军的一支重要力量。至元九年（1272），忽必烈立阿速拔都达鲁花赤。至大二年（1309），武宗改立左、右阿速亲军都指挥使司。职掌为扈从车驾，宿卫城禁，兼营潮河、苏沽两川屯田，并提供军储。参见叶新民：《元代的钦察、康里、阿速、唐兀卫军》，《内蒙古社会科学》1983年第6期；蔡晶晶:《从阿速军到阿速卫：元代阿速军队组织的起源与变迁》，刘迎胜主编:《元史及民族与边疆研究集刊》第28辑，上海：上海古籍出版社，2014年，第33—39页。

[30] 翰林学士承旨观音奴

笔者注：翰林学士承旨，是元代“纂修国史、典制诰、备顾问”的翰林国史院的最高官员。初设时为正三品，大德八年（1304）升从二品，皇庆元年（1312）升从一品，后定制不变。参见张帆:《元代翰林国史院与汉族儒士》,《北京大学学报》1988年第5期。观音奴，至正二十五年（1365）为枢密副使，擒诛老的沙。后升知枢密院事、枢密使，顺帝亡故后奉梓宫北葬。

[31] 辽东

德译本注：辽宁省辽河以东附近地域的名称。它在这里指辽阳，基本上属于此地。

[32] 赛因帖木儿

笔者注：辽阳行省平章高丽人奇辙之子。后升辽阳行省平章，封太尉。元亡后，活跃在辽沈一带，为高丽边患（《高丽史》卷四二《恭愍王五》、卷四三《恭愍王六》、卷一一四《池龙寿传》）。洪武七年（1374），为明军所获（《秘阁元龟政要》卷九，明抄本，叶8a）。

初五日（9月17日），也速奏京师失守[33]，淮王[34]及丞相庆童死事。参知政事张守礼[35]，自京师奔行在。

[33] 京师失守

德译本注：关于大都的陷落，详细参见《明实录》卷三四，1v;《明史》卷一二五，5v，卷二，2v。参见 O. Franke, *Geschichte des Chinesischen Reiches*, IV, p.550。

[34] 淮王

德译本注：名帖木儿不花，是忽必烈的后代。关于其传记，请参见《元史》卷一一七（8r ff.）以及《新元史》卷一一四（14v）。在皇帝动身至上都前，帖木儿不花与八十三岁的庆童一起，被任命为大都的代理人和军队首领，共同防卫都城。在攻城中他们拒绝投降并被委以更高官职，故在城陷后被处死。

[35] 张守礼

笔者注：扩廓帖木儿养父察罕帖木儿麾下诸将之一。至正十五年（1355），随察罕帖木儿攻下汴梁（《元史》卷一四一《察罕帖木儿传》，北京：中华书局，1976 年，第 3387 页）。后升参知政事，助淮王守大都，城陷后奔上都。

初七日（9 月 19 日），左丞相失列门卒。以辽阳行省左丞相也速不花[36]为中书左丞相，以纳哈出[37]为辽阳行省左丞相。纳公为行省平章政事，知兵善战，辽东贼皆为所殄。皇后欲寻仇于高丽，语皇太子："曷使纳哈出问高丽之罪[38]？" 皇太子不可。

[36] 也速不花

德译本注：虽然在文本中写作“也速不花”，但这里指的只能是也先不花，参见叶 1v 和注释“也先不花”条。

柯立夫注：“也速”即“也先”之误。

[37] 纳哈出

德译本注：在一三三五年安徽的太平之战中（O. Franke, *Geschichte des Chinesischen Reiches*, IV, pp.550, 541），纳哈出被暴乱者俘虏，但后来被常遇春释放北归。如果根据高丽的史料，一三六二年他就已经是辽阳行省的丞相（Serruys, *The Mongols in China during the Hung-wu Period*, p.75, n.92）。据刘佶所述，纳哈出是非常干练又有才能的统帅。这一叙述的正确性说明了一大史实，即在元朝灭亡后纳哈出仍成功地坚持与明朝对峙近二十年。他在一三八七年初投降成为俘虏，次年死去（Serruys, *The Mongols in China during the Hung-wu Period*, p.75）。

[38] 高丽之罪

德译本注：这一罪行指的是一三五六年高丽的著名事件。皇后完者忽都是高丽人，来自奇氏家族。她的家族成员在高丽向来强势、狂妄，一三五六年被高丽国王全部诛杀。因此，皇后在一三六二年（据另一史料是一三六三年）寻求其子太子爱猷识理达腊的帮助，打算废黜国王，另立一位在大都生活的王族成员即位。但是，派往高丽的军队在高丽边境的鸭绿江被打败，使这一计划彻底破灭（《元史》卷四六，8v，卷一一四，11r f.;《庚申外史》，p.92。关于一三五六年之事，参见《新元史》卷二四九，21r ff.；此外，参见 Henthorn, *Korea, The Mongol Invasion*, Leiden, 1963, p.215）。当皇后于此提出新的企图时，在派遣擢升的纳哈出兴师问罪高丽之下，刘佶并未进一步详细记载。

初九日（9 月 21 日），车驾至中都 [39]。以李仲时 [40] 为兵部 [41] 尚书，征兵于高丽。

[39] 中都

德译本注：又称察罕八剌哈孙，位于今张北县附近。

笔者注：汉语叫作“白城子”，即蒙古语察罕八剌哈孙（Čaqan balaqasun）的意译，位于今张北县城西北。元武宗所建行宫，仁宗即位后罢建。至正十八年（1358）为红巾军所焚。

[40] 李仲时

笔者注：事迹不详。

[41] 兵部

笔者注：元代六部之一，“掌天下郡邑邮驿屯牧之政令”。最高长官为尚书三员，正三品。

十五日（9 月 27 日），车驾至上都。上都经红贼焚掠，公私埽地，宫殿官署皆焚毁，民居间有存者。辽此下脱“阳行省左”四字丞相也速公 [42] 献币二万匹、粮五千石 [43] 至，始有自存之势矣。佶与达鲁花赤 [44] 秃因不花 [45] 公旧交也，秃因公殷勤周恤，无所不至，患难中得此良友，真可感幸。

[42] 辽此下脱“阳行省左”四字丞相也速公

德译本注：原文在此处残缺。正如编者所说，这里显然应补充四个字：“阳行省左。”此外，原文在此误记成也速，但它提到的只能是也先不花，此人一三六三年就在行省中任左丞相一职。也就是说，也先不花此时被任命为中书省左丞相，同时辽阳行省左丞相一职被授予纳哈出。这种差异或许很好地表明，他并未马上就任新职，而是现在才到上都就职。

柯立夫注：“也速”为“也先”之误。

[43] 石

德译本注：一石大约六十千克。

[44] 达鲁花赤

笔者注：达鲁花赤为蒙古语 daruqači 之音译，为守城之“监临官”。这里指的应是上都路总管府达鲁花赤。

[45] 秃因不花

柯立夫注：秃因不花（Tuyin Buqa），又作 Toyin Buqa。

笔者注：事迹不详。至正十五年（1355），攻下汴梁的察罕帖木儿诸将中，有名脱因不花者，不知是否此人？

十七日（9 月 29 日），加（2v）纳哈出大尉，鼎住此下有脱文[46]。上自至上都，昼夜焦劳，召见省臣，或至夜分。佶问哈剌知院：“国事何如？”哈剌公曰：“无可为也。”当时颇有议省行[47]与枢臣龃龉者，时事至此，犹有朋党之见存，唏矣！

[46] 鼎住此下有脱文

德译本注：这里并未清楚地提及鼎住的具体职位。至正二十八年（1368）闰七月他已经是右丞（1r），在次月又被升为仅次于左丞相的平章政事（2v）。在此，他应该被授予一个军衔，可能在纳哈出的太尉之下。

笔者注：太尉在元代是荣誉加官，有时与司徒、司空并称三公（元代三公一般是太师、太傅、太保），或开府，或不开府，虽然滥授频繁，但仍是加给高官显宦、以示荣宠的爵号之一。这里的脱文可能是“司徒”或“司空”。

[47] 省行

德译本注：在原文中，“省行”可能作“行省”。

柯立夫注：“省行”毫无意义。或许我们应读作“省臣”？即中书省臣之省。

二十四日（10月6日），上都行枢密副使乃蛮台[48]入觐。初二二字误[49]，此下有脱文以上都焚毁，置行枢密院于察罕脑儿[50]。乃蛮公以上都留守改行枢密副使，率万众追红贼余党，次第略平。至是，自军中入觐，上留其军为宿卫焉。

[48] 行枢密副使乃蛮台

笔者注：上都行枢密院，《元史》卷八六《百官志二》

（北京：中华书局，1976年，第2156页）载："国初有征伐之事，则置行枢密院。大征伐，则止曰行院。为一方一事而设，则称某处行枢密院，或与行省代设，事已则罢。"元代中后期又设岭北行院，"掌边庭军务，凡大小事宜，悉从裁决"。行院长官依次为知院、同知、副枢、佥院、同佥等，这里的"枢密副使"即"副枢"。乃蛮台，事迹不详。

[49] 初二二字误

德译本注：根据实际情况来看，这里指的是一件过去的事件。"初二"不是所漏掉的文字之前的日期。编者认为这是原文的一条错误。

柯立夫注：编者很可能认为"初二"是上旬的第二天，由于紧随此日之前的是"二十四日"，故"二"应是其他数字之误。编者没有注意到的是，"初"在此系追溯，意为"此前"，因此，"二"可能是"二十一""二十二"或"二十三"。

笔者注：叶爱欣认为"初二"后脱三字，即"十五日"。（李修生主编：《全元文》第58册，南京：凤凰出版社，2004年，第221页）殊不可解。

[50] 察罕脑儿

德译本注：察罕脑儿位于开平西。关于这一洗劫，详细参见"红贼之乱"条。

笔者注：察罕脑儿（Čaqan na'ur）是蒙古语，意为"白海"。

二十六日（10月8日），贼将薛显[51]出古北口[52]，古北口守将佥知枢密院事张益[53]奔行在。

[51] 薛显

德译本注：明军中一位战功赫赫的统帅。《明史》卷一三一（4r ff.）有传。攻下大都后，薛显与其他明军统帅多次进攻长城，并对隘口进行侦察。这里提到的出兵，遭遇了元朝的散卒，在驱逐中获得了一批可观的战利品（《明实录》卷三四，1v，4r，11v;《明史》卷一三一，4v，亦可参见《明史》卷一二九，6v）。

[52] 古北口

笔者注：长城著名隘口，位于今北京东北密云区。

[53] 佥知枢密院事张益

笔者注：佥知枢密院事，为枢密院职官，元代文献中多写作“佥枢密院事”，又简称“佥院”，次于知院、同知、副枢，正三品。张益，事迹不详。

九月初六日（10月17日），哈剌公过予，言从臣闻贼出居庸关，意颇惶惶，有劝上北幸和林[54]者，上迟疑不决。既而闻贼兵不出，事乃已。

[54] 和林

德译本注：蒙元皇帝最早的都城，在鄂尔浑河上游。参见 O. Franke, *Geschichte des Chinesischen Reiches*, V, p.161 ff.。

笔者注：全称哈剌和林（Qara qorum），突厥语，意为“黑色的砾石”。

初十日（10 月 21 日），以鼎住为中书平章政事。

十一日（10 月 22 日），上召见群臣，询恢复之计。

十四日（10 月 25 日），诸王朵列纳[55]至上都。

[55] 朵列纳

笔者注：事迹不详。元代有济王朵列纳，大德十一年（1307）封，皇庆元年（1312）改封吴王，是成吉思汗异母弟合赤温的后代，与此“诸王朵列纳”当非一人。

十九日（10 月 30 日），诏高丽王[56]发兵至上都，听候调遣。

[56] 高丽王

笔者注：即高丽恭愍王王颛。

十月二十五日（12 月 5 日），封扩廓帖（3r）木儿为齐王，赐金印。

十一月初一日（12 月 11 日），封也速为梁王，加太保。

二十一日（12 月 31 日），陕西行省[57]平章政事脱因帖木儿[58]入觐，上问陕西之事，始悟李思齐、张（宗）〔思〕道[59]有贰志。

[57] 陕西行省

笔者注：元代行省之一，治奉元（今陕西西安）。最高长官为左丞相，从一品，以下依次为平章政事，从一品；右、左丞，正二品；参知政事，从二品。具体研究，参见李治安：《元代陕西行省研究》,《中国历史地理论丛》2010 年第 4 期。

[58] 脱因帖木儿

德译本注：脱因帖木儿（脱因即道人，参见《庚申外史》，第 39 页，注 4）是扩廓帖木儿之弟。十一月十六日，脱因帖木儿与明军统帅薛显在石州（今山西西部的离石县）交战，遭到败绩（《明实录》，卷三六上，6v;《明史》卷一三一，4v）。显然，他在此时已经取道至上都。接着，他与皇帝从上都进一步北遁。后来在一三八八年，他被俘，不久因谋划暴动而被处死（Serruys, *The Mongols in China during the Hung-wu Period*，p.243）。在《新元史》扩廓帖木儿的传末，附有他的一个概述性传记（《新元史》卷二二〇，12r），但并未提到脱因帖木儿一三六八年的战败以及一三八八年之事。

[59] 李思齐、张（宗）〔思〕道

德译本注：相较于防卫国家，李思齐与张思道（即张良弼，这里误作“张宗道”），以及脱列伯和孔兴（5r），这四位蒙古将领联合在一起，与其对手扩廓帖木儿（参见前注“扩廓帖木儿”条），他们更感兴趣的是保持自己的独立。为了进一步与扩廓帖木儿斗争，他们在明军通过山西的西进中与后者进行短暂交锋后即退往陕西。然而，半年后李思齐投降明朝，其间，张思道被扩廓帖木儿俘获（《明史》卷一二五，6r f.）。李思齐的传记，参见《新元史》卷二二〇，12r ff.。关于脱列伯和孔兴，参见叶 5r。

二十四日（1369 年 1 月 3 日），皇太子[60]出屯红罗山[61]。

[60] 皇太子

笔者注：即奇皇后所生皇子爱猷识理达腊。

[61] 红罗山

德译本注：关于红罗山位置的记载互有歧义。据《庚申外史》（p.110），红罗山在上都东南，而据《大清一统志》则在西南，即在今独石口附近。这里，锦州（辽西）附近的红罗山不被纳入考虑之内。

笔者注：李新峰在《红罗山与元明战争》（《历史地理》第 18 辑，上海：上海人民出版社，2002 年，第 302—311 页）一文中认为此红罗山应是大宁虹螺山，位于上都以东、全宁以南。

十二月初八日（1 月 16 日），始闻扩廓帖木儿败于保安[62]之信。

[62] 保安

德译本注：关于这一战争，有几个地点，详尽记载参见

《明实录》卷三七，1r f.;《明史》卷一二四，4r;《明史》卷一二五，5r f. 以及 14v f.。此战爆发于十二月一日，虽然不在保安（察哈尔南涿鹿），但在太原附近。扩廓帖木儿正要从西北进军大都，收到明军此时威逼太原的情报后，在到保安时掉头折回太原，遭到突袭而几乎全军覆没，只有少数人逃到大同，随后奔向甘肃。太原就落入明军之手。

初十日（1 月 18 日），遣使征扩廓帖木儿赴行在。时不知扩廓公存没，故遣使者访其消息。

十三日（1 月 21 日），监察御史[63]徐敬熙[64]条陈十事：一，戒酒；一，勿令宫掖干预政事；一，选将；一，宰相非人，请择贤者、能者；一，明赏罚；一，严军律；一，汰军中老弱；一，征兵西北诸藩；一，征饷于高丽；一，开言路。其言殊切直，上不之罪也。

是月，大雪，深五六尺。

[63] 监察御史

笔者注：御史台所属察院之官职，秩正七品，“司耳目之寄，任刺举之事”。参见《元史》卷八六《百官志二》，北京：中华书局，1976 年，第 2178 页。

[64] 徐敬熙

笔者注：事迹不详。

二十九年正月初一日（2 月 7 日），颁新历[65]于高丽，台官携新历赴行在，遂用之。从官入贺行殿，上以疾不出。贼兵久不出边，从官渐为室家之计。哈剌公尝太息谓予曰："亡国之臣，岂可与图恢复，吾当与西北诸藩（3v）共图此事耳！"信问："何不早为此计？"哈剌公曰："子独不见阿鲁辉王[66]之事乎？"遂唏嘘而起。

[65] 新历

笔者注：原文"新歷"，实应作"新曆"。

[66] 阿鲁辉王

德译本注：即阿鲁辉帖木儿，窝阔台的后代。一三六〇年试图推翻皇帝而自己即位。为了这一目的，他首先联合戈壁对面的漠北诸部首领。但这一行动以失败告终，阿鲁辉被绞杀。关于他的传记，参见《元史》卷二〇六（7r ff.）以及《新元史》卷一一一（11r ff.）;《庚申外史》(p.86 ff.）以及O. Franke, *Geschichte des Chinesischen Reiches*, IV, p.540。

初三日（2月9日），以魏伯颜[67]为中书参知政事。

[67] 魏伯颜

笔者注：事迹不详。

初六日（2月12日），平章政事李百家奴上疏陈恢复大计，以兵力太弱，请征西北诸藩兵入援。疏入，寝不报。哈剌公之言可谓先几矣。

初九日（2 月 15 日），佶拜监察御史之命。是日，有狐数头入行殿，直至御座下。御史大夫阿剌不沙[68]见上，极言亡国之兆。上曰：“天意如此，朕将奈何？”

[68] 御史大夫阿剌不沙

笔者注：御史大夫是元代中央最高监察机构御史台的最高长官，秩从一品。以下依次为：御史中丞，正二品；侍御史，从二品；治书侍御史，正三品。阿剌不沙，事迹不详。

二十日（2 月 26 日），上都大风，昼晦。是日，中都地震。

二十一日（2 月 27 日），诏也速丞相屯全宁州[69]。拜扩廓帖木儿中书右丞相，欲以内事委之也。扩廓公遣使至行在，始知西北消息。高丽国遣使贡岁币如旧例，且诉纳哈出构兵之事，上优诏答之。佶奏高丽心怀两端，不可恃为外援，疏入不报。

[69] 全宁州

笔者注：元代中书省（腹里）所辖路，为蒙元皇室姻亲弘吉剌部鲁王的驻冬之地，领全宁县。成宗大德七年（1303），升全宁府为路。仁宗延祐六年（1319）七月，“皇姊大长公主祥哥剌吉作佛事，释全宁府重囚二十七人，敕按问全宁守臣阿从不法，仍追所释囚还狱”（《元史》卷二六《仁宗纪三》，北京：中华书局，1976 年，第 590 页），说明此时

“全宁府”一称仍偶有使用。然“全宁州”在元代文献中仅见于此，颇疑为“全宁府”之讹抄。

二十四日（3月2日）至二十七日（3月5日），皆风霾，室中白昼然烛。

二月初一日（3月9日），大风，昼晦。以阿剌罕[70]为枢密副使，撒里（4r）蛮[71]为中书平章政事，撒里公嗜酒，不欲问时事，疏辞不允。

[70] 阿剌罕

笔者注：事迹不详。

[71] 撒里蛮

笔者注：事迹不详。

初三日（3月11日），赐宿卫军士衣粮。

初八日（3月16日），上不豫，辍朝。

十三日（3月21日），上疾瘳。

十五日（3月23日），也速丞相率精骑四万，抵通州。贼固守，不下[72]。诏也速公勿深入，恐贼乘虚内犯。未几，遣左司郎中黄卓[73]至军中，赐也速公龙衣、御酒，将士赏赉有差。

[72] 贼固守，不下

德译本注：对此之详情，参见《明实录》卷三九（5r），同样将时间记作二月。《新元史》卷二一五（11v）与此相反，误记为三月。

[73] 左司郎中黄卓

笔者注：左司郎中是元代中书省宰相的僚属之一，正五品，以下依次为员外郎（正六品）和都事（正七品），主要负责吏、户、礼三部之事。参见张帆：《元代宰相制度研究》，北京：北京大学出版社，1997 年，第 155—156 页。黄卓，事迹不详。

二十二日（3 月 30 日），佶谒哈剌公，留宴邸中。哈剌公言："执政竞市高丽婢[74]，若忘社稷之为墟者，尤以撒里平章为不称职。"佶曰："公何不与上言之？"哈剌不答，意其有内援也。

[74] 执政竞市高丽婢

笔者注：叶子奇《草木子》卷三下（北京：中华书局，1959 年，第 63 页）载："北人女使，必得高丽女孩童……不如此谓之不成仕宦。"可见，以高丽女孩为婢女，是元代北方贵族的社会习尚。对此之研究，参见喜蕾：《元代高丽贡女制度研究》，北京：民族出版社，2003 年。

三月二日（4 月 8 日），猎于近郊。初此下有脱文。皇太子请率精骑直捣大都，上不许。

十八日（4 月 24 日），遣工部侍郎得勒海[75]谕高丽，赐高丽王龙衣、御酒。

[75] 工部侍郎得勒海

笔者注：工部为中书省所辖六部之一，“掌天下营造百工之政令”。最高长官为尚书，正三品。以下依次为：侍郎，正四品；郎中，从五品；员外郎，从六品。得勒海，事迹不详。

二十日（4月26日），上不豫。

二十二日（4月28日），以兀鲁不花[76]为中书参知政事，王信[77]为上都留守。

[76] 兀鲁不花

笔者注：事迹不详。

[77] 王信

笔者注：元末山东义兵万户，曾以滕州叛降山东红巾军首领毛贵。反正后历任淮南行省平章、山东行省平章兼知行枢密院事。至正二十七年（1367），朱元璋军攻下沂州后北遁。

二十八日（5月4日），始召见群臣。

夏四月一日（5月7日），诏晃火帖木儿[78]、也速分道讨贼，恢复京师。

[78] 晃火帖木儿

笔者注：事迹不详。元代另有蒙哥汗后代晃火帖木儿，延祐五年（1318）封嘉王，泰定二年（1325）改封并王，与此非一人。顺帝初年，在伯颜和唐其势的权力斗争中，并王晃火帖木儿是后者结交的对象，在唐其势兵变失败后自杀。参见张岱玉:《〈元史·诸王表〉补证及部分诸王研究》，呼和浩特：内蒙古人民出版社，2019年，第163—165页。

初五日（5月11日），传闻贼将常遇春[79]率数将（4v）分道深入，上手诏戒严。侍御史任忠敏[80]疏，请速幸和林，召集东西部诸藩为恢复之计。

[79] 常遇春

德译本注：常遇春是除徐达外明军最重要的统帅。在最初一三六八年八月大都以及河北北部到长城一带均被攻陷后（2r），他没有进一步追击北逃的元军，而是向西征服了重要的山西、陕西和甘肃。在一三六九年三月初，明太祖派常遇春与其副将李文忠，率军十万（据《明实录》卷四三，2v，是九千人，即八千步兵和一千骑兵），追歼蒙古军。也速和纳哈出在河北的侵袭，表明蒙古军仍然具有相当强大的威胁。在几次战役中，明军击败元军，并推进到热河南部，在六月十七日占领上都（5r）。常遇春最后凯旋，但在归途中死去，年仅三十九岁。关于这些战役的详情，参见《明实录》卷四三，2v;《明史》卷一二五，15r。参见 Pokotilov/Franke, *History of the Eastern Mongols during the Ming Dynasty from 1368 to 1634*, Part.II, 5,12。常遇春的列传，参见《明实录》卷四六，5r ff.（参见《明实录》

卷四四，1r f.），以及《明史》卷一二五，11r ff.。徐达的传记，参见《明史》卷一二五，1r ff.，最近的研究，参见 W. Othmer, "Die Lebensgeschichte des Feldherrn Sü Da", in *Jubiläumsband der OAG*, Tōkyō, 1933, Teil II，pp.305-327。

[80] 任忠敏

笔者注：事迹不详。

初六日（5 月 12 日），也速丞相败绩于潆州[81]按，元无此州名，当是讹字。

[81] 潆州

德译本注："潆"字，正如编者所说，为讹字，应写作"潭"。潭州位于热河南。在常遇春的传记中，未提到这一战役。

初十日（5 月 16 日），忽都帖木儿[82]由太禧院使[83]拜上都留守。

[82] 忽都帖木儿

笔者注：《高丽史》卷四一恭愍王十六年（1367）有元朝"前辽阳理问"忽都帖木儿，殆即此人（此人又见于《高丽史》卷八九《后妃传二》恭愍王徽懿鲁国大长公主宝塔失里传）。他事不详。

[83] 太禧院使

笔者注：秩从一品，掌神御殿朔望岁时讳忌日辰禋享礼典。天历元年（1328），罢会福、殊祥二院，改置太禧院以总制之。二年，改太禧宗禋院，置院使六员，从一品，属凡钱粮之出纳，营缮之作辍，悉统之。参见《元史》卷八七《百官志三》，北京：中华书局，1976年，第2207页。

十四日（5月20日），□□遣人以手书至行在[84]，省臣议斩之。上曰："彼无罪，逐之可矣。"上宽仁如此，宰相不能将顺[85]，致海宇土崩，覆亡之罪，固有所归矣。

[84] □□遣人以手书至行在

德译本注：原文指出这里缺漏了两个字。据《明实录》卷四一（3r f.），这里提到的只能是明朝所派使者。因为在四月十一日，明太祖同时致信惠宗和纳哈出，其中他警告了纳哈出的越界侵犯行为，后者显然是较大规模军团的屡次南进。这两封信的原文，保存在《明实录》卷四一，3r，更确切地说是3v。原文中脱落的两个字，可以补作"贼将"，这是很有可能的，正如当时元朝官方对明太祖的称呼那样。

[85] 将顺

德译本注："将顺"一词，参见《孝经》第十二章；《史记》卷六二，"太史公曰"。参见《联绵字典》，寅108。

五月初六日（6 月 10 日），平章政事此下有脱文。

自十四日（6 月 18 日），佶苦痢请假养疴，至六月初旬始愈。

十九日（6 月 23 日），此下有脱文。

六月初五日（7 月 8 日），也速丞相与贼兵战于全宁，贼首为常遇春，骁健有名，率步骑十万入寇。也速公战不利，退至大帽山[86]。

[86] 大帽山

德译本注：关于此战更详细的情况，参见注释“常遇春”条。大帽山的准确地望，尚不确定。

笔者注：研究者认为此地即今内蒙古翁牛特旗乌丹镇鸭鸡山。参见张岱玉:《元朝末代中书右丞相也速行迹及其与时局关系探究》，刘迎胜主编:《元史及民族与边疆研究集刊》第 32 辑，上海：上海古籍出版社，2017 年，第 38 页注释⑨。

初七日（7 月 10 日），败书闻。上急召群臣，议幸和林。

初九日（7 月 12 日），平章政事李百家奴卒。哈剌公加开府仪同三司[87]，封徐国公。

[87] 开府仪同三司

德译本注：荣誉头衔，文散官正一品。参见 Rotours, *Traité des Fonctionnaires et Traité de l'Armée*, Leiden, 1948，第 35 页。

十二日（7 月 15 日），贼陷大（宁）〔兴〕州[88]，中书右丞脱火赤[89]逆战败绩，为贼所擒。脱公嗜酒，醉而踣于阵，士卒尽没。

[88] 大（宁）〔兴〕州

笔者注：研究者认为应是“大兴州”之误，后者在今承德西二十公里滦河畔，参见张岱玉：《元朝末代中书右丞相也速行迹及其与时局关系探究》，刘迎胜主编：《元史及民族与边疆研究集刊》第32辑，上海：上海古籍出版社，2017年，第38页注释⑤、⑩。

[89] 脱火赤

笔者注：脱火赤，字彦清，至正十年（1350）为吏部官员，参见危素：《危太朴集》卷四《吏部主事题名记》，《元人文集珍本丛刊》影印嘉业堂刊本，叶4b。

十三日（7月16日），车驾幸应昌府[90]，（5r）留河南王普化[91]、中书平章政事鼎住守上都。

[90] 应昌府

德译本注：在热河的经棚县一带，上都东北二百里。对此，参见 O. Franke, *Geschichte des Chinesischen Reiches*, V, p.260; Pokotilov/Franke, *History of the Eastern Mongols during the Ming Dynasty from 1368 to 1634*, Part.II, 5, 35。

笔者注：据《元史》卷一一八《特薛禅传》（北京：中华

书局，1976年，第2920页），应昌在上都东北三百里，为弘吉剌部驻夏之地。

[91] 河南王普化

笔者注：元代被封河南王者有速不台与阿术祖孙、唐兀人察罕、河南行省平章卜怜吉歹和扩廓帖木儿等人。此河南王普化事迹不详。

十五日（7月18日），晃火帖木儿王与贼兵战于新开岭[92]，大败。王匹马陷阵，死之。

[92] 新开岭

德译本注：此山的准确位置，并不确定。可能位于上都东南。因为这是明军进向上都的路线，在首先占领大宁后再攻陷位于热河南部的大兴州（即滦平县附近）。参见《明实录》卷四二，2v;《明史》卷一二五，15r。

笔者注：研究者认为在大兴州之西，参见张岱玉:《元朝末代中书右丞相也速行迹及其与时局关系探究》，刘迎胜主编:《元史及民族与边疆研究集刊》第32辑，上海：上海古籍出版社，2017年，第38页注释⑥。

十七日（7月20日），贼陷上都[93]。是日，车驾至曲也脑儿[94]，尚不知败信。

[93] 贼陷上都

德译本注：攻陷上都的详情，参见《明实录》卷四三，2v（《明实录》卷四六，8r 略有出入）和《明史》卷一二五，15r。在上都的陷落中，还有一位名庆生的皇子（《明实录》卷四六，8r 记作三位）和平章鼎住（叶 5r）被俘并被处死。关于河南王普化的命运，并不清楚。

[94] 曲也脑儿

德译本注：这一地名之所在并不确定。

十八日（7 月 21 日），诏扩廓帖木儿入援。

二十日（7 月 23 日），车驾至应昌。

二十一日（7 月 24 日），帝不豫。

二十六日（7 月 29 日），帝疾瘳，始议幸和林之计。观音奴公建议，令西边诸将攻大同，贼顾后路，可以纾难，从之。

八月初三日（9 月 4 日），脱列伯、孔兴等合兵攻大同[95]。

[95] 脱列伯、孔兴等合兵攻大同

德译本注：关于这一战役的详细记载，参见《明实录》卷四四，2r, f.；也可参见《明史》卷一二六，4r。是役，脱列伯被俘，孔兴被一位部将杀死。不久，脱列伯被明太祖赦免，仍赐官带衣服（《明实录》卷四七，4v）。对此之详情，参见 Serruys, *The Mongols in China during the Hung-wu Period*, p.76，n.99 等；又，司律思尝试将此名转写为 Töre-beg。

初四日（9月5日），我师败绩。

初十日（9月11日），败书闻，省臣请征扩廓帖木儿王入援，遣御史中丞黑的[96]赍手诏以往。应昌未经红贼，城市尚完，惟六军莅止，粮储先罄。哈剌公屡言之上，亦无可为计也。

[96] 黑的

笔者注：事迹不详。

九月二日（10月2日），复遣侍御史双双[97]征扩廓帖木儿王入援。

[97] 双双

笔者注：事迹不详。

初六日（10月6日），哈剌章公拜太保[98]之命，公固辞，不许。

[98] 太保

笔者注：元代三公之一，正一品，银印。地位次于太师和太傅。

初七日（10月7日），郡王阿怜歹[99]入觐，诏郡王统五投下[100]之众，屯于（会）〔惠〕州[101]。

[99] 郡王阿怜歹

笔者注：事迹不详。此人殆为札剌亦儿部木华黎国王之后。

[100] 五投下

德译本注：关于投下的设立，可追溯到契丹语，在蒙古语意为皇帝的诸王和女婿的封地，对此之深入探究，参见村上正二:《元朝に於ける投下の意义》,《蒙古学報》1940 年第 1 号，第 169—216 頁。

笔者注：五投下之蒙古语作 tabun ayimaq，即元代札剌亦儿、亦乞列思、弘吉剌、兀鲁兀与忙兀五部之合称，参见乌云毕力格:《喀喇沁万户研究》，呼和浩特：内蒙古人民出版社，2005 年，第 22—23 页。

[101]（会）〔惠〕州

笔者注：应是“惠州”之误，元代辽阳行省大宁路所辖一州，相当于今河北平泉市。参见张岱玉:《元朝末代中书右丞相也速行迹及其与时局关系探究》，刘迎胜主编:《元史及民族与边疆研究集刊》第 32 辑，上海：上海古籍出版社，2017 年，第 38 页注释③、⑫。

二十五日（10 月 25 日），也速丞相退保红罗山。

（5v）十月十一日（11 月 10 日），□□遣人[102]，复以书来，诏屏之城外，以孛罗罕[103]为此下有脱文。

[102] □□遣人

德译本注：正如“□□遣人以手书至行在”条注释那样，此处也缺漏了两个字，应复原为：来自明太祖（“贼将”）的另一封文书。原文见于《明实录》卷四六，10r ff.。其中，明太祖劝诱惠宗主动归顺，说明当时惠宗处于绝望之中，因此没有进一步的无意义的抵抗。明太祖在下个月也给也速发过类似的书信（《明实录》卷四七，2r）。

[103] 孛罗罕

笔者注：事迹不详。

十一月十八日（12月17日），陕西行省左丞王公克勤[104]至应昌。王公至扩廓王营中，扩廓附奏，请车驾速幸和林，勿以应昌为可恃之地。

[104] 王公克勤

笔者注：事迹不详。

十九日（12月18日），帝不豫。

十二月十二日（1370年1月10日），帝始视朝。

十四日（1月12日），封也速丞相为威定王。

十八日（1月16日），御史大夫朵朵[105]卒，以三宝奴[106]为御史大夫。

[105] 朵朵

笔者注：事迹不详。陶宗仪《南村辍耕录》(北京：中华书局，1959 年，第 165 页）记载了至正元年（1341）的一位蒙古必阇赤朵朵，不知是否此人?

[106] 三宝奴

德译本注：他可能是哈剌章之弟，历史编纂家脱脱次子。一三六四年，他被任命为知枢密院事(《元史》卷一三八，31r;《新元史》卷二〇九，10r)。不过，当时还有另外一位三宝奴，出自高丽皇后奇氏家族(《元史》卷四六，8v)。关于其出任前的职位，这里并没有进一步交代。

三十年正月初二日（1 月 29 日），帝不豫，诏皇太子总军国诸事。

初九日（2 月 5 日），诏观音奴公赍手诏，赐扩廓帖木儿王，征其入卫。观音公奏请以监察御史张佶[107]从行，上允之。

[107] 监察御史张佶

德译本注：根据客观情况，原文中所说的张佶，一定是这份报告的书写者刘佶本人。在《北巡私记》的正文中只是提到了他名“佶”，而姓“刘”却没有证据。其中，明确提到作者的名字“张佶”。作为亲历者，作者在诸多场合总是称自己为“佶”，大概十五次（只有两次使用了第一人称的“予”)。文中常见的名“佶”只是在最后与姓“张”结合在一起。他的监察御史是在一三六九年一月初九日被授予的（叶3v）。作者身份的证据，目前只有这些。在这一问题中，关于张信和刘信，都没有其他信息。随观音奴至扩廓帖木儿处的出行人员中，或许会发现张信。在临川的编年史中，也可能提到刘信。可能在某一古代传记中，还会发现蛛丝马迹吧。

初十日（2月6日），信从观音公入见。

十一日（2月7日），启行。

自二十八年闰七月，至三十年正月，共十七月之事，信所知者，撮其大要载之，以备异日掌故。至密勿大政及军旅之计，非小臣所得知者，姑阙之云。

咸丰己未[108]冬十月，独山莫友芝[109]手钞。

[108] 咸丰己未

笔者注：即咸丰九年（1859）。

[109] 莫友芝

德译本注：字子偲，著名学者、藏书家，贵州独山人，生于一八一一年，卒于一八七一年。参见 Hummel, *Eminent Chinese of the Ch'ing Period (1644-1912)*, Washington, 1943-1944, p.581 f.。

（6r）光绪戊申[110]，予承乏黔学，属黄平乐采臣[111]孝廉购独山莫氏藏书，得子偲先生手抄影北宋本《周易举正》[112]、元刘佶《北巡私记》二种，皆希世之秘笈也。予方从事元史，得刘氏此书，如获海外奇珍，自诧为平生第一幸事。顺帝北奔以后，旧史无征，赖有此书，略见当日之梗概。惟展转移写，不免夺舛，惜无别本以资校勘耳。胶州柯劭忞[113]识。

[110] 光绪戊申

笔者注：即光绪三十四年（1908）。

[111] 乐采臣

德译本注：事迹不详。

[112]《周易举正》

德译本注：关于《易经》的注释。旧题误作唐代郭京撰，但最早在宋代前期才出现。参见《四库全书总目提要》，I，10。

[113] 柯劭忞

德译本注：尾跋的撰者，是一九二二年出版的《新元史》的作者。生于一八五〇年，卒于一九三三年。参见 Hummel, *Eminent Chinese of the Ch'ing Period (1644-1912)*, p.649。

·第三章·

未竟的蒙古学译注：柯立夫关于《北巡私记》的研究述评

柯立夫（F. W. Cleaves，1911—1995）是 20 世纪美国蒙古学领域的代表性学者。他早年曾在法国巴黎师从著名汉学大师伯希和（P. Pelliot，1878—1945），二战后长期在哈佛大学从事教研工作，其丰富的研究成果和卓越的学术成就，一度使哈佛大学成为美国蒙古学研究的一大重镇。柯立夫在蒙古学领域著述颇丰，主要集中在蒙元时期，尤其以对蒙汉文合璧文书的精深考索而为学界熟知。

柯立夫去世后，其生前的大部分藏书被储存在美国新罕布什儿（New Hampshire）的天主教堂。根据学者在 20 世纪 90 年代末的初步调查，在柯立夫的丰富藏书中，还夹有诸多生前未发表的论文手稿，如对《元朝秘史》《元史》《圣武亲征录》《黑鞑事略》《蒙鞑备录》《耶律楚材神道碑》《平宋录》《大元马政记》《史集》《瓦萨甫史》等蒙元时期重要文献的部分译注，将其整理公布无疑会对我们的研究大有裨益，但受客观因素所限，恐怕这一工作要有待将来了。[1]遗憾的是，柯立夫的这些研究手稿目前仍未得到学界的充分关注，更遑论全面整理了。

近来，有学者在柯立夫手稿中发现了他关于《北巡私记》的英文译注残稿。我们知道，对于研究元顺帝在大都被攻陷前夕北逃草原直至其去世这一期间蒙古汗廷的军政活动来说，《北巡私记》无疑是最为重要的一部史料，所谓“海外奇珍”[2]是也。笔者在笺注《北巡私记》时，有幸得到柯立夫的这一学术成果，欣喜莫名，虽是残稿，但拜读之后，发现仍有诸多可贵之处，除部分注释可为笔者笺注参考吸收以备补充外，还有一些地方值得揭橥以飨同仁，以期今后能有更多学者对《北巡私记》与柯立夫其他手稿予以关注。

一、柯立夫对顺帝北奔的研究

在所发现的柯立夫对《北巡私记》的研究残稿中，有一份题为 *The Flight of Toγon Temür*，下另起两行，依次分别署有柯立夫全名（Francis Woodman Cleaves）及其所在的哈佛大学。虽然其后的正文残缺不全，但大致可以判断这是柯立夫研究元顺帝北奔的一大成果。[3]

---

① David Curtis Wright, “The Papers of Professor Francis Woodman Cleaves (1911-1995)”, *Journal of Song-Yuan Studies*, No.28, 1998, pp.289-290.

② 语出柯劭忞《北巡私记》“识语”。

③ 从柯立夫研究元代蒙汉合璧碑文的基本理路推测，这篇残稿可能也是他译注《北巡私记》前对此书及其所涉史事的一个研究性“导论”。

柯立夫首先立足于西方汉学的研究背景，指出：在西文材料中，首次记载元朝末帝顺帝“北巡”的文献是传教士宋君荣（Père Joseph-Anne-Marie de Moyriac de Mailla）的 *Histoire générale de la Chine*（Tome Neuvième, Paris, 1779, pp.656-657）。其中提及元顺帝“北巡”的大致路线：自大都出健德门（Kien-té-men）后，经居庸关（Kiu-yong-koan）至上都（Chang-tou）。进而参考列维斯基（Marian Lewicki）在“Les inscription mongoles imédites en écriture carrée”一文中的注释（*Collectanea Orientalia*, Wilno, 1937，p.37，n.2）所说：波兹德涅耶夫（Pozdnéyev）曾据宋君荣书，指出 1368 年妥懽贴睦尔是经居庸关而奔上都。然而，柯立夫又发现《蒙古源流》记载的则是顺帝经古北口北逃。故对此产生疑问：妥懽贴睦尔北逃究竟是经过居庸关，还是古北口呢?

为了回答这一问题，接下来柯立夫从汉文和蒙古文的原始记载出发。先征引《元史》卷四七《顺帝纪》：

> 丙寅，帝御清宁殿，集三宫后妃、皇太子、皇太子妃，同议避兵北行。失列门及知枢密院事黑厮、宦者赵伯颜不花等谏，以为不可行。不听。伯颜不花恸哭谏曰：“天下者，世祖之天下，陛下当以死守，奈何弃之。臣等愿率军民及诸怯薛歹出城拒战，愿陛下固守京城。”卒不听。至夜半开健德门北奔。①

① 按，柯立夫在“宦者赵”与“伯颜不花”之间加逗号，表示系两人。然在所列注释条目中“赵伯颜不花”则为一人，显然后来对此有所订正。

并据此认为：通过这一叙述，我们可对顺帝北奔前的情形有一更为明晰的认识，但仍不清楚随后顺帝北奔上都（Šangdu）的路线。因此，柯立夫继续勾稽汉文文献，指出《明史》卷二简要提及顺帝北奔："丙寅，克通州，元帝趋上都。"《明实录》则只字未提。在《明史》卷一二五《徐达传》中，还可读到"进克通州，顺帝率后妃、太子北去"。继引《庚申外史》："后七月二十七日，大军至通州。帝得报，大惧，即日委淮王帖木儿不花、丞相庆童留守大都。二十八日夜，帝即卷其子女、玉帛出居庸关，遁入上都。八月三日，大军至齐化门外。一鼓而克全城。淮王帖木儿不花、丞相庆童、大都路总管廓允中、中书左丞丁敬可皆死之。"此外，柯立夫还发现：柯劭忞《新元史》卷二六《惠宗纪》参考过《北巡私记》，其中明确记载顺帝是经居庸关至上都。①

关于蒙古文文献中的顺帝北奔，柯劭忞仅举出伟大史家萨冈彻辰（Saγang Sečen）在其编年史中的记载：

……qaγan uridu ǰegüde-ne üǰigsen tere ügeber oroǰu: qas bau tamaγaban γačulan: qatud keüked-iyen abun γarqui-a:

① 按，柯立夫所提并英译的《新元史》原文为："丙寅，帝御清宁殿，召见群臣，议幸上都。左丞相失列门、知枢密院事黑厮、参知政事郭庸及宦者赵伯颜不花固谏，不从。是夜，出健德门，率三宫后妃、皇太子幸上都。群臣扈从者左丞相失列门、平章政事兼知枢密院事哈剌章、平章政事臧家奴、右丞定住、参知政事哈海、翰林学士承旨李百家奴、观音奴等百余人。丁卯，车驾次居庸关。"参见柯劭忞：《新元史》，《元史二种》（上），上海：上海古籍出版社，2012 年，第 95 页。其中，参知政事郭庸"固谏"事，实不见于《北巡私记》，《新元史》卷二三三《郭庸传》亦未提，然《元史》卷一九六《丁好礼传》提到明军入大都前，"中书参知政事郭庸亦舁至齐化门，众叱之拜，庸曰：'臣各为其主，死自吾分，何拜之有！'语不少屈而死"，似为《新元史》之史源。

> Arulad-un Ilaqu čingsang Naiman-u Buq-a čingsang Qasar-un ür-e Toγolqu [134] baγatur tayiǰi: ede terigülen doluγan nöküd-tei qadquldun γarbai …… tendeče qaγan Moltusi-yin qaγalγabar γarun buruγudqui daγan ene metü maγtaǰu ukilan yabubai.①
>
> 汉译：皇帝〔钻〕进先前梦中所见到的那个地宫，袖揣着玉玺，带着众后妃和儿孙往外〔逃〕。与阿鲁剌氏亦剌忽丞相、乃蛮氏不花丞相、哈撒儿的后代朵豁勒忽·把都儿台吉等七个伴当一起力战，〔逃〕了出来……却说，〔乌哈笃〕皇帝从古北口出逃，一路上泣吟而行。②

遗憾的是，由于目前仅看到柯立夫研究成果的残稿，故无法得见他对上引史料的分析。不过，通过上述柯氏对史料的梳理，已不难发现，《蒙古源流》所说顺帝经古北口至上都，恐怕就很难成立了。另据叶新民先生的研究，元代从大都到上都有四条驿路：孛老驿路、望云驿路、黑谷路、古北口路。皇帝每年从大都到上都一般走黑谷路，此路在四条驿路中里程最短，而且经过居庸关。③联系到顺帝匆忙北奔的情形，最驾轻就熟而又经居庸关的黑谷路无疑是其首选，这点亦可为顺帝由居庸关至上都增添一条背景性的旁证。

---

① Schimidt, *Geschichte der Ost-mongolen und ihres Fürstenhauses*, St. Petersburg, 1829, p.132, l.18 to p.134, l.3. 参见乌兰:《〈蒙古源流〉研究》，沈阳：辽宁民族出版社，2000年，第618页。

② 乌兰:《〈蒙古源流〉研究》，沈阳：辽宁民族出版社，2000年，第263—264页。

③ 参见叶新民:《两都巡幸制与上都的宫廷生活》,《元上都研究》，呼和浩特：内蒙古大学出版社，1998年，第38—39页。

最后，还需一提的是，柯立夫在征引上述蒙汉文史料原文的同时，紧随其后还附有相应的英文译文与注释。今举其要者阐释如下。

（1）清宁殿：柯立夫后注引萧洵《故宫遗录》（Ignatius Ying Ch'ien-li trans., "Hsiao's Record of the Imperial Palaces of Khanbaliq", *Bulletin of the Catholic University of Peking* 8 [1931], p.34）："又后为清宁宫，宫制大略亦如前。宫后引抱长庑，远连延春宫，其中皆以处嬖幸也。外护金红阑槛，各植花卉异石。"[①]

（2）失列门（Širemün）：后注参伯希和《蒙古与教廷》一书第 203 页注释。按，查伯希和书，主要就此名进行了语音学和语义学方面的考察。大意为：无论在蒙古文还是阿拉伯文的写法中，此名皆应读作 Širamun 或 Širämün，但汉文译名偏重于后者，此与柏朗嘉宾之 Sirenum（=Siremun）以及鲁布鲁克的 Siremon 读音相合。失列门意为"生铜"，词根 Širä-，意即"熔"，可备一说。此外，Siramun 最初可能是一个基督教名，系不识 l 字母的东北伊朗之 Šlemun 的一种通常写法，即我们所说的 Saloman，最初从伊朗传入突厥、蒙古，故当地基督教徒多用此名，亦可备一说。具有失列门之名者与基督教不无关系，如绰儿马罕之子失列门，虽绰儿马罕本人不是基督教徒，但其第二位妻子信奉基督教；又如窝阔台孙、贵由之侄失列门，不能忽略的是贵由左右多基督教徒。[②]

---

① 萧洵：《故宫遗录》（与《北平考》合印），北京：北京古籍出版社，1983 年，第 74 页。

② ［法］伯希和：《蒙古与教廷》，冯承钧译，北京：中华书局，2008 年，第 191—192 页。

柯立夫在注后还提及《元史》卷一一四《后妃传》定宗后“子失列门”；卷一三五《彻里传》子失列门。此名又作“失烈门”，故柯立夫又引《新元史》卷一一一《阔出传》所附子失烈门事迹、卷一七八《彻里传》附子失烈门，以及《明史》卷三二七《鞑靼传》所见北元丞相失烈门。按,《鞑靼传》中的“丞相失烈门”在捕鱼儿海之战后投降明朝，应即《北巡私记》所记载的元顺帝朝“左丞相失列门”①。

（3）黑厮：柯立夫后注参考伯希和《〈蒙古侵略时代之土耳其斯坦〉评注》(《通报》1930 年第 27 卷，第 49 页，注 1)。检伯希和文注释，是在探讨耶律阿海名字含义时提及黑厮：“阿海”为契丹–女真语中“奴”之意思。当时中国的游牧部落中，有许多人曾用这种名称，如木华黎的儿子孛鲁（Bo’ol），意为“奴”；蒙古时代还有很多汉名，如家奴、小厮、黑厮，好像都是源于同一习惯。② 对此，柯立夫又补二人:《新元史》卷一五三之千奴（玉耳伯里伯牙兀氏）和卷一九九之三宝奴（武宗朝尚书省丞相）。

（4）怯薛歹：柯立夫后注参考伯希和《〈蒙古侵略时代之土耳其斯坦〉评注》(《通报》1930 年第 27 卷，第 27—29 页)。查伯希和文，对成吉思汗的“宿卫”作了详细申述。大意为：最晚从 14 世纪初起，我们确知宿卫的名称是 kä̌sik，卫士的名称是

① 参见本书第二章《〈北巡私记〉笺注》笺注 [16]“失列门”条。

② ［法］伯希和:《〈蒙古侵略时代之土耳其斯坦〉评注》，冯承钧译,《西域南海史地考证译丛三编》，北京：商务印书馆，1962 年，第 40 页。

käšiktän，单数作 käšiktü（同 käšiktäi）。此称尚见于内蒙古的克什克腾（Kešik-ten）旗。现在许多蒙古部落名称，出自蒙元时代宫廷职名者，尚有不少。拉施特曾将波斯语 käziktän 的复数写作 käziktänān，在其他地方又说有每隔三日轮番的四部 käzik，然在别处又写作 käšik。另外,《元史》汉译为“怯薛”，核以“薛”字的读音，似可构拟为 käsäk、käsäktän 或 käzäk、käzäktän，而非 käšik、käšiktän。《元史》所据，是 -i 音前之 s- 仍作 s- 的读法，而不像《秘史》之 s- 始终为 š- 的读法。这种 -i 前之 s- 变为 š- 的转化，在 13 世纪末似首先只在若干方言中存在。在古蒙古语中，现在只知有 käšik（kešik）一词，意为“恩惠”“仁慈”，即古代训为“宿卫”的 käšik。此两层含义皆自回鹘文假借而来。käšik 在回鹘文中意为“番直”，并由此衍生出“命运”之意，在吉尔吉斯语中，也有 käzäk 的读法。蒙古人在借用此词时，可能在 käzäk 或 käzik 之间抉择过一段时间，因蒙古语中无 z 声母，因此 käzäk 被转化为 käsäk。元代的“怯薛”对应的就是后一读音。至于 käzik，则在察合台语以及若干波斯文文献中仍然存在。①

（5）赵伯颜不花：柯立夫后注参考《新元史》卷二七赵伯颜不花本传。按，此传实源于《元史》卷四七《顺帝纪》，然传末“后从帝北巡，卒于和林”一句不知所本，殆为柯劭忞据情理之推测。

---

① 参见［法］伯希和:《〈蒙古侵略时代之土耳其斯坦〉评注》，冯承钧译,《西域南海史地考证译丛三编》，北京：商务印书馆，1962 年，第 20—21 页。

（6）健德门：柯立夫后注引《南村辍耕录》卷二一："城……分十一门……北之西曰健德……"①

（7）Qas bau（玉玺）：qas bau 是一个混合术语（hybrid term），前一部分是突厥语 qaš "玉石"（C. Brockelmann, *Mitteltürkischer Wortschatz nach Mahmud al-Kašγaris Dīvan Luγat at-Turk* [1928], 150. 正如伯希和在其文章 "Sur la légende d'Uγuz-khan en écriture ouigoure" [in *TP* 27, 1930, pp.247-358] 第 298 页所述，qaš 在蒙古语中变为 qas），后一部分是汉语的"宝"（古汉语的 pâu，参见 B. Karlgren, *Analytic Dictionary of Chinese and Sino-Japanese*, 1923, No.702；亦可参见古汉语 bau̯ 和八思巴字 baw，见 A. Dragunov, "The hPhags-pa Script and Ancient Mandarin", in *Известия Академии наук* [*Bulletin of the Academy of Science*], 1930, pp.627-647; pp.775-797, No.422）。Qas bau altan tamaγan 在田清波神父（Reverend Antoine Mostaert）所征引的一份文献中出现了两次，参见其文 "L'«ouverture du sceau» et les adresses chez les Ordos"（in *MS*, I, 1935-1936, pp.315-337）的第 318 页。第一处译作 "le précieux sceau (nommé) qas buu (=sceau de jade)"（第 319 页②），第二处译为 "précieux qas buu, le sceau d'or"（第 320 页）。

（8）Moltosi qaγalγ（古北口）：柯立夫后注，参见 Назван, Прохода и Заставы во Великой стена (Кит. Гу-бэи-коу), М. ул. 5,7.

① 陶宗仪：《南村辍耕录》卷二一 "宫阙制度"，北京：中华书局，1959 年，第 250 页。

② 按，柯立夫手稿与打印稿皆作 318 页，今据田清波原文径改。

C.C. 136. [Name of the Pass and Barrier in the Great Wall (Chin. Ku-pei-k'ou). M(ong). St(atules). S.S. 136]

以上是柯立夫关于顺帝北奔研究的主要内容。由于目前所见系柯立夫的残稿，而且是其生前未定稿，故上述介绍难免有管中窥豹之嫌。不过，于此我们仍不难看出柯立夫治学之严谨与考据之细致。当然，柯立夫还留下了《北巡私记》的英文译注，会进一步丰富我们关于其对顺帝北奔的研究，以下即对此加以阐述。

二、柯立夫对《北巡私记》的英译

目前所见柯立夫对《北巡私记》的英译，也是残稿，"始闻扩廓帖木儿败于保安之信"至"是月，大雪深五六尺"之间的英译文，以及"撒里公嗜酒，不欲问时事，疏辞不允"之后的英译文，现在尚未得见。但从手稿全部英译了《北巡私记》正文后所附柯劭忞的"识语"可知，柯立夫已经基本完成了《北巡私记》全文英译的初稿工作。根据手稿，柯立夫对标题中"巡"的英译是 the Emperor's Flight，但打印稿已改作 the Imperial Trip，故全称 *Private Account of the Imperial Trip to the North*。

在《北巡私记》正文具体的英译上，柯立夫尽可能地忠实于汉文原文，为了方便读者的理解，个别地方又有口语式或补充性的注释。为了反映这一英译特点的全貌，今逐一列举如下。

"力言不可"：strongly disapproved。下注：Lit., forcibly said "It

will not do"。手稿注：Lit., strongly said "it will not do"。[①]

"车驾"：the Imperial cortege。下注：Lit., "Imperial Carriage"。

"吾知死所"：I know where to die。下注：I. e., there is no more hope。

"君去就如何"：Will you go or will you stay? 下注：Lit., "depart or go along [here]?" 手稿注：Lit., "depart or stay here?"

"愿从公后"：Let me accompany Your Excellency。对 accompany 注：Lit., "follow behind"。

"颔之"：nodded in assent。下注：Lit., "chinned it"。

"幸上都"：toward Shang-tu。下对 toward 注：Lit., "favor"。手稿注：Lit., "to favor"。

（闰七月三十日）"召见群臣"：summoned [His] ministers to audience。下注：I. e., to hold an emergence audience。[②]

（辽阳行省左丞相也先不花奏至，请入觐）"诏止之"：It was decreed to stay him。下注：To stay there to defend the Palace。手稿注：So that he might continue to defend Liao-yang。[③]

"以为贼兵掩至"：believing that the rebels troops would soon arrive。下注：Let us die together。手稿注：In this manner they

---

① 按，笔者首先给出的是柯立夫打印稿译文，后附不同的手稿译文，说明录入打印稿时对手稿有所修改。

② 柯立夫此注标在"上御行殿"（His Majesty went to the temporary hall）右上角，但从注释内容看，应标在其后句"召见群臣"后。

③ 按，揆诸语境，此处注释似乎以手稿更确。

would all die together。殆以了解之同情的视角，道出了顺帝宫廷人员“以为贼兵掩至”的后果。

“炙羊肉食之”：has mutton roasted for him to eat。下注：Lit., “roasted mutton and gave [it] to him to eat”。

“天寒甚”：the weather was extremely cold。下注：The coldness of the weather was quite more than enough。手稿译作：the day was extremely cold。

“军事烦”：military matters were [too] numerous [to handle]。手稿译作：the military affairs were [too] complicated。手稿注：I. e., That they were too much for him to handle。①

“谢恩于马前”：Thanked [his Majesty for his] Grace before the [imperial] horse。手稿译作：express his thanks for the imperial favor before the Imperial horse。手稿注：I. e., it was not until this day that he was able to join the imperial party and thank the emperor who was mounted for the appointment which he had bestowed。

“上命左右掖之”：His Majesty ordered that [His] attendants（左右）raise him up。下注：From his kneeling position。手稿译作：The Emperor ordered his attendants to support him under the arms。下注：I. e., to help him rise from the genuflection。

（纳哈出）“知兵善战”：He was a strategist（知兵）and a good soldier（善战）。“知兵”下注：Lit., “knew [the art of] war”。“善战”

---

①　按，handle一词在柯立夫手稿中仅留下了字母h的上半部隐约可见，笔者据“军事烦”英译打印稿推测后补充。

下注：Lit., “was adept [at] combat”。

“曷使纳哈出问高丽之罪”：Why not have Na-ha-ch‘u 纳哈出（Naγaču）punish Kao-li？下注：Lit., “inquire about Kao-li’s crime”。

“公私埽地”：all morale was gone。下注：Cf. The expression 斯文扫地 “Civilization is all gone”。

“官署皆焚毁”：Palace halls and government offices were all in cinders。手稿下注：“焚毁”（fen-hui）= 焚燬（fen-hui）。

“始有自存之势矣”：For the first time there was the possibility of self-preservation。下注：Because we now had food。

“殷勤周恤”：was sincerely solicitous（殷勤）and gave [him] every possible assistance（周恤）。对 possible 注：Lit., “there was not [that] which it did not reach”。手稿注：Lit., “there was not what [his] assistance did not reach”。

“国事何如”：what the future of the country would be。下注：Lit., “national affairs were like what？”

“无可为也”：Hopeless。下注：Lit., “there is nothing that we can do”。

“时事至此”：This of all times！下注：Lit., “[At that] time matters came to this”。

“余党”：the remaining bands。下注：Lit., “remaining partisans”。

“自军中”：came（lit., entered）from his army。下注：Lit., “within the army”。

“从臣”：the ministers in the emperor’s suite。下注：Lit.,

"accompanying subjects"。

"从官渐为室家之计"：the attendant officials gradually made plan for [setting up] housekeeping。下注：I. e., Now that they were no longer in flight，they wanted to have their wives, concubines, etc, with them。

"岂可与图恢复"：Is it possible to plan for the [dynasty's] restoration with [them]？下注：Obviously not。

"诸藩"：the vassals。下注：I. e., vassal princes。

"子独不见阿鲁辉王之事乎"：[Are] you [the] only [one who] have not heard what happened to Prince A-lu-hui 阿鲁辉（Alγui）？下注：have not seen the affair of ...？

"皆风霾"：were all stormy。下注：windstorm。

在柯立夫的英译文中，关于汉文的专有名词，前面还附有威妥玛标音，个别名词下另有注释。如 Hui-tsung 惠宗、Ch'ing-ning tien 清宁殿、T'ung-chou 通州、Han-lin-hsüeh-shih-ch'eng-chih 翰林学士承旨（下注：A civil office）、T'a-wei 大尉（下注："大"即"太"t'ai）[①]、Ping-pu 兵部（Board of war）、p'i 匹、tan 石，等等。其中，最值得注意的是对汉字音译蒙古文名词的处理，后面还在圆括号内注出了相应的拉丁字母转写，对于蒙元史研究者来说极具参考价值。今不烦赘举，列举如下：Ha-la-chang 哈喇

① 此据打印稿。按，在手稿中，柯立夫将"大尉"读作 t'ai-yü，可见后来有所订正。此点笔者初未发现，后经北京大学历史学系党宝海老师提醒，谨致谢意。

章（Qarağang）、Yeh-su 也速（Yesü）、K‘uo-k‘uo T’ieh-mu-erh 扩廓帖木儿（Kökö Temür）、Shih-lieh-men 失列门（Širemün）、Ha-hai 哈海（Γaqai）、Yeh-hsien Pu-hua 也先不花（Esen Buqa）、Sai-yin T‘ieh-mu-erh 赛因帖木儿（Sayin Temür）、Yeh-su Pu-hua 也速不花（Yesü Buqa）、Na-ha-ch‘u 纳哈出（Naγaču）、T‘u-yin Pu-hua 秃因不花（Toyin Buqa，下注：In Tuyin Buqa we have a variant of Toyin Buqa）、Ta-lu-hua-chi‘ih 达鲁花赤（daruγači）、Nai-man-t‘ai 乃蛮台（Naimandai）、Ch‘a-han-nao-erh 察罕脑儿（Čaγan na’ur）、Ho-lin 和林（[Qara] Qorum）、To-lieh-na 朵列纳（Törene）、T‘o-yin T‘ieh-mu-erh 脱因帖木儿（Toyin Temür）、A-lu-hui 阿鲁辉（Alγui？）、A-la Pu-sha 阿剌不沙（Ala[γ]? Buša）、A-la-han 阿剌罕（Alaqan）、Sa-li-man 撒里蛮（Sarman？）。

当然，还有部分汉文的专有名词，其前以英文意译的方式代替了威妥玛标音，个别名词下亦有注释。如：the “Three Palaces”（三宫）、the “Red Rebels”（红贼）、provisions or services（供张）、at the third watch（漏三下。手稿作：at the third stroke of the clepsydra [i.e. Midnight]）、the morale of the army（军容。下注：Lit., “army appearance”）、had fallen（失守。下注：Lit., “lost [its] guard”）、to die for the cause（死事）、was sincerely solicitous（殷勤）、the attendant officials（从官）、the policies（大计）、to be prophetic（先机）、Palace affairs（内事），等等。

此外，在柯立夫的英译文手稿中还给出了个别日期所对应的公历纪日，如至正二十八年闰七月二十八日，为公历 9 月 10 日。

虽然所标不全，但说明在定稿中一定会有这一部分内容，以便读者参考。关于《北巡私记》纪日所对应的公历日期，本书第二章已逐一标出，可供参考。

最后，捎带一提的是，柯立夫英译文中对个别词句的处理，可能略有瑕疵。如"若车驾一出都城立不可保"，英译文作：If the Imperial cortege once left the city，it would become immediately untenable（手稿作：if His Majesty once leave the Capital，it would ... ）。据此可知，柯立夫断句为："若车驾一出都城，立不可保。"其实，此句点作"若车驾一出，都城立不可保"更宜，故英译可改作：If the Imperial cortege once left，the Capital would become immediately untenable。当然，考虑到柯立夫留下的只是英译文的残稿，对此我们也就无需求全责备。而且，笔者目前所见疵点仅此而已，其实瑕不掩瑜，几乎完全没有影响柯立夫英译文的整体价值。

三、柯立夫对《北巡私记》的注释

柯立夫关于《北巡私记》英译文的注释，共有一百多条。从目前所见其所列条目来看，涉及人名、地名、职官、国名等诸多内容。

今首先条列如下：惠宗皇帝、清宁殿、上都、知枢密院事（知院）、哈剌章、贼（明）、通州、宣宗、金、也速、扩廓帖木儿、太原、待罪、中书省、中书左丞相、庆童、健德门、三宫

（注：参见《元史》46［ts‘e 14］，8v3[①]）、皇太子（注：爱猷识理达腊［Ayuširidara］，参见《元史》47［ts‘e 14］，14r3、15r3）、左丞相（注：中书左丞相）、失列门、平章政事（注：中书平章政事）、臧家奴、右丞、定住、参知政事（注：中书参知政事）、哈海（Гaqai，注：猪）、翰林学士承旨、李百家奴、王宏远、居庸关、红贼之乱、京师（注：大都）、行在（注：斡耳朵［ordo］）、鸡鸣山、辽阳行省左丞相、也先不花（注：参见《元史》47［ts‘e 14］）、营口、傔人（translate title）、翰林学士承旨（注：文职）、观音奴、辽东参政、赛因帖木儿、淮王、张守礼、纳哈出、行省平章政事、高丽、中都、李仲时、兵部尚书、石、达鲁花赤、鼎住、乃蛮台、行枢密院、察罕脑儿、上都留守、薛显（注：辥＝嶭＝薛）、佥知枢密院事、张益、朵列纳、齐王、梁王、太保、陕西行省、脱因帖木儿、李思齐、张宗道、红罗山、保安。当然，像“上都行枢密副使”，柯立夫用威妥玛标音为 Shang-tu hsing-ch‘u-mi-yüan-shih（上都行枢密院使），显系笔误。最后，还囊括了对柯劭忞“识语”中关键术语的注释，如黔学、莫友芝（1810—1871 年 10 月 27 日，字子偲）等。

不难发现，柯立夫对部分条目已随手进行了简单注释。其中，有些注释虽聊聊数语，但颇有价值。今译介如下：

（1）……等百余人从者此下有脱文：可能揭示了从行人员的运输方式（the modes of transportation）。

---

① 按，即百衲本《元史》卷四六（第 14 册），叶 8v，第 3 行。

（2）“辽阳行省左丞相也速不花”一句，也速：正文作也速，但这里可能是也先（Esen）之误。

（3）纳公：His Excellency Na。下注：纳哈出的简称，为作者的行文惯例。

（4）“丞相也速公献币二万匹”一句，也速：为也先之误？

（5）秃因不花：在 Tuyin Buqa 中，我们还有 Toyin Buqa 这一变体。关于 Toyin，参见下注 Toyin Temür。

（6）大尉：即“太尉”。这里“大”（ta）= 太（t‘ai）。

（7）省行：正文中的“省行”（sheng-hsing）毫无意义。或许我们应读作“省臣”（sheng-ch‘en），即中书省大臣。

（8）初二二字误，此下有脱文：编者很可能认为“初二”是上旬的第二天，由于紧随此日之前的是“二十四日”，故“二”应是其他数字之误。编者没有注意到的是，“初”在此系追溯，意为“此前”，因此“二”可能是“二十一”“二十二”或“二十三”。

（9）乃蛮公：即乃蛮台。关于作者类似的称谓习惯，参见前注“纳公”。

（10）扩廓公：作者的称谓惯例，是对扩廓帖木儿省略式的尊称。

关于顺帝的卒年，柯立夫有如下注解：妥懽贴睦尔于至顺四年六月八日（1333 年 7 月 19 日）即位，卒于一三七〇年四月丙戌日（5 月 23 日）。拉契涅夫斯基（P. Ratchnevsky）在 *Un Code des Yuan* 一书（Paris，1937）第 XXI 页注 3 中，所给出的日期是一三六九年五月二十八日，这其实有误。慕阿德（A. C. Moule）

在其“The Murder of Acmat Bailo”一文（in *JNCBRAS*。笔者按，即 *Journal of the North-China Branch of the Royal Asiatic Society*，1927，pp.1-28）中给出的日期是正确的。Giles 的 *A Chinese Biographical Dictionary*（1898）第 741—742 页的 no.1953，含有蒙古人名译写（transcription）的若干错误。

上述注释词条只是柯立夫译稿中残留下来的一部分。虽然他早已去世，但不难想见，在其生前所规划的定稿中，一定会对此有所订补，并像我们所看到的他的其他大作那样，丰富、完善每一词条的注释，甚至将某些注释以单篇论文的篇幅呈现出来。

柯立夫是 20 世纪美国蒙古学领域当之无愧的大师，他在蒙元史领域的成果，足以代表当时北美蒙元史研究的最高水平。由于目前所见柯立夫关于《北巡私记》的研究只是残缺的未定稿，加上笔者学力有限，故上述绍介难免有所遗漏。不过，据此，我们还是可以窥见柯立夫对《北巡私记》的缜密研究与精深造诣。全面梳理、总结、评述柯立夫的学术成就，仍是以后非常值得研究的一个重要课题。

· 第四章 ·

元朝契丹人再认识：以那海家族碑文为中心

一、引言：寻觅元朝哈剌契丹人的可行性

公元 12 世纪上半叶，建国两百多年的辽朝为女真所灭，契丹贵族耶律大石率部西奔中亚建立著名的哈剌契丹王朝。这一王朝在元代汉文文献中被称作“西辽”[1]，统治中亚近一个世纪，最终亡于成吉思汗麾下的蒙古军之手。

关于西辽灭亡后哈剌契丹人的去向，历史文献中的记载零散而又稀缺。大蒙古国贵由汗（1246—1248）时出使漠北草原的教皇使节柏朗嘉宾，在其行纪中留下了成吉思汗攻灭哈剌契丹的如下信息：

① 按，“哈剌契丹”，在蒙元时期的汉文文献中译作“呷辣吸绐”“黑契丹”“西契丹”等，参见彭大雅撰，徐霆疏，许全胜校注：《〈黑鞑事略〉校注》“其残虐诸国”条，兰州：兰州大学出版社，2014 年，第 195 页；周致中：《异域志》，陆峻岭校注，北京：中华书局，2000 年，第 6 页；《元史》卷一二四《仳理伽普华传》，北京：中华书局，1976 年，第 3049 页。据学者梳理，“西辽”之称始于随成吉思汗西征的契丹人耶律楚材，随后在元代得到广泛扩散并影响到元末所修《辽史》，参见苗润博：《〈辽史〉探源》，北京：中华书局，2020 年，第 346 页。为便于叙述，以下除引文外，笔者统一使用“哈剌契丹”一称。

> 乃蛮人和哈剌契丹人（Kara-Kitai，黑契丹人）的两支大军也会师于两山之间的一峡谷中以袭击成吉思汗。我们奉诏晋见皇帝时就曾经过此山谷，“双方进入了战斗”。乃蛮人和哈剌契丹人被蒙古人打得大败，大部分士卒阵亡，其余没有逃脱的人都被沦为奴隶。[①]

被俘的哈剌契丹人大多被整编进蒙古军中，有一部分随蒙古西征，参与了成吉思汗及其继承者在中亚一带的军事活动。14世纪初伊利汗廷史家拉施特（Rashīd al-dīn）在编写《史集》（*Jāmi' al-Tavārīkh*）时，曾提到朮赤在征服花剌子模后，留下了哈剌契丹族出身的成-帖木儿代表他担任花剌子模的失黑捏。[②]此成-帖木儿很可能是成吉思汗灭掉西辽后分给朮赤的属民。在另一处，拉施特还说阿里不哥之子灭里-帖木儿的异密，有很多与海都诸子在中亚草原一起游牧，其中司库浑都海就是哈剌契丹人。[③]

除了留在中亚一带的哈剌契丹人外，可以想见应该还有一部

---

① 《柏朗嘉宾蒙古行纪》，贝凯、韩百诗译注，耿昇汉译，北京：中华书局，2002年，第47页。参见［英］道森编：《出使蒙古记》，吕浦译，周良霄注，北京：中国社会科学出版社，1983年，第20页；《普兰·迦儿宾行记》，马列英译注，沙斯季娜补注，余大钧汉译，呼和浩特：内蒙古大学出版社，2009年，第37页。

② 参见［波斯］拉施特主编：《史集》第2卷，余大钧、周建奇译，北京：商务印书馆，1985年，第54页。按，据此页汉译者注，“失黑捏”为波斯-阿拉伯语，为监临长官，相当于突厥语的“八思哈”，亦对应蒙古语的“达鲁花赤”。

③ 参见［波斯］拉施特主编：《史集》第2卷，余大钧、周建奇译，北京：商务印书馆，1985年，第372页。

分哈剌契丹人随蒙古军进入汉地，并留下了自己的身影。如畏吾儿人布鲁海牙，扈从成吉思汗西征，“赐以羊马毡帐，又以居里可汗女石抹氏佩之”[①]。此“居里可汗女石抹氏”即哈剌契丹君主古儿汗（Gür Qan）之女[②]，后随布鲁海牙东迁汉地，其诸子以廉希宪在元代最为昭著。

笔者注意到，元代汉文文献对原金朝辖下的契丹人与西辽的哈剌契丹人，有着比较明晰的区分，前者被视为“汉人八种”之一而称作“契丹”，后者则被划归“色目”人而译作“哈剌吉答歹”（Qara Kitad）。[③]显然，正是由于哈剌契丹人在元朝已成为一支不容忽视的西域族群，所以才被划入色目人。那么，借由对历史文献的勾稽考索，能否发现关于元朝哈剌契丹人的新信息呢？这些信息能否填补以往学界在元朝哈剌契丹人研究领域的空白呢？对于我们认识元朝的契丹人，又提供了哪些启示？笔者接下

---

① 《元史》卷一二五《布鲁海牙传》，北京：中华书局，1976年，第3070页。

② 按，哈剌契丹君主的古儿汗（居里汗、菊儿汗），意即“汗中之汗”，参见魏良弢：《西辽史》，北京：人民出版社，2010年，第264页。又，此石抹氏作为西辽君主之女，理应为耶律氏。所谓“石抹氏”云云，说明她可能先嫁萧氏，随夫姓为石抹；也可能本身姓石抹，被西辽君主收为养女？

③ 陶宗仪:《南村辍耕录》卷一“色目三十一种”，北京：中华书局，1959年，第13、14页。按，考虑到《南村辍耕录》所录“色目三十一种”多有重复者，如“哈剌鲁”和“匣剌鲁”、“秃八”和“秃伯歹”、“康里”和“夯力”等，故笔者颇疑其中的“剌乞歹”为“哈剌乞歹”之夺误。又,《元史》卷一三《世祖纪十》：至元二十一年八月，“定拟军官格例，以河西、回回、畏吾儿等依各官品充万户府达鲁花赤，同蒙古人；女直、契丹，同汉人。若女直、契丹生西北不通汉语者，同蒙古人；女直生长汉地，同汉人”。（北京：中华书局，1976年，第268页）此处明确区分了“同汉人”之“契丹”与“生西北”之“契丹”，后者指的可能就是哈剌契丹（Qara Kitad）。

来就以那海家族碑文为中心，结合其他相关史料，对此做一初步解答。

二、作为元朝“汉人”的哈剌契丹人

根据上节所引陶宗仪《南村辍耕录》中的分类，哈剌契丹人在元朝属于色目人群。不过，笔者在勾稽文献后发现，其中的实情并非如此简单。

元代翰林学士元明善所撰《上万户府达鲁花赤那海公神道碑》，不见于《全元文》，以往研究元朝契丹人的学者鲜有留意。[①]笔者在嘉靖《冀州志》中查阅到这一碑文的节略版，为我们重新检讨元朝的哈剌契丹人提供了重要信息。[②]那海碑文开篇记载“公合剌吉台人，小字那海”。此“合剌吉台”即哈剌契丹，自然就让

---

① 据管见所及，目前仅有杜立晖先生研究过这一碑文，然其重在论证碑文本身的真伪，并就碑文证史、补史的价值略加阐释，并未将传主事迹与元代契丹人的既往研究联系起来做进一步考察。参见杜立晖：《民国〈冀县志〉所载元上万户府达鲁花赤那海公神道碑小考》，石志生、秦进才编：《冀州历史文化论丛》，石家庄：河北人民出版社，2010 年，第 234—238 页。

② 张景达、张玺纂修：嘉靖《冀州志》卷一〇《人物志三》，嘉靖二十七年（1548）刻本，参见傅璇琮等编：《国家图书馆藏地方志珍本丛刊》第 49 册，天津：天津古籍出版社，2016 年，第 364—365 页。按，此文后来又收入：（一）李显忠修，耿德曙、陈淳纂：康熙《冀州志》卷一〇《艺文编》，康熙十四年（1675）刻本，参见傅璇琮等编：《国家图书馆藏地方志珍本丛刊》第 51 册，天津：天津古籍出版社，2016 年，第 180—184 页；（二）范清旷纂修：乾隆《冀州志》卷二〇《艺文下》，乾隆十二年（1747）刻本，叶 5a—6b；（三）王树枬等纂修：民国《冀县志》卷八，民国十八年（1929）铅印本，叶 31b—32a。

人将那海认作移居元朝的西辽人。不过，后文紧接于此又说那海“世居辽之故国”，由此可知其家族应是世世代代居住在辽金境内的契丹人。[①]

无独有偶，元顺帝时期东平都水监丞也先不华，为“哈剌乞台氏，祖明理，封临潢郡王；祖母迷仙，封顺国夫人，仁皇朝特见优礼。七子，五至台辅，二皆显宦至三品。公为人明敏果断，操守绝人，读书一过目辄不忘，律学、医方靡不精究。始由近侍三转官受今除”[②]。按，“哈剌乞台”即哈剌契丹的另一汉译。临潢为辽上京所在地，明理受封“临潢郡王”，说明其家族也是生活在辽金境内的契丹人。

最能论证这一观点的是13世纪上半叶成书的《元朝秘史》的记载。在《元朝秘史》的蒙古文语境中，哈剌契丹（Qara Kitad）除了指称西辽外[③]，还有另一意指。其中记载成吉思汗羊儿年（1211）南伐金朝时，打败了对方“[中]合[舌]剌乞荅敦”（Qara Kitadun，-un为阳性属格；旁注“契丹的”）、“主[舌]儿扯

① 按，元朝虽然诏令汉人不得出任达鲁花赤，但也存在诸多特例，详细参见蔡春娟：《元代汉人出任达鲁花赤的问题》，《北大史学》第13辑，北京：北京大学出版社，2008年，第112—146页。据那海碑文，其得以出任万户府达鲁花赤，正是“父以子显”下的“超授”与“特受”。

② 楚惟善：《会通河黄洞新闸记略》，参见王琼编：《漕河图志》卷六，姚汉源、谭徐明点校，北京：水利电力出版社，1990年，第270页。按，咸丰《济宁直隶州志》节录了楚惟善此文，后为《全元文》第31册（南京：凤凰出版社，2004年，第145页）所收，其中仅说“公哈剌乞台氏，始由近侍三转官受今除”。

③ 参见乌兰校勘：《元朝秘史》，北京：中华书局，2012年，第158页，第151节；第160页，第152节。

敦”（Jürčedün，-ün 为阴性属格；旁注“女真的”）与“主亦讷”（Jüyinü，-ü 为阴性属格；旁注“种的”）这三支勇猛的军队。[①] 其中，Qara Kitad 即“女真人所统率的契丹部队”[②]，有学者又译作“旧契丹”[③]。《元朝秘史》后文又记载了成吉思汗的追忆，说杀害蒙古人祖先、父辈的就是“中合舌剌乞塔惕”（Qara Kitad）和“主因”（Jüyin）[④]，亦即金朝军队中的契丹军和乣军。14 世纪初蒙古伊利汗廷官修的波斯文文献《史集》，将金朝契丹军的首领斫答与耶律留哥记载为哈剌契丹（قرا ختای）人，显然与此一脉相承。[⑤]

此外，还可援引古代朝鲜的汉文史料为证。《高丽史》收录了一道高宗十八年（1231）“蒙使献王文牒”，其中有云：

---

① 乌兰校勘:《元朝秘史》，北京：中华书局，2012 年，第 340 页，第 247 节；参见第 341 页上，第 248 节。按，“主亦讷”，《元朝秘史》又音译作“主因”（Jüyin），即为金朝守边的乣军，参见蔡美彪:《乣与乣军之演变》,《辽金元史考索》，北京：中华书局，2012 年，第 215—247 页。《元史》卷九八《兵志一》所谓元朝“辽东之乣军、契丹军、女直军”（北京：中华书局，1976 年，第 2509 页），似承袭了《元朝秘史》第 247 节所记金军原有之番号。

② 札奇斯钦:《〈蒙古秘史〉新译并注释》，台北：联经出版事业公司，1979 年，第 375 页。

③ 村上正二訳注:《モンゴル秘史》（3），東京：平凡社，1976 年，第 136 頁。

④ 乌兰校勘:《元朝秘史》，北京：中华书局，2012 年，第 376 页，第 266 节。

⑤ Rashīd al-Dīn, *Jāmi‘ al-Tavārīkh*, ed. by M. Rawshan and M. Mūsavī, Tehran: Nashr-i Alburz, 1994, pp.450-451;［波斯］拉施特主编:《史集》第 1 卷第 2 分册，余大钧、周建奇译，北京：商务印书馆，1983 年，第 237 页。按，蒙古珊竹氏吾也而，也被拉施特视作“哈剌契丹人”。原因应该是他攻克北京后，“授金紫光禄大夫、北京总管都元帅”，统领哈剌契丹十个千户的军队。参见《元史》卷一二〇《吾也而传》，北京：中华书局，1976 年，第 2967 页;［波斯］拉施特主编:《史集》第 1 卷第 2 分册，余大钧、周建奇译，北京：商务印书馆，1983 年，第 375 页。

天底气力，天道将来底言语……圣旨：差撒里打火里赤军去者，问你每：待投拜，待厮杀？鼠儿年（1216），黑契丹你每高丽国里讨虏时节，你每选当不得了去也。阿每差得扎剌、何称两介引得军来，把黑契丹都杀了。你每不杀了，阿每来。若阿每不将黑契丹了，你每不早了那是么。[①]

所述“扎剌”“何称”即成吉思汗派至高丽平定契丹叛军的蒙古将领“札剌”（又作“札腊”“劄剌”）与“哈真”（又作“哈只吉”）。[②] 揆诸此道牒文的行文，显然是据蒙古文硬译而来。[③]“黑契丹”对应的蒙古文原文即 Qara Kitad，指的是金朝的契丹军。所以陈述先生认为：“黑契丹或哈剌契丹的名称，不必专指大石的西辽，最低蒙古人是这样的称法。”[④] 稽诸文献，辽乾统元年（1101）的契丹小字《道宗哀册》中的辽朝国号，一度被刘凤翥先生释

① 孙晓主编：《高丽史》卷二三《高宗世家二》，重庆：西南师范大学出版社；北京：人民出版社，2014年，第709—710页。按，“选当”“札剌”，此点校本分别误作“迭当”“札剌”，笔者征引时径改。

② ［日］箭内亘：《元代经略东北考》，陈捷、陈清泉译，太原：山西人民出版社，2015年，第100—101页。

③ 参见乌云高娃：《十三世纪元朝与高丽的外交文书》，雷闻、康鹏、张国旺主编：《隋唐辽宋金元史论丛》第10辑，上海：上海古籍出版社，2020年，第240页。

④ 陈述：《哈喇契丹说——兼论拓拔改姓和元代清代的国号》，《历史研究》1956年第2期。

作“哈喇契丹”，但后来又改译为“辽契丹”。[1]所以，现有的契丹文文献并没有明确记载契丹人曾自称“哈剌契丹”者，以致有学者坚信“‘哈喇契丹’是他称而非自称”[2]。罗伊果（Igor de Rachewiltz）指出，在《元朝秘史》中“契丹”泛指金朝及其辖下的女真人与汉人，而在种族意义上的契丹人则被称作“哈剌契丹”，即真正的契丹人。[3]不过，若再考虑到上述那海与也先不花家族的族属，就不难发现，哈剌契丹这一称谓在后来已成为元朝契丹人的自称，所以才能在汉文文献中留下鲜明的印记。

综上所述，汉文史料记载的那海与也先不花家族，皆非元朝的色目人，而属于在政治与社会待遇上次于色目人的“汉人”，这一认识无疑拓展了以往关于元朝契丹人的研究领域，接下来即以那海家族事迹为中心在这方面做进一步探讨。

---

① 按，有学者曾据《道宗哀册》与相关契丹文材料，推测辽朝行用“哈喇契丹”的国号，参见刘浦江:《辽朝国号考释》,《松漠之间——辽金契丹女真史研究》，北京：中华书局，2008 年，第 46—49 页。但对所据材料的解读并非确论，相关辨析，参见［澳］康丹:《“大中央辽契丹国”考》，康鹏译，余太山、李锦绣主编:《欧亚译丛》第 2 辑，北京：商务印书馆，2016 年，第 153—179 页；陈晓伟:《辽朝国号再考释》,《文史》2016 年第 4 辑，第 97—98 页。

② 愛新覚羅烏拉熙春:《遼朝の国号は“哈喇契丹（遼契丹）”にあらず考——あわせて契丹大字奂及と契丹小字夊l的音価を推定する——》(《辽朝国号非“哈喇契丹（辽契丹）”考——兼拟契丹大字奂及契丹小字夊l的音值》),《愛新覚羅烏拉熙春女真契丹学研究》，京都：松香堂書店，2009 年，第 196—197 頁。

③ Igor de Rachewiltz, *The Secret History of the Mongols: A Mongolian Epic Chronicle of the Thirteenth Century*, Leiden and Boston: Brill, 2006, p.893. 另外，彭晓燕指出，在蒙古征服之前的穆斯林史料中，并未出现哈剌契丹（Qara Khitai）一称，而是用“契丹”（Khitā/Khitā）指称西辽和辽朝，参见 Michal Biran, *The Empire of Qara Khitai in Eurasian History*, Cambridge: Cambridge University Press, 2005, p.216。此说可为罗伊果“哈剌契丹”源自蒙古人说提供一定的外围支撑。

三、那海家族事迹释要
——兼论元朝契丹人在都省与行省中的仕宦

有关那海家族事迹的记载，主要见于元明善的《上万户府达鲁花赤那海公神道碑》与刘岳申为那海之子所撰《资善大夫大都路都总管兼大兴府尹回会墓志铭》。

前一碑文所记史事已有学者撰文研究，但值得商榷之处实多，如碑文说那海父“从讨山东贼李璮，至冀州之信都，因家焉”，被误解为“冀州在李璮叛乱中也深受其害”，然碑文原意其实是说那海父在平定山东李璮叛乱前后于冀州定居而已；再如碑文所提“阿里揆料及其臣阿盖荅儿”之乱，实即阿里不哥及其臣下阿蓝答儿与忽必烈争夺汗位的战争，“阿里揆料”与“阿盖荅儿”分别是“阿里拨科”（阿里不哥）与“阿蓝荅儿”（阿蓝答儿）之误，但却被误判为“此次叛乱《元史》不载”，从而将其视作独家史料；继如将与那海交锋的“赛达靼”推断为元初叛乱的“鞑靼”部，然此事被系于“宋人挑战”后，再考虑到宋将刘整被誉为“赛存孝（李存孝）”，《水浒传》中梁山好汉郭胜亦被称作“赛仁贵（薛仁贵）”，故此“赛达靼”更可能是宋军中个别将领的绰号；又如在忽视碑主及其家族并非蒙古人的情况下，通过碑文窥探元初蒙古族入主中原之后的婚姻状况，这种研究路径实不可取。[①] 关于后一

① 杜立晖：《民国〈冀县志〉所载元上万户府达鲁花赤那海公神道碑小考》，石志生、秦进才编：《冀州历史文化论丛》，石家庄：河北人民出版社，2010年，第237—238页。按，碑文中的“阿蓝荅儿”，该文误作“阿盖荅儿”。

铭文，前人亦稍有关注，但并未借以展开考察墓主及其家族的仕宦浮沉。[①]其实，这两篇碑文详细叙述了那海家族随军灭宋、镇戍地方以及在中央与地方的任官历程，能够为研究元朝契丹人提供一些可观的信息。以下即择要加以阐释，并立足于其家族成员的政治参与，探讨元朝契丹人在都省与行省中的仕宦情形。

据元明善文，那海之父脱密剌温曾随"世祖得鄂州，以战多，获白金赏。师还，我师未毕渡。宋人大至，手炫金呼舟师，舟师舣而不顾，乃解衣泅江腾跃。及舟返，一舟济三百人，余为宋人所杀"[②]。按，蒙哥汗在其即位的第八年（1258），亲率大军进攻四川，同时派二弟忽必烈进攻鄂州，但后者并未攻下，而是在次年蒙哥汗驾崩后率军北返，所以"世祖得鄂州"之说并非实情。不过，当时与忽必烈北返的还有兀良合台军，后者麾下的"殿兵"在渡江时被宋将夏贵所率舟师斩杀170人[③]，恰可与脱密剌温勋绩

---

① 姚大力先生注意到回会墓志铭所云："尝朝仁宗皇帝别殿，见近臣疾趋出，公徐入，玉色殊不怡，左右无一存者，公退拱立。上默然，以手命公辟户；久之，复手命公阖户；又久之，命公取某物，敬奉以前。公出，左右入。翌日，平章萧拜住入朝，上（若）〔告〕曰：'朕端居深念，忧形于色，左右望走，独回会色不变。彼望走者，皆内愧于心者也。回会自信无愧，朕亦信之。'"但只是据以论证元仁宗内心的"乖戾多疑"，并未转而重点考察回会及其家族在元朝的军政参与。参见姚大力：《元仁宗与中元政治》，《蒙元政治与制度文化》，北京：北京大学出版社，2011年，第381页；姚大力：《中国历代王朝兴衰录·元朝风云》，北京：人民出版社，2013年，第178—179页。按，其实屠寄对此早有细致分析："八达汗所忧者，兴圣太后之干政也；左右望而却走者，间谍两宫者也；命回回启户复阖者，防小人之窥伺也。"参见屠寄：《蒙兀儿史记》卷一一九《回回传》，《元史二种》（下），上海：上海古籍出版社，2012年，第724页上。

② 本章附录：翰林学士元明善《上万户府达鲁花赤那海公神道碑》。下引文未注明出处者，皆来自这一碑文。

③ 参见陈世松、匡裕彻、朱清泽、李鹏贵：《宋元战争史》，呼和浩特：内蒙古人民出版社，2009年，第173页。

相互补证。

据刘岳申文，那海之子回会值“成宗即位，用枢密院臣奏，召见上都慈德殿，命宿卫皇太后”[①]。此“皇太后”即成宗生母阔阔真。[②]又，成吉思汗“四杰”之一博尔忽的后代许兀慎氏月赤察儿于至元三十年（1293）为知枢密院事、宣徽使[③]，故此“枢密院臣”应即月赤察儿。回会受月赤察儿推荐而为阔阔真宿卫，并非偶然，实际上与其父那海曾宿卫忽必烈皇太子真金有着莫大关联。

那海曾为左都威卫管军百户，而左都威卫使司的雏形就是至元十六年（1279）“以侍卫亲军一万户拨属东宫”所立的侍卫亲军都指挥使司。[④]至元二十三年（1286）真金去世后，所居隆福宫的侍卫亲军并未解散，所以其子成宗在即位的至元三十一年（1294）又“改隆福宫左都威卫使司，隶中宫”，即归属于阔阔真太后。[⑤]其间，那海在至元二十四年（1287）从征乃颜后以战功被改任“新野万户府匠军千户所达鲁花赤”。成宗即位后，那海又利用自己当时的职权与关系，包括曾为左都威卫管军百户这一身份，攀

---

① 刘岳申：《申斋集》卷八《资善大夫大都路都总管兼大兴府尹回会墓志铭》，《元代珍本文集汇刊》影印清代传录明初抄本，台北：“中央”图书馆，1970年，叶10b。

② 参见屠寄：《蒙兀儿史记》卷一一九《回回传》，《元史二种》（下），上海：上海古籍出版社，2012年，第723页下。

③ 参见元明善：《太师淇阳忠武王碑》，苏天爵编：《元文类》卷二三，张金铣校点，合肥：安徽大学出版社，2020年，第430页。

④ 参见《元史》卷八九《百官志五》，北京：中华书局，1976年，第2248页；《元史》卷九九《兵志二》，北京：中华书局，1976年，第2526页。

⑤ 参见《元史》卷八九《百官志五》，北京：中华书局，1976年，第2248—2249页。

附上知院月赤察儿[①]，从而将回会引荐给成宗，后者在得知回会父曾为真金的宿卫后，自然也就将其任命为阔阔真太后的宿卫了。

其后，回会"积劳为宣徽院都事、中书左司都事"，武宗即位后，命兼监修国史府谘议参军，又升左司郎中、参议中书省事，仁宗朝"令仍内供奉，又嘉其参议中书能屡定大计，赐东宫经史"，"仍参议中书省事"，后迁兵部尚书、礼部尚书、同佥枢密院事，宣慰淮东，宣抚河东陕西道，擢宣徽副使，拜辽阳行省参知政事，英宗朝又拜江浙行省参知政事，为大都路都总管兼大兴府尹。[②]可以说，回会的仕宦始于宿卫，历经成、武、仁、英四朝，入可至"军国重事咸预决焉"的参议中书省事[③]，出则为行省参政这种封疆大吏，在朝野之间享有显赫的政治地位，而其去世归葬故土时"丞相以下皆送至国都门外"也就不足为奇了。

不过，梳理有元一代契丹人的仕宦履历，就不难发现，回会的案例并不具备普遍性。契丹人在蒙元时期仕宦最为显赫者，首非耶律楚材家族莫属。楚材在大蒙古国时期曾为中书令，其子耶律铸在世祖朝亦担任中书左丞相。[④]其次则是耶律阿海家族。阿海与其弟秃花皆参与了成吉思汗的班朱尼盟誓，是成吉思汗艰难创业时的功臣，其后代有老哥在世祖朝曾仕至中书左丞，又有拔都

---

① 按，后月赤察儿第三子脱儿赤颜于至大元年（1308）兼左都威卫使，参见元明善：《太师淇阳忠武王碑》，苏天爵编：《元文类》卷二三，张金铣校点，合肥：安徽大学出版社，2020年，第434页。于此，不难窥见其家族与左都威卫使司的关系。

② 参见刘岳申：《申斋集》卷八《资善大夫大都路都总管兼大兴府尹回会墓志铭》，《元代珍本文集汇刊》影印清代传录明初抄本，台北："中央"图书馆，叶10b—12a。

③ 参见张帆：《元代宰相制度研究》，北京：北京大学出版社，1997年，第144—145页。

④ 参见刘晓：《耶律楚材评传》，南京：南京大学出版社，2011年，第33、93页。

儿为中书右丞，秃花后代秃满答儿在世祖朝则为四川行省左丞。[①]在这两大家族之外，还需提及的就是萧拜住，他在仁宗皇庆元年（1312）“迁陕西行中书省右丞”，延祐三年（1316）“进中书平章政事”[②]。除了秃满答儿与萧拜住外，元朝契丹人曾任行省宰执者，还有石抹明安父子、萧家奴与述律杰。石抹明安在成吉思汗攻下中都后（1215），被任命为都元帅、燕京行省，后其子咸得不袭职[③]，萧家奴在至正十七年（1357）为陕西行省左丞[④]，述律杰于顺帝时为云南行省参政与陕西行省参政[⑤]。以上是目前史料所见元朝契丹人在中书省与行省为官的主要事例，如果再补充前文所述的回会，其总数仍寥寥无几，这在元朝众多的契丹人中显然是微不足道的。

那么，元朝契丹人在仕宦上的这一独特政治现象又该如何解释呢？通过以上梳理来看，真正能够在元朝中书省与行省为官的契丹人，其祖辈多随蒙古大汗四处征伐并被委以重任，如耶律楚材与耶律阿海家族，而像回会所具有的宿卫身份[⑥]，则成

---

① 参见《元史》卷一五〇《耶律阿海传》，北京：中华书局，1976 年，第 3550 页；周清澍：《元桓州耶律家族史事汇证与契丹人的南迁》，《周清澍文集》（上），桂林：广西师范大学出版社，2020 年，第 440 页。

② 《元史》卷一七九《萧拜住传》，北京：中华书局，1976 年，第 4157 页。

③ 参见张帆：《元代宰相制度研究》，北京：北京大学出版社，1997 年，第 8 页。

④ 参见《元史》卷四五《顺帝纪八》，北京：中华书局，1976 年，第 936—937 页；林威：《蒙元时期契丹人研究》，山东大学博士学位论文，2004 年，第 180 页。

⑤ 参见方龄贵：《元述律杰事迹辑考》，《元史丛考》，北京：民族出版社，2004 年，第 263—266 页。

⑥ 其实，萧拜住与回会有着类似的出身，其父哈剌帖木儿为真金宿卫，其本人“尝从成宗北征”，很可能就是成宗的宿卫，参见《元史》卷一七九《萧拜住传》，北京：中华书局，1976 年，第 4156 页。

为其后来在中央与地方政府中有所作为的最重要前提。当然，这种出身并无法完全保障未来仕途上的飞黄腾达。在蒙元时期的“族群等级制”下，“百官皆蒙古人为之长”[①]，其次是色目人，汉人与南人则不与也。一般较高级的行政职位，亦多为蒙古或色目人所专有，汉人与南人则屈居其次而又微乎其微。[②]契丹人被视作汉人，数量上又远低于汉族士大夫，就更谈不上与其竞争为数不多的仕宦名额了。此外，蒙元王朝以马上得天下，契丹人在归附后随蒙古统治者多方征伐，立下了赫赫武功，故往往在军队中任职，入元以后镇戍地方自然也就成为大多数契丹人的普遍去向。

四、元朝契丹人的突厥化：那海家族命名的新启示

元朝契丹人在坚守其原有文化的同时，还受到人数最多的汉人的影响，其得以汉化实属自然。另外，在蒙古统治者的政治强势下，很多契丹人的日常生活也逐渐蒙古化。[③]那海家族亦概莫能

① 赵翼著，王树民校证:《〈廿二史札记〉校证》(订补本)，北京：中华书局，1984 年，第 689 页。

② 参见蒙思明:《元代社会阶级制度》，上海：上海人民出版社，2006 年，第 46、49 页。

③ 对此，以往的研究已有留意，参见林威:《蒙元时期契丹人研究》，山东大学博士学位论文，2004 年，第 65—77 页；苏鹏宇:《论元代契丹与蒙古的文化关系》,《信阳师范学院学报》2011 年第 4 期。按，苏文所记萧君弼家族成员“兄儿瓦歹”(第 126 页)，实为“只儿瓦歹”(Jirqu'adai，六)之误。

外，在使用常见的蒙古语人名那海、讨来的同时[①]，回会还“通儒书，识治体”，这都是此家族成员蒙古化与汉化的鲜明例证。此外，那海家族个别成员的命名还具有叠字的特色，体现出元朝契丹人突厥化的文化倾向，此节即予以揭示并做初步考察。

那海家族成员使用叠字人名者，主要是那海子回会及回会二子奴奴、童童。这类人名叠字的现象，实际上在元代西北族群中颇为常见，如下表所示：

人名	族属	史料来源	备注
巎巎（*Naonao）	康里	《元史》卷一四三《巎巎传》，北京：中华书局，1976年，第3413—3416页	世祖朝中书平章不忽木之子
雪雪（*Sösö）	康里	《元史》卷二〇五《哈麻传》，北京：中华书局，1976年，第4585页	顺帝朝奸臣哈麻之弟
牙牙（*Yaya）	康里	《元史》卷一三六《阿沙不花传》，北京：中华书局，1976年，第3296页	阿沙不花父
雪雪（*Sösö）	畏吾儿	《元史》卷一九五《伯颜不花的斤传》，北京：中华书局，1976年，第4409页	即亦都护雪雪的斤
定定（*Dindin）	畏吾氏	万历《绍兴府志》卷三七，明万历刻本，叶62下	至正间为山阴县达鲁花赤
哇哇（*Wawa）	畏吾儿	张铉：《至正金陵新志》卷六，田崇校点，南京：南京出版社，1991年，第280页	至正三年为南台监察御史
伴伴（*Banban）	畏吾儿	钱大昕：《元史氏族表》，陈文和主编：《嘉定钱大昕全集》（增订本）第5册，南京：凤凰出版社，2016年，第536页	忙兀的斤孙

① 按，“那海”（Noqai）即“狗”，“讨来”（Taulai）即“兔”。又，那海父名脱密剌温，似即蒙古语 Tomila’un。词根 Tomila’u- 意为委派、调遣（内蒙古大学蒙古学研究院蒙古语文研究所编：《蒙汉词典》[增订本]，呼和浩特：内蒙古大学出版社，1999年，第1069页），后加 -n，表示这一动作所产生的结果而成名词（曷日迪：《中古蒙古语研究》，沈阳：辽宁民族出版社，2006年，第195—196页），故可训作“派遣者”。

续表

人名	族属	史料来源	备注
闾闾（*Lülü）	畏吾儿	杨瑀：《山居新语》，余大钧点校，北京：中华书局，2006年，第221页	曾任会福院提举，沙津爱护持南的沙之子
赫赫（*Höhö/*Qoqo）	畏吾代[1]	张铉：《至正金陵新志》卷六，田崇校点，南京：南京出版社，1991年，第282页	元统二年任南台监察御史
闾闾（*Lülü）	高昌[2]	成化《山西通志》卷八，明成化十一年（1475）刻本，《四库全书存目丛书》史部174，济南：齐鲁书社，1996年，第248页下	至元间任陕西河东运盐使司运使
把把（*Baba）	高昌	弘治《溧阳县志》卷四，明弘治十一年（1498）刻本，叶41下	元初为江东廉访司副使
关关（*Qonqon）	乃蛮	张翥：《大元故荣禄大夫河南江北等处行中书省平章政事追封摅忠协义宣力功臣谥康定关关公神道碑铭》[3]	元末察罕帖木儿麾下将领
童童（*Tungtung）	乃蛮	张铉：《至正金陵新志》卷六，田崇校点，南京：南京出版社，1991年，第283页	后至元五年为南台监察御史

注：1. 即“畏吾歹”，亦即畏吾儿。
2. 按，高昌是以地望言之，以种族言之即畏吾儿。
3. 参见李航：《关于元末乃蛮氏关关神道碑的实地考察及研究》，《西部蒙古论坛》2017年第4期。

上表所示使用叠字人名的康里、畏吾儿与乃蛮，均属于突厥语族。① 那海家族中人名的叠字现象与此完全相同②，昭示出元代这一契丹家族也受到突厥文化的影响。关于契丹人所受突厥–回鹘

① 按，康里、畏吾儿是突厥语族，无需多言。乃蛮在入元后虽被划入蒙古，但在语言上无疑也属于突厥语族，参见植村清二：《乃蠻小考》，《和田博士古稀記念東洋史論叢》，東京：図書印刷株式会社，1961年，第153—156頁。

② 那海家族的人名童童与上表中乃蛮人童童，完全相同，回会即回回（Kiki），奴奴即㛴㛴（Naonao）。关于回回与㛴㛴的拟音，参见 F. W. Cleaves, “K‘uei-K‘uei or Nao-nao?”, *Harvard Journal of Asiatic Studies*, Vol.10, No.1, 1947, pp.1-12；卡哈尔·把拉提、刘迎胜：《亦都护高昌王世勋碑回鹘文碑文之校勘与研究》，《元史及北方民族史研究集刊》1984年第8期。

文化的影响，已有学者予以揭示[①]，但其中所体现出的叠字人名特点，则尚未引起学界注意。既然元代西北诸部中有那么多出身不同部族的人员均不约而同地取用叠字式人名，则其背后必定受到某一共通的突厥文化因素统摄与支配。遗憾的是，限于学力，笔者目前无法对此问题予以彻底解决，只能寄希望于今后的进一步研究。

不过，关于那海家族所受突厥文化影响的契机，在此或可给出一个较为合理的解释。笔者认为，那海之妻是解决问题的关键。据元明善所撰碑文，那海之妻为大伦乃蛮氏，所生次子即回会。大伦乃蛮即答禄乃蛮，是乃蛮汗族姓氏。[②]乃蛮覆灭后，投降的部众多被置于亦乞列思部内。[③]亦乞列思的封地在老哈河流域，南至金懿州、豪州、义州、辽阳府，东临金上京、咸平，北邻金泰州[④]，大致相当于辽朝上京临潢府一带，正是那海家族世代所居的"辽之故国"。由此，那海得以迎娶大伦乃蛮女为妻，而突厥文化以乃蛮为中介也在其家族内部逐

---

① 参见王小甫：《契丹建国与回鹘文化》，《中国中古的族群凝聚》，北京：中华书局，2012年，第118—152页。

② 乃蛮被蒙古所灭后，其可汗屈出律孙抄思主动投奔成吉思汗，元代汉文史料将其记作"答禄乃蛮"，参见黄溍：《答禄乃蛮氏先茔碑》，王颋点校：《黄溍全集》，天津：天津古籍出版社，2008年，第711页。

③ 参见曹金成：《从血缘归属到政治认同：成吉思汗建国前后对漠北部众的整编》，冯立君主编：《中国与域外》第4辑，北京：社会科学文献出版社，2021年，第167页。

④ 参见白拉都格其：《元代东道诸王勋臣封地概述》，《成吉思汗的遗产》，呼和浩特：内蒙古人民出版社，2009年，第104页；张岱玉：《元代亦乞列思部封建领地制度探讨》，《内蒙古社会科学》2008年第2期。

渐产生影响，并直接促成了回会、奴奴与童童之类叠字姓名的诞生。

五、小结

西辽灭亡后，其境内部分哈剌契丹人移居元朝，作为色目人之一种继续存续下来，而世居金朝的契丹人则为“汉人八种”之一，这种认识已是学界的老生常谈。20世纪初，陈寅恪先生已对元代汉人译名进行了翔实的辨析与考订。[①] 近来刘迎胜先生接续前贤，进一步对“汉人八种”内的族名与元代的族群分类做了全新研究。[②] 本章对元朝契丹人的考察，则从另外一个角度对此进行了补充性认识：金朝辖下的契丹人虽在元代被视作汉人，但他们中的一部分亦可自称哈剌契丹，那海家族就是其中的一个典型。那海家族的后代在仕宦上已步入文臣之列，在中书省与地方行省中均能看到其活跃的身影，除了汉化与蒙古化，这一家族成员的叠字人名还受到突厥文化的影响。如此种种，无疑与元朝大多数镇戍地方的契丹人迥然有异。

最后，还需指出的是，笔者主要以那海家族为中心对元朝契丹人进行了全新探讨，今后努力发掘、仔细辨析哈剌契丹人的文

① 参见陈寅恪：《元代汉人译名考》，《国学论丛》1928年第2期。

② 参见刘迎胜：《“汉人八种”新解——读陈寅恪〈元代汉人译名考〉》，《西北民族研究》2020年第1期。

献记载，应是推进元朝契丹人研究的一个方向。[①]唯有如此，才可以拓展以往对元朝“汉人”中契丹人的探讨范围，甚至有可能填补东徙元朝的哈剌契丹人的学术研究空白。

附录：

翰林学士元明善《上万户府达鲁花赤那海公神道碑》[②]

公合剌吉台人，小字那海，世居辽之故国。

父曰脱密剌温，长身善射，勇冠一军，尝从王师率游兵千骑，战宋人江淮。世祖得鄂州，以战多，获白金赏。师还，我师未毕渡。宋人大至，手炫金呼舟师，舟师觖而不顾，乃解衣泅江腾跃。及舟返，一舟济三百人，余为宋

---

① 按，《吴兴金石记》卷一五收录了刘沂撰《重建溪光亭记》，系“正议大夫、前湖州路总管八八篆额”。作者陆心源按：“姓哈剌乞台氏，字舜臣，蒙古人，通议大夫、通政院使，至正元年（1341）七月湖州路总管。”（光绪归安陆氏刻本，叶16a、17b）此人可能就是至顺元年（1330）任南台监察御史的“哈剌乞氏”八八，参见张铉：《至正金陵新志》卷六，田崇校点，南京：南京出版社，1991年，第281页。若陆氏按语可信，则哈剌乞台人八八在元末已被视作蒙古人了。又，元世祖至元二年（1265）二月规定：“以蒙古人充各路达鲁花赤，汉人充总管，回回人充同知，永为定制。”（《元史》卷六《世祖纪三》，北京：中华书局，1976年，第106页）那么，曾出任湖州路总管的哈剌乞台人八八很可能是汉人。不过，有元一代，“蒙古、色目之人担任总管和总管以下各职则不受限制”（张金铣：《元代地方行政制度研究》，合肥：安徽大学出版社，2001年，第209页），故此八八是汉人还是色目人仍需进一步辨析。

② 按，今存此碑文只是节略版，此次点校以讹字最少的康熙《冀州志》为底本，以嘉靖《冀州志》、乾隆《冀州志》与民国《冀县志》为参校本，另校以刘岳申《资善大夫大都路都总管兼大兴府尹回会墓志铭》一文，力求提供《上万户府达鲁花赤那海公神道碑》最为精善的文本，以飨学界。

人所杀。又从战叛王阿里（揆）〔拔〕（料）〔科〕[①]，及其臣阿蓝荅儿陇上[②]，得赏白金。又从讨山东贼李璮，至冀州之信都，因家焉。卒以孙贵，赠嘉议大夫、（兼）〔佥〕宣徽院事、上轻车都尉[③]，追封信都郡侯。妣合刺真氏，追封信都夫人。

宋人挑战，公持矛跃马，挟挑战者献之，主帅赏以银盂。又与赛达鞑者战，斩三人，献其首，赏钞五十贯，敕授敦（五）〔武〕校尉[④]、左都威卫管军百户，佩银牌。从征叛王乃颜，以多加忠翊校尉[⑤]，授新野万户府匠军千户所达鲁花赤，佩金牌。

至大元年，子回会光显于朝。仁宗时为皇太子，奏武宗皇帝超授公朝请大夫、潭州万户府达鲁花赤，佩三珠虎符。达鲁花赤者，一军之监也。

仁宗登极之初，召入朝，特受宿州蒙古汉军上万户府达鲁花赤，镇温、台二路，居八岁告老。至治元年七月八日卒，□月二日归葬信都先茔。

---

① “揆”应作“拔”，据刘岳申《资善大夫大都路都总管兼大兴府尹回会墓志铭》改；“料”，应作“科”，据嘉靖《冀州志》、刘岳申《资善大夫大都路都总管兼大兴府尹回会墓志铭》改。

② 按，“陇上”前似夺“战于”二字。

③ “兼”，据刘岳申《资善大夫大都路都总管兼大兴府尹回会墓志铭》改作“佥”，嘉议大夫、佥宣徽院事与上轻车都尉，均为正三品。

④ “敦五校尉”，据《元史》卷九一《百官志七》“勋一十阶”条（北京：中华书局，1976年，第2322页）从七品之“敦武校尉”改，《民国〈冀县志〉所载元上万户府达鲁花赤那海公神道碑小考》一文已校。

⑤ 按，“多”字前疑夺“功”字。

庶妣姜氏，生兄曰南京，庶妣妙香刘氏，生弟曰讨来，并卒。

公夫人大伦乃蛮氏，先卒，追封信都夫人。生二子：长承务郎、尚珍署达鲁花赤，先卒；次即回会，内（共）〔供〕奉[①]，积劳官宣徽院都事，改中书左司都事，兼监修国史府谘（岁）〔议〕参军[②]、尚书[③]、同佥枢密院事，超〔升〕昭文馆大学士[④]、中奉大夫，仍同佥枢密院事，俄落同字，出为淮东淮西道宣慰使、奉使宣抚、〔辽阳行省〕参知政事[⑤]，召为寿福院使，进阶资〔善〕大夫[⑥]，特授江浙行省参知政事，以父丧护柩归信都。

参政以余旧交也，托铭公墓。公及公父，皆以力战登名冠军。公父生不食禄，追爵三品，而公也多寿多男，身荣大显，祖考其有潜德哉！观返济三百人之事，从可知矣！泰定二年岁次乙丑四月十二日，不肖孤回会参政等立石。

铭曰：北天真人乘六龙，鞭笞八极驱雷风。骏奔后先云雨从，策名载书夸勇功。健者高骞俟若公，〔干离河清〕国运

---

① “内共奉”，应作“内供奉”，据刘岳申《资善大夫大都路都总管兼大兴府尹回会墓志铭》改。

② “岁”，应作“议”，据嘉靖《冀州志》改。

③ 据刘岳申《资善大夫大都路都总管兼大兴府尹回会墓志铭》，先为兵部尚书，后改礼部尚书。

④ “升”字缺，据刘岳申《资善大夫大都路都总管兼大兴府尹回会墓志铭》补。

⑤ “参知政事”，前有缺文，据刘岳申《资善大夫大都路都总管兼大兴府尹回会墓志铭》补。

⑥ “善”字缺，据刘岳申《资善大夫大都路都总管兼大兴府尹回会墓志铭》补。

同[①]。肖子令孙斯振宗，信都父子来天东。手挥长剑鞬两弓，骑而突奋所向空。〔瞋目立退千罴熊〕[②]，十儿跷跷翔骞鸿。中有一凤鸣孤桐，上方推赐玉芙蓉。吁嗟福尔当无穷,〔纡金锵紫誉永终〕[③]。我诗划石神明通，有欲学之惟孝忠。

① “干离河清”，据乾隆《冀州志》、民国《冀县志》补。

② “瞋目立退千罴熊”，据乾隆《冀州志》、民国《冀县志》补。

③ “纡金锵紫誉永终”，据乾隆《冀州志》、民国《冀县志》补。

蒙古文、藏文文献篇

· 第五章 ·

蒙古忽图剌汗即位仪式新解：内亚视野下的树木崇拜传统

——《元朝秘史》史事研究之一

在成吉思汗崛起前的蒙古部中，先后有合不勒、俺巴孩与忽图剌三人即位称汗。研究这一时期蒙古大汗的即位仪式，对于我们深入了解早期蒙古社会，无疑裨益良多。然据管见所及，学界目前在这方面并无专门成果。[①] 本章即以忽图剌汗即位时众百姓"绕树跳跃"的仪式为中心，对此加以探讨，以期全面挖掘这一仪式所承袭的内亚传统与所彰显的政治内涵，并系统认识与此相关的观念被蒙元君主付诸实践的具体情形。

一、《元朝秘史》所记忽图剌汗即位考辨

《元朝秘史》是迄今所见蒙古民族留下的最为古老的一部典籍。此书对蒙古人的先祖忽图剌汗的即位做了如下描述：

---

① 按，色·斯钦巴图在其《阿尔泰语民族树木崇拜概略》(《新疆师范大学学报》1991年第1期）一文中，曾偶尔提到"绕树跳跃"是忽图剌汗即位的一种仪式，惜未展开讨论。

> 因俺巴孩合罕被拿时，将合答安、忽图刺两个的名字提说上头，众达达泰亦赤兀百姓每于豁儿豁纳川地面聚会着，将忽图刺立做了皇帝，就于大树下做筵席。众达达百姓喜欢，绕这树跳跃，将地践踏成深沟了。[①]

俺巴孩为当时蒙古部的大汗，是泰亦赤兀惕人；忽图刺是成吉思汗的叔祖。此前俺巴孩汗将出嫁的女儿送到塔塔儿部，反被后者逮捕押送至金朝处死，临终时托贴身那可儿传话："你对合不勒皇帝的七个儿子中间的忽图刺根前，并我的十个儿子内的合答安太子根前说，我是众百姓的主人，为亲送女儿上头，被人拿了，今后以我为戒，你每将五个指甲磨尽，便坏了十个指头，也与我每报仇。"[②] 忽图刺即在这一历史背景下登上蒙古大汗之位。

类似的内容，也见于后来波斯史家拉施特所编写的《史集》一书。拉施特在叙述忽必烈征服了云南回到蒙哥合罕处后云：

> 蒙哥合罕在蒙古地区中部的豁儿豁纳黑主不儿地方举行了忽里勒台，这就是从前忽图刺合罕有一次打了胜仗之后，和自己的那可儿们在一棵树下跳舞，把地面跳出了一个坑的那个地方。[③]

---

① 乌兰校勘:《元朝秘史》，北京：中华书局，2012年，第20页，第57节。

② 乌兰校勘:《元朝秘史》，北京：中华书局，2012年，第17页，第53节。

③ ［波斯］拉施特主编:《史集》第2卷，余大钧、周建奇译，北京：商务印书馆，1985年，第265页；参见［波斯］剌失德丁主编:《成吉思汗的继承者》，波义耳英译，周良霄译注，天津：天津古籍出版社，1992年，第256页。

此外，拉施特在后文叙述伊利汗合赞时又提到这一件事，但在细节上有了一些重要的变动。据其书，当时合赞汗因捏兀鲁思叛乱以致“圣心惊扰不安”，他想起了某一地方的树，“便带着全体后妃和异密们想到那里去崇祀［它］”，下文紧接于此记载：

> 异密孛罗丞相也在场，他说：“伊斯兰君主［指合赞汗］的祖先忽图剌曾是当时好几个部落的君主，非常勇敢。关于他的勇敢，人们有一些传说，编了许多有关他的诗。他的声音宏亮，响彻了七座山岗以外的地方。有一次他去征讨篾儿乞惕部。在途中，他来到一棵树旁边，下马向古神祈祷，求助于神。他祈祷时想道：‘如果我战胜了敌人，我就把这棵树作为朝圣之处，用五彩缤纷的服装装饰它。’最高的神使他战胜了敌人。战胜后他回到那棵树处，按照许下的愿装饰它。他向无比伟大的最高的创造者举行祈祷，表示感谢，并在那棵树下同战士们一起跳起舞来。他们用脚踩地，［跳得如此热烈，］以致把周围的土地踩成了一个坑。”①

捏兀鲁思为呼罗珊地区长官斡亦剌惕人阿儿浑之子，曾协助作为

① ［波斯］拉施特主编：《史集》第3卷，余大钧译，北京：商务印书馆，1986年，第327—328页。按，《多桑蒙古史》将这里的忽图剌汗误作 Coubilaï Caan，冯承钧汉译文又据而译为“忽必来可汗”，参见［瑞典］多桑：《多桑蒙古史》下册，冯承钧译，北京：商务印书馆，2013年，第375页。

皇子的合赞汗镇守呼罗珊，在其叛乱之初曾差点擒住合赞汗。因此，合赞汗对其所率领的叛军势力忧心忡忡。[①]“异密孛罗丞相”是蒙元时期非常著名的历史人物，蒙古朵儿边氏，曾在元世祖朝任过大司农、御史大夫、枢密副使等职，至元二十年（1283）奉旨出使伊利汗国后一去不回。他对蒙古先世史事较为熟悉，在拉施特编写《史集》蒙古史部分时，曾提供了丰富的素材。[②]因此，引文中他对合赞汗的进言是有一定根据的。

以上是关于忽图剌即位的三条文献记载。遗憾的是，学界在研究《元朝秘史》的史文时，似乎并未特别关注《史集》中的说法。不过，克拉克（Clark）注意到,《元朝秘史》关于“绕树跳跃”的内容，也被抄录到成书于17至18世纪的罗桑丹津《黄金史》一书。由于这两部典籍皆在忽图剌称汗后载有他向塔塔儿复仇之事，因此，他认为我们并不清楚“绕树跳跃”是为庆祝忽图剌即位而举行的，但它很可能蕴涵着为特意复仇而进行的军事征伐中的某种仪式意义。[③]罗伊果则对蒙古百姓的这一举动提出了另外一种解释：鉴于“绕树跳跃”主要包括用脚“践踏”这一方式，

① 参见［法］格鲁塞:《草原帝国》，蓝琪译，项英杰校，北京：商务印书馆，1998年， 第475页；*The Cambridge History of Iran*, Vol.5, ed. by Boyle, Cambridge: Cambridge University Press, 1968, pp.391-392。

② 关于此人，参见余大钧:《蒙古朵儿边氏孛罗事辑》,《元史论丛》第1辑，北京：中华书局，1982年，第179—196页；王一丹:《孛罗丞相伊利汗国事迹探赜——基于波斯语文献的再考察》,《民族研究》2015年第4期。

③ Clark, “The Theme of Revenge in the Secret History of the Mongols” , in *Aspects of Altaic Civilization*, Vol.2, eds. by Larry V. Clark and Paul A. Draghi, Indiana: Indiana University Press, 1978, p.51, n.18.

因此它似乎具有萨满教的意味。[①]

乍看起来，以上两种看法皆有一定道理。克拉克关注的重点是具有复仇性质的征战与“绕树跳跃”的关系，罗伊果更强调这一仪式中的某一特殊动作所具有的社会文化内涵。其实，若细加斟酌，就不难发现，克拉克的推测似是而非。

从上引《元朝秘史》与《史集》的内容来看，这两部文献实际上记载的皆是忽图剌称汗时蒙古百姓“绕树跳跃”仪式。《元朝秘史》叙述非常明确，兹不赘言。《史集》中的两处内容，应该是对《元朝秘史》忽图剌即位时蒙古百姓绕树跳跃这一史实原型的承袭与改动。在《史集》的第一处材料中，《元朝秘史》中的几个关键元素——豁儿豁纳川、绕树跳跃、践踏成沟，皆得到了充分体现，显然是对此前忽图剌汗即位之事的模糊回忆。《史集》的第二处史文在缺失了事件发生的地点豁儿豁纳川的同时，增加了“征讨篾儿乞惕部”的成分，貌似衔接得恰到好处，但已与故事原型中的“称汗”主题大有不同了。个中原因，很可能是孛罗丞相从合赞汗遭遇叛乱时的困难处境出发，对忽图剌即汗位一事的有意改造，以此来激励合赞汗不惧艰危、奋发图强，像其祖先忽图剌汗“征讨篾儿乞惕部”那样平定叛军。

那么，孛罗丞相为何增补“征讨篾儿乞惕部”的内容呢？笔者认为，这很可能与隐没在史料中的忽图剌汗即位的特殊历史背景有关。据上引《元朝秘史》可知，俺巴孩汗在其遗言中，虽提

---

① Igor de Rachewiltz, *The Secret History of the Mongols: A Mongolian Epic Chronicle of the Thirteenth Century*, Leiden and Boston: Brill, 2004, p.317.

到忽图剌与合答安，但并未明确指定忽图剌为汗位继承人。俺巴孩汗之子合答安不但冠有“太师”（即《元朝秘史》中的“太子”）的衔号，而且还曾率军大败色楞格河一带强大的篾儿乞部。[①] 这说明合答安在当时蒙古诸部中具有强大的实力与威望，也是继承其父汗位的有力人选之一。这一事实进一步启发我们，忽图剌汗的即位并非一帆风顺。他应该是挫败了汗位的最有力竞争者——前任大汗之子合答安后，才成功坐上蒙古大汗宝座的。孛罗丞相所补充的大败篾儿乞之事，其实只是以“张冠李戴”的叙述口吻，将合答安的战功归于合赞汗的祖先忽图剌，借此激励这位遭遇人生低谷的伊利汗国的统治者而已。

综上所述，克拉克推测“绕树跳跃”为征伐前的某种仪式，这一说法难以成立。而最初他并不肯定的庆祝忽图剌汗即位说，反倒更符合史实。罗伊果的观点，也具有一定道理，惜未展开做进一步探讨。笔者认为，对此问题，如果我们从北方民族在汗位继承仪式上对树木的利用来审视的话，当会发现这其实与草原民族的某一关键却往往被学界忽视的选汗仪式有关。

二、突厥、畏吾儿可汗的产生与树木之关系

突厥是公元 6 到 8 世纪漠北草原诸部中的统治族群，它在古代北方民族中最早创制了本族文字，其政治、文化中的诸多传统，

---

① 参见［波斯］拉施特主编:《史集》第 2 卷，余大钧、周建奇译，北京：商务印书馆，1985 年，第 46—50 页。

为后来蒙古高原的游牧民族所承袭。突厥选汗仪式中利用树木的仪式，就是一个鲜明的例证。唐初史臣令狐德棻主持修撰的《周书》记载了突厥起源的两个传说。[①] 其中一则提到他们择立大汗时的特殊仪式：

> 或云突厥之先出于索国，在匈奴之北。其部落大人曰阿谤步，兄弟十七人。其一曰伊质泥师都，狼所生也。……泥师都既别感异气，能征召风雨。娶二妻，云是夏神、冬神之女也。一孕而生四男。……共奉大儿为主，号为突厥，即讷都六设也。讷都六有十妻，所生子皆以母族为姓。阿史那是其小妻之子也。讷都六死，十母子内欲择立一人，乃相率于大树下，共为约曰："向树跳跃，能最高者，即推立之。"阿史那子年幼而跳最高者，诸子遂奉以为主，号阿贤设。[②]

作为前任部落首领之子的阿史那，由于"向树跳跃"而"跳最高"，故被突厥人"奉以为主"。这种选举部族首领的仪式看起来略显荒诞，其实是对北方民族树木崇拜的一种直观反映。

在北方民族可汗之产生与树木的密切关系上，颇为典型的还有

---

① 关于突厥的祖源传说，参见韩儒林：《突厥蒙古之祖先传说》，《穹庐集——元史及西北民族史研究》，上海：上海人民出版社，1982 年，第 274—303 页；[美] 丹尼斯·塞诺：《突厥的起源传说》，吴玉贵译，罗新校，《丹尼斯·塞诺内亚研究文选》，北京：中华书局，2006 年，第 54—82 页。

② 令狐德棻等：《周书》卷五〇《异域传下》，北京：中华书局，2022 年，第 986 页。

后来流传甚广的畏吾儿人“树生可汗”的传说。元代儒士虞集记载：

> 畏吾而之地，有和林山，二水出焉，曰秃忽剌，曰薛灵哥。一夕，有天光降于树，在两河之间。国人即而候之，树生瘿，若人妊身然。自是光恒见者，越九月又十日，而瘿裂得婴儿五，收养之。其最稚者，曰卜古可罕，既壮，遂能有其民人、土地，而为之君长。①

这是元代畏吾儿人关于其先祖记忆的传说。较此记载成书更早的闻名世界的《马可波罗行纪》与波斯史家志费尼所撰《世界征服者史》中，都收有这一传说。②不过志费尼书略有不同，认为畏吾儿人的始祖来自两树之间的一大丘陵。这应是同一传说在中外不同地域流传时产生的细小差异，并不妨碍读者的理解。研究者一般据此认为，畏吾儿人对始祖生于树瘿的这一追忆，萌芽于《周书》中突厥人向树跳跃最高者当选为可汗的传说。③其实，它还告诉我们一个不争的事实，即畏吾儿的首任可汗卜古生于树瘿，这与突厥首任

---

① 虞集：《高昌王世勋之碑》，王颋点校：《虞集全集》，天津：天津古籍出版社，2007年，第1015页；参见黄溍：《辽阳等处行中书省左丞亦辇真公神道碑》，王颋点校：《黄溍全集》，天津：天津古籍出版社，2008年，第648页。

② 按，这一传说只见于《马可波罗行纪》的才拉达（Zelada，1717—1801）本，相关研究参见党宝海：《〈马可·波罗行纪〉畏兀儿君主树生传说补证》，《国际汉学研究通讯》第6期，北京：北京大学出版社，2012年，第235—244页；［波斯］志费尼：《世界征服者史》，波伊勒英译，何高济汉译，北京：商务印书馆，2004年，第58页。

③ 参见韩儒林：《突厥蒙古之祖先传说》，《穹庐集——元史及西北民族史研究》，上海：上海人民出版社，1982年，第279—280页；尚衍斌：《关于〈乌古斯可汗的传说〉及相关问题的探析》，《元史及西域史丛考》，北京：中央民族大学出版社，2013年，第522页。

可汗由向树跳跃最高者担任，在很大程度上具有共通之处。

另据学者研究，作为一种原始崇拜的树木崇拜，大致起源于母系氏族社会，在当时人看来，他们所处的共同体是由某种动植物转化而来，由此将其作为氏族或部族的图腾加以崇拜。[①] 这就在感情和意识中赋予了他们与图腾间的某种血缘关系，并据以创造出与此密切相关的祖源传说。不难想见，这种树木崇拜的习俗具有极大的普遍性。以这里所讨论的实例来说，除了上述元代畏吾儿人祖先源于树瘿的传说外，远在斡罗斯草原的钦察之起源也与树木有关。波斯史家拉施特说，钦察的始祖是其怀孕的母亲在一棵空心树中所生，"钦察"一词即由突厥语中意为"空心树"的"合不黑"（q[a]būq）派生而来。[②]

最后，要强调的是，上引《周书》明确记载突厥的始祖是狼，显然"向树跳跃"的内容与祖源传说没有太大关系。畏吾儿的首任可汗为"天光降于树"而生，说明草原部落的可汗借由树木可以达到沟通天神的目的。众所周知，蒙古高原的游牧民族对天的崇拜由来已久，隋唐时期的突厥人早就已经具有了汗权天授的观念。[③]"向树跳跃"的选汗仪式当与此有关。在突厥社会发展的最初阶段这种独特的选汗仪式中，向树"跳最高者"必定最接近天神从而更能领悟天神的意念，这无疑是对"汗权天授"的一大生动注脚。

---

① 参见陈见微：《北方民族的树崇拜》，《中国典籍与文化》1995 年第 4 期。

② 参见［波斯］拉施特主编：《史集》第 1 卷第 2 分册，余大钧、周建奇译，北京：商务印书馆，1983 年，第 137 页。

③ 参见蔡鸿生：《唐代九姓胡与突厥文化》，北京：中华书局，1998 年，第 137 页。

三、“绕树跳跃”仪式与元代蒙古君主的树木崇拜

突厥这种“向树跳跃”的选汗仪式，在漠北草原并不是独一无二的政治文化现象。行文至此，我们自然会将其与《元朝秘史》《史集》所记忽图剌即位时的“绕树跳跃”联系在一起。

这种内亚独具特色的选汗仪式，在蒙古高原上经过数百年的流传，迄至蒙古人推举忽图剌为汗时，已略有改动。其中最为显著的变化就在举行的时间节点上，突厥人以向树跳跃最高的标准推选出合适的可汗，据上引《元朝秘史》和《史集》，忽图剌则是在即位后的筵席上举行“绕树跳跃”的仪式。此外，在蒙古部落的这次选汗仪式中，包括大汗及其属民在内的“众达达百姓”皆有资格“绕树跳跃”，这在参与者及其人数的限制上比此前的突厥大为宽松，似乎表明这一仪式在此时可能已完成了世俗化的转变。

忽图剌汗即位时“绕树跳跃”之举所蕴含的社会文化内涵同样值得研究。类比上文对突厥选汗仪式的阐释可知，蒙古人“绕树跳跃”这种仪式所达到的沟通天神的目的非常明显。北方民族的天神崇拜由来已久，蒙古族当然也不例外。“其常谈，必曰‘托着长生天底气力、皇帝底福音’。彼所欲为之事，则曰‘天教恁地’。人所已为之事，则曰‘天识者’。无一事不归之天，自鞑主至其民无不然。”[①]在“绕树跳跃”这种模仿萨满跳神的舞姿中，借由树木通天的功能，将忽图剌即位称汗告知长生天，求其祝釐赐

① 彭大雅撰，徐霆疏，许全胜校注:《〈黑鞑事略〉校注》，兰州：兰州大学出版社，2014年，第74页。

福，保佑汗位长久、属民安全、畜群丰衍等等，当是这一树木崇拜仪式所蕴含的主要内容。

值得注意的是，“众达达百姓”围绕而跳的这棵“大树”，与后来蒙古族敖包的形制具有某种共通之处。据刘文锁与王磊的研究，蒙古族祭祀的传统敖包主要包括三个部分：（一）石堆，（二）插置于石堆中央的树干或树枝，（三）悬挂于树枝上的条状附属物。他们还指出，无论从形制还是祭祀的方式来说，敖包都是北方草原地区一种“灵石”信仰传统的延续。[①] 若从古代蒙古族本身的视角来看，敖包的形制似乎有着更直接的来源。《元朝秘史》中的这棵“大树”，汉字音译蒙古文作“撒黑剌中合儿 抹敦”（saqlaqar modun），旁译“鬔鬆树”，意为“鬔鬆”的 saqlaqar，指的是树木枝叶横生、悬挂的一种衍生状态。[②] 孛罗丞相则说树枝上“用五彩缤纷的服装装饰”。无论如何，这都与敖包基本形制中的（二）、（三）部分相符。在此，我们或许可以认为：忽图剌汗即位时“绕树跳跃”中某些具体的仪式因素，很可能被后来的蒙古人吸收进敖包的形制内并略加改良。[③]

此外，忽图剌汗即位的地点豁儿豁纳黑（Qorqonaq），在蒙古人心中也具有独特的政治内涵。我们知道，忽图剌汗死后，蒙

---

① 参见刘文锁、王磊：《敖包祭祀的起源》，《西域研究》2006 年第 2 期。

② 参见阿尔达扎布：《新译集注〈蒙古秘史〉》，呼和浩特：内蒙古大学出版社，2005 年，第 99—100 页。

③ 按，据研究，满-通古斯语族中的鄂温克族所祭的“敖包”实为“敖包树”，是对树木崇拜的某种演变，参见迪木拉提·奥玛尔：《阿尔泰语系诸民族萨满教研究》，乌鲁木齐：新疆人民出版社，1995 年，第 100 页。《元朝秘史》这里提供的例证，似乎说明此种认识也见于阿尔泰语系的其他语族。

古诸部在政治军事上陷入无汗可宗的处境。在这段时期，蒙古部落中最强大的是札答阑部的札木合，被学界誉为“忽图剌汗之后蒙古部最强大的首领”“蒙古高原东部的枭雄”。[①] 大概由于外族遗腹子这一难以为蒙古部众接受的身份，札木合最初并未称汗，但他却驻牧于忽图剌汗过去的即位之地——豁儿豁纳黑。《史集》记载，豁儿豁纳黑“在蒙古斯坦地区中央”，是蒙古语部族活动范围的中心[②]；据最新研究，其地望大致在鄂嫩河中游大小巴托尔山一带[③]。札木合扎营于此，除了当地被游牧民誉为“主不儿”（ǰubur），即水草丰美的“溪谷”[④]，是游牧民的优良牧场外，更为重要的原因应是这里地处蒙古语族游牧民的活动中心，前任蒙古大汗忽图剌即在此登上汗位。而忽图剌即位时围绕而跳的“鬔鬆树”下，则成为札木合宴饮与宿顿之处。[⑤] 显然，札木合所扮演的蒙古部实际统治者的角色已昭然若揭，而这棵“鬔鬆树”被蒙古人赋予的独特象征意义也彰显无遗。

因材料所限，忽图剌汗即位时“绕树跳跃”的仪式，是否仍

① 亦邻真:《〈元朝秘史〉及其复原》,《元朝秘史（畏吾体蒙古文）》，呼和浩特：内蒙古大学出版社，1987 年，第 76 页；参见宝音德力根:《关于王罕与札木合》,《蒙古史研究》第 3 辑，呼和浩特：内蒙古大学出版社，1989 年，第 8—11 页。

② 参见［波斯］拉施特主编:《史集》第 2 卷，余大钧、周建奇译，北京：商务印书馆，1985 年，第 265 页；参见邱轶皓:《哈剌和林成立史考》，沈卫荣主编:《西域历史语言研究集刊》第 5 辑，北京：科学出版社，2012 年，第 274 页。按，此处《史集》引文，据邱轶皓文所译。

③ 参见陈得芝:《成吉思汗墓葬所在与蒙古早期历史地理》,《中华文史论丛》2010 年第 1 期。

④ 参见村上正二訳注:《モンゴル秘史》(1)，東京：平凡社，1970 年，第 77 頁。

⑤ 参见乌兰校勘:《元朝秘史》，北京：中华书局，2012 年，第 97 页，第 117 节。

被此后的蒙古诸汗所继承，文献中并未明确记载。但从后来成吉思汗采取舆毡登基的方式来看①，过去蒙古部内大汗即位时“绕树跳跃”的仪式，显然难以与其统一漠北草原后所具有的“一代天骄”身份相符，因此成吉思汗及其继承者借鉴了更具北族传统的可汗即位仪式，而“绕树跳跃”的信息也就不再见于后来有关蒙元诸汗即位的文献。

不过，草原民族的树木崇拜具有悠久的历史，他们甚至“认为树的生命力是一种超自然的生命力，树也许就是神。对树的崇拜，也许就是人类凭借这种超自然的生命力来企望自己也长生不老、生命永恒”②。与蒙古同出东胡的契丹，则将尸体置于树上，以此作为逝者灵魂通往神山或天堂的最佳媒介。③我们若将树木崇拜与蒙古人具有的魂灵观念联系起来，就不难发现，元代蒙古皇帝的葬殓似与契丹人更相仿佛。据文献记载，当时的蒙古人“相信死后将生活在另一世界中”④。被他们赋予特殊象征意义的树木，无

---

① Ron Sela, *Ritual and Authority in Central Asia: The Khan's Inauguration Ceremony*, Papers on Inner Asia No.37, Bloomington: Sinor Research Institute for Inner Asian Studies, 2003, pp.29-30. 参见罗新：《内亚传统中的可汗即位仪式》,《黑毡上的北魏皇帝》，北京：海豚出版社，2014 年，第 31—31 页。

② 迪木拉提·奥玛尔：《阿尔泰语系诸民族萨满教研究》，乌鲁木齐：新疆人民出版社，1995 年，第 95—96 页。

③ 参见毕德广、魏坚：《契丹早期墓葬研究》,《考古学报》2016 年第 2 期。

④ 《柏朗嘉宾蒙古行纪》，贝凯、韩百诗译注，耿昇汉译，北京：中华书局，1985 年，第 36 页。关于元代蒙古人的灵魂观念，参见胡其德：《十二三世纪蒙古族的宗教信仰》，收入邢义田、黄宽重、邓小南主编：《台湾学者中国史研究论丛》(11)《礼俗与宗教》，北京：中国大百科全书出版社，2005 年，第 285—328 页。对蒙古人灵魂观与宗教的综合性研究，参见［德］海西希：《蒙古的宗教》，耿昇译，收入《西藏和蒙古的宗教》，天津：天津古籍出版社，1989 年。

疑是死后可借以到达彼岸世界的一大工具。拉施特在《史集》中记载了一则有意思的故事：

> 有一次成吉思汗出去打猎，有个地方长着一棵孤树。他在树下下了马，在那里心情喜悦。他遂说道："这个地方做我的墓地倒挺合适！在这里做上个记号吧！"①

拉施特下文还说："在他（成吉思汗——引者）下葬的那年，野地上长起了无数树木和青草。如今那里森林茂密，已无法通过；最初那棵树和他的埋葬地已经辨认不出了。甚至守护那个地方的老守林人，也找不到通到那里去的路了。"广泛种植树木是对成吉思汗埋葬地的一种天然掩盖与保护。可以肯定的是，这棵"孤树"是成吉思汗选择墓地的最重要的先决条件，个中原因，很可能与其死后灵魂可借此上达天神或另一个世界有关。

蒙古君主的树木崇拜，不仅体现在对墓地的特意选择上，在其死后独特的葬殓仪式中也展露无遗：

> 虏主及虏主妇死，剖大木刳其中空，仅容马革裹尸纳于中，复合其木，僭用金束之于外，皆归于鞑靼旧地，深葬平土，人皆莫知其处。②

---

① ［波斯］拉施特主编：《史集》第 1 卷第 2 分册，余大钧、周建奇汉译，北京：商务印书馆，1983 年，第 322—323 页。

② 郑思肖：《大义略叙》，陈福康校点：《郑思肖集》，上海：上海古籍出版社，1991 年，第 183 页。

这是南宋遗民郑思肖对蒙古树葬之俗的记载，勾稽文献，可以发现，此说并非孤证。元人黄溍就提到“北俗丧礼极简单，无衰麻哭踊之节，葬则刳木为棺”[①]。元末叶子奇在其《草木子》中亦有类似内容：“元朝宫里，用梡木二片，凿空其中，类人形小大合为棺，置遗体其中。加髹漆毕，则以黄金为圈，三圈定，送至其直北园寝之地深埋之。”[②]《元史》也记载：“凡宫车晏驾，棺用香楠木，中分为二，刳肖人形，其广狭长短，仅足容身而已。”[③]“梡木”和“楠木”皆江南所产，而非漠北原有，似乎说明葬殓元朝皇帝的棺木，在蒙古人统一中国后，被江南地区更为优质的木材所取代，但“刳木为棺”的丧葬方式仍保持了他们传统的入殓形制。从内亚的草原习俗来看，这种“树葬可汗”的制度，其实与上述畏吾儿“树生可汗”的传说如出一辙。后者说的是树木感天光而生可汗，前者在仪式上则反其道而行：可汗葬于树木中，魂灵可由树木上达天神。将元代蒙古人“树葬可汗”的丧葬之礼作如是理解，应与蒙元王朝的“国俗旧礼”更为契合。

四、小结

树木崇拜在北方民族社会中具有相当大的传承性、普遍性与

---

① 黄溍：《答禄乃蛮氏先茔碑》，王颋点校：《黄溍全集》，天津：天津古籍出版社，2008年，第713页。

② 叶子奇：《草木子》卷三下，北京：中华书局，1959年，第60页。

③ 《元史》卷七七《祭祀志六》，北京：中华书局，1976年，第1925页。参见陶宗仪：《南村辍耕录》卷三〇“金灵马”，北京：中华书局，1959年，第374页。

多样性。《元朝秘史》《史集》中忽图剌汗即位时蒙古百姓“绕树跳跃”的内容，既是对北方民族树木崇拜悠久传统的承袭，也是对突厥选汗仪式的某种改良。随着成吉思汗统一草原，这种蒙古部内大汗的即位仪式遭到草原君主的摒弃，而成吉思汗及其继承者所采纳的舆毡登基的方式，仍然是对内亚传统中可汗即位仪式的一种遵奉。如此种种，皆说明源于内亚的草原传统习俗对蒙古大汗汗权正统性的塑造，具有举足轻重的作用。

国内学界在研究蒙元王朝的历史时，往往借用“蒙汉二元”的解释模式，目前在汉地制度的深入研究上，已经取得了诸多优秀的成果。然而，我们对蒙古因素的综合研究，尤其是这一因素在继承或改造突厥-回鹘的制度与习俗等方面，仍有进一步探讨的空间，希望以后能引起更多学者的全面关注。

·第六章·

札木合十三部考

——《元朝秘史》史事研究之二

一、问题之缘起

公元 13 世纪前后蒙古乞颜部的铁木真在统一漠北草原的过程中进行了一系列战争，如先后与札木合联军的十三翼之战和阔亦田之战、与塔塔儿部的斡里札河之战、与克烈部的合兰真沙陀之战等，这些战役迄今不但仍为蒙古民族所熟知，而且也吸引着一代又一代跨越国界和民族的蒙古学学者。其中与札木合联军在答兰版朱思（Dalan Balǰus，即“七十沼泽”，大致在今克鲁伦河上游支流臣赫尔河附近）所进行的十三翼之战，既是铁木真以部落联盟首领身份所遭遇的第一次大规模战役，也成为他与自己的安达札木合正式决裂的标志。此战使铁木真初次尝到了草原上部落联军作战中首败的滋味[①]，由此得到的教训，无疑对其后来的复苏、

① 按，《圣武亲征录》、拉施特《史集·成吉思汗纪》和《元史·太祖纪》皆认为此战铁木真获胜，而成书更早的《元朝秘史》的记载则恰恰相反，学界往往也认为更可靠，参见 Igor de Rachewiltz, *The Secret History of the Mongols: A Mongolian Epic Chronicle of the Thirteenth Century*, Leiden and Boston: Brill, 2004, p.475。

崛起甚至统一漠北诸部都具有重大影响。

另外，对此役中铁木真的对手札木合一方十三部的准确认识，不但有助于深入了解十三翼之战的进程，而且也是管窥当时草原诸部及其相互关系的一面镜子。遗憾的是，虽然学界迄今已对铁木真的十三翼做了详细研究[①]，但对札木合一方的十三部似乎罕有探讨。以管见所及，屠寄应是对此最早留意之人，他认为札木合的十三部为札答阑、泰亦赤兀、亦乞列思、兀鲁兀、那牙勤、巴鲁剌思、豁罗剌思、巴阿邻、翁吉剌、合塔斤、撒勒只兀、朵儿边以及塔塔儿。[②]王国维在相关研究中，则审慎地指出屠寄之说“殆是也”。[③]余大钧在译注《蒙古秘史》时推测，札木合的十三部应包括札答阑、泰赤乌、亦乞列思、兀鲁吾、那也勤、八鲁剌思、霸邻和豁罗剌思，“其他五部不详”。[④]然而，笔者在研究相关记载的过程中发现，通过重新勾稽与辨正史料，不但能够补充余

① 参见［法］伯希和、［法］韩百诗:《圣武亲征录注释》(1)，黄振华译，内蒙古大学蒙古史研究所编:《蒙古史研究参考资料》第39辑，1985年，第21—45页；韩儒林:《成吉思汗十三翼考》,《穹庐集——元史及西北民族史研究》，上海：上海人民出版社，1982年，第1—17页；本田実信:《成吉思汗の十三翼について》,《東方學》1952年第4輯，后收入《モンゴル時代史研究》，東京：東京大学出版会，1991年，第1—16頁。

② 参见屠寄:《蒙兀儿史记》卷二《成吉思汗纪》,《元史二种》(下)，上海：上海古籍出版社，2012年，第29—30页。

③ 王国维:《〈圣武亲征录〉校注》,《王国维全集》第11卷，杭州：浙江教育出版社，2010年，第417页。

④ 余大钧译注:《蒙古秘史》，石家庄：河北人民出版社，2007年，第161页。按,“泰赤乌”即上文屠寄所说的“泰亦赤兀”,“兀鲁吾”即“兀鲁兀”,“那也勤”即“那牙勤”,“八鲁剌思”即“巴鲁剌思”,“霸林”即“巴阿邻”,“豁罗剌思”即“火鲁剌思”；屠寄所列的十三部，下文也会经常提及，故除具体引文外，行文中涉及这些部落时，皆以屠寄书中为准。

大钧所未详的五部，而且可进一步订正屠寄的说法，故对札木合的十三部进行一番重新考证。

二、释《元朝秘史》中的“哈邻”一词

《元朝秘史》最早记载了十三翼之战，其中提到札木合利用自己的亲人被铁木真属下所杀之机，“领着他一种，并十三部，共三万人”来与刚刚称汗的铁木真厮杀，后者也在自己部众内起了十三个古列延，即所谓的十三翼来应对，双方在答兰版朱思交战。[①]

《元朝秘史》所说的“十三部”一词，汉字音译蒙古文作“哈[舌]儿班[中]忽[舌]儿班[中]哈[舌]邻”（harban qurban qarin）。可见，“[中]哈[舌]邻”（qarin，-n 为表示复数的后缀）一词在明初译员笔下对应的汉字旁译是“部”，那么这一解释是否与当时札木合联盟的实情相符呢？对此之回答将是考证札木合十三部的最重要前提。

通检《元朝秘史》，不难发现，qari 一词主要有三种释义：外邦、部落与封国。先看“外邦”之义，《元朝秘史》在第 197 节纳牙阿投降铁木真时的誓词中说：“凡外邦得的美女好马，要献与主人。”其中“外邦”对应的汉字音译蒙古文

---

① 参见乌兰校勘：《元朝秘史》，北京：中华书局，2012 年，第 118、119 页，第 128、129 节。参见王国维：《〈圣武亲征录〉校注》，《王国维全集》第 11 卷，杭州：浙江教育出版社，2010 年，第 415—417 页；［波斯］拉施特主编：《史集》第 1 卷第 2 分册，余大钧、周建奇译，北京：商务印书馆，1983 年，第 110 页；《元史》卷一《太祖纪》，北京：中华书局，1976 年，第 3—4 页。

为“中合舌里 亦舌儿格讷”（qari irgenü，旁注：外邦百姓的），将qari释作“外邦”，显然与文意相符。当然《元朝秘史》中这样的例子远不止此，第201节札木合被俘获后对铁木真所说的话中有“额朵额 安答 脱歌舌里该 兀鲁昔 土卜失惕客罢 中合舌里秃秃迷中含秃惕中合罢”（edö’e anda tögörigei ulus-i tübšidkebe, qaritutum-i qamtudqaba）。总译言简意赅地译作：“如今你将众百姓收了。”“众百姓”其实是对“兀鲁昔”（ulus-i，后缀-i表示宾格）和“中合舌里”（qari）这两个在语义上相近的蒙古语词的合译，此二词的汉字旁注分别为“国行”和“外邦”，这里将“中合舌里”释为“外邦”也无不可。

再看“部落”之义。《元朝秘史》第213节提到，铁木真建国后赏赐巴牙兀惕姓的汪古儿时，后者请求：“巴牙兀惕姓的兄弟每，都散在各部落里有，我欲要收集者。”此处“各部落”对应的蒙古文是“中合舌里 中合舌里”，这是蒙古语中名词以叠加词的形式来表示复数，因此将qari作“部落”解释也符合情理。类似的例子还见于《元朝秘史》第218节，其中记载了捏古思氏纳邻脱斡邻受赏时说：“我的兄弟捏古思散在各部落内，我欲收集咱。”此“部落”也是对应的“中合舌里”一词。若是从具体语境来看这两例中的“中合舌里”，指的应该都是非巴牙兀惕姓和非捏古思姓的部落。

最后来看“外邦”之义。在《元朝秘史》第255节中，朮赤与察合台因讨论汗储而大起争执时，成吉思汗说：“天下地面尽阔，教您各守封国。”“封国”对应的蒙古文也是“中合舌里”，这从上下文来看也可以解释得通。

以上“外邦”“部落”“封国”这三层意思其实都带有异族、异邦的色彩，所以，海尼士认为《元朝秘史》中的 qari 有“外邦”“外国”之意。[①] 而作为以成吉思汗先祖、成吉思汗及其直接继承人窝阔台为主线的一部史书,《元朝秘史》在描述札木合的十三翼时，必然会以铁木真及其所在的蒙古乞颜部为中心来加以记述，这是由此书编者所持的政治立场决定的，所以用义为“部落”且更具有“异族”或“外族”意味的“qarin”来总称铁木真的对手札木合所统领的十三部，也就很自然了[②]；另外，上述汪古儿、纳邻脱斡邻受赐一事，他们二人的话语中所使用的“qari”一词，不但与此毫无抵触，而且提示我们在当时这一词语所指示的具体部落会随着说话主体的不同而有所变化[③]。

总之，通过以上分析我们可以基本确定：明初译员将札木合所率领的“harban qurban qarin”中的 qarin 旁注为“部”是没有问题的。明确了这一点后，下面即对札木合的十三部进行详细梳理与考证。

三、札木合十三部探微：以《元朝秘史》为线索

《圣武亲征录》在记载十三翼之战时写道:“(札木合) 遂与泰

---

① ［德］海尼士著，内蒙古大学蒙古语文研究所编译:《〈元朝秘史〉词典》，第 139 页。参见 Lessing, *Mongolian-English Dictionary*, California: University of California Press, 1960, p.937; 村上正二訳注:《モンゴル秘史》(1)，東京：平凡社，1970 年，第 273—274 頁。

② 小沢重男:《元朝秘史全釈》(下) 卷四，東京：風間書房，1986 年，第 14 頁。

③ 罗依果认为，在 13—14 世纪 qari 具有“非蒙古”(non-Mongol) 的部落之意，似乎并未注意到这一点，参见 Igor de Rachewiltz, “The Preclassical Mongolian Version of the *Hsiao-Ching*”, *Zentralasiatische Studien*, 16, 1982, p.59。

赤乌、亦乞剌思、兀鲁吾、那也勤、八鲁剌思、霸邻诸部合谋，以众三万来战。”[①] 对此，《史集》亦有记载：“（札木合）带着自己的部落和军队投奔到了泰亦赤兀惕诸部处。［当时］除他而外，其他部落和支系也都同泰亦赤兀惕人结成了联盟，其中有弘吉剌惕［部］的分支亦乞剌思部，还有属于蒙古-迭儿列勤的豁罗剌思部以及属于尼伦的兀鲁兀和那牙勤［部］。”[②] 根据这两条史料可以确定，札木合的十三部中有札答阑、泰亦赤兀、亦乞列思、兀鲁兀、那牙勤、巴鲁剌思、巴阿邻、豁罗剌思等八部，这已为屠寄和余大钧所留意。

在此基础上，接下来就对最后五部做进一步考证。细检《元朝秘史》汉字音译蒙古文，不难发现紧接在十三翼之战后有如下记载：

> 那里札木合回了后。兀鲁兀惕种的主儿扯歹，与忙忽种的忽余勒答儿，各引着他一族，离了札木合太祖行来了。又晃豁坛种的蒙力克也引着他七个子来了……[③]

此处提到兀鲁兀和忙忽在十三翼之战后离开札木合而依附铁木真，

① 王国维：《〈圣武亲征录〉校注》，《王国维全集》第 11 卷，杭州：浙江教育出版社，2010 年，第 416—417 页。

② ［波斯］拉施特主编：《史集》第 1 卷第 2 分册，余大钧、周建奇译，北京：商务印书馆，1983 年，第 110—111 页。

③ 乌兰校勘：《元朝秘史》，北京：中华书局，2012 年，第 120 页，第 130 节。

无疑，这二部应位列札木合十三部中。但汉文总译对晃豁坛部蒙力克从何而来没有交代清楚，查其相应的汉字音译蒙古文：

中晃中豁答歹 蒙力克额赤格 田迭 札木中合突舌儿 阿周 蒙力克额赤格 朵罗安

种姓　人名　父　那里　人名　行　存着　人名　父　七个

Qongqodadai Mönglik ečige tende Jamuqa-tur aǰu Mönglik ečige dolo'an

可兀惕　鲁额边　札木中合答察 中合中合察周 田迭 成吉思中合罕突舌儿

儿子每　一同自的行　人名　行　分离着　那里　太祖　皇帝 行

kö'üd -lü'e-ben Jamuqa -dača qaqačaǰu tende Činggis qa'an-tur

捏亦连 亦舌列罢①

相合　来了

neyilen irbei

可将此大致硬译为："晃豁坛种的蒙力克父亲在札木合处有，蒙力克父亲同七个儿子每札木合行分离着，那里太祖行相合着来了。"显然，晃豁坛应当也是札木合十三部之一。

至此，札木合的十三部中就有十部被考知。接下来，就继续考索其他三部。

十三翼之战后，金朝在明昌六年（1195）讨伐了不断扰边的合塔斤、撒勒只兀和翁吉剌，大约与此同时又利用铁木真与克烈部王罕的势力征讨塔塔儿部，使其遭到大败。此时，铁木真与

① 引文中拉丁字母转写据鲍·包力高、齐木德道尔吉、巴图赛恒编：《〈元朝秘史〉畏吾体蒙古文再复原及其拉丁转写》，赤峰：内蒙古科学技术出版社，2013 年，第 313 页。

王罕的联军还对篾儿乞、乃蛮等部进行了诛讨。在铁木真和王罕的咄咄兵威下，这些部落不得不采取联盟的方式，在泰和元年（1201）“立札木合做君”，借此来对抗铁木真与王罕。《元朝秘史》第141节的汉字音译蒙古文，详细列出了推戴札木合为汗的十一个部落，分别是合塔斤、撒勒只兀、朵儿边、塔塔儿、亦乞列思、翁吉剌、豁罗剌思、乃蛮、篾儿乞、斡亦剌、泰亦赤兀。[①] 其中，是否有此前十三翼之战中札木合一方的支持者呢?

细加分析，乃蛮、篾儿乞和斡亦剌皆非札木合十三部之选[②]，亦乞列思、豁罗剌思、泰亦赤兀已在札木合十三部之列，故在此亦可不加讨论。塔塔儿、翁吉剌、合塔斤、撒勒只兀和朵儿边五部的可能性是最大的。然而，塔塔儿和翁吉剌两部可以最先排除。

塔塔儿在以往的很长时期内都是蒙古草原东部最强大的势力，以致草原上的其他部落也都以其名称而为人所知。[③] 此部长期依附于金朝，与蒙古部有着“古老的血仇”，“双方无论何时一有可乘

---

① 参见王国维:《〈圣武亲征录〉校注》,《王国维全集》第11卷，杭州：浙江教育出版社，2010年，第448—449页;［波斯］拉施特主编:《史集》第1卷第2分册，余大钧、周建奇译，北京：商务印书馆，1983年，第162页;《元史》卷一《太祖纪》，北京：中华书局，1976年，第8页。

② 按，乃蛮拥立札木合，应是借联盟之力向铁木真和王罕联军此前的侵轶复仇，断不会在十三翼之战时加入札木合一方。篾儿乞与铁木真所代表的蒙古统治家族为世仇，自然会参与此次会盟，不过因为此部在十三翼之战前刚受到铁木真、王罕与札木合联军的突袭，所以在十三翼之战时亦无站在札木合一方的可能。斡亦剌则远在乃蛮西北的谦河一带，更不可能在十三翼之战时成为札木合联盟之一部而反对铁木真。

③ ［苏联］符拉基米尔佐夫:《成吉思汗传》，余元盦译注，余大钧、余静修订，上海：上海三联书店，2007年，第4—5页；余大钧:《论阻卜与鞑靼之异同》,《历史研究》1981年第6期。

之机，他们就彼此屠杀和抢劫。这些战争和纠纷长年持续”[①]。据研究，作为金朝牵制蒙古诸部主要力量的塔塔儿部，直到 12 世纪 90 年代中叶前后才叛金[②]，从而受到后者联合王罕和铁木真的征伐，所以，对于 12 世纪 80 年代后半叶爆发的十三翼之战来说[③]，塔塔儿是不会参与札木合十三部联军的。

对此，还可进一步论证。金朝与克烈部的王罕、蒙古乞颜部的铁木真联军重创塔塔儿、擒杀其首领篾兀真–薛兀勒图后，在南下攻金复仇毫无胜算的情况下，塔塔儿参与会盟推戴札木合为汗的主要目的自然是向王罕和铁木真复仇，所以《史集》说：“这以后，上述篾兀真–薛兀勒图的儿子阿剌黑–兀都儿（alāq-aūdūr），和他的兄弟乞儿乞儿（qīrqīr）太师，与蒙古族各部落以及［与蒙

---

① ［波斯］拉施特主编：《史集》第 1 卷第 1 分册，余大钧、周建奇译，北京：商务印书馆，1983 年，第 168、169 页。

② 参见王国维：《萌古考》，《观堂集林》卷一五，北京：中华书局，1959 年，第 704—706 页；宝音德力根：《成吉思汗建国前的金与蒙古诸部》，《内蒙古社会科学》1990 年第 4 期。

③ 关于十三翼之战的时间，由于文献并未直接记载，因此学者难免莫衷一是，归纳起来，主要有两种观点：12 世纪 80 年代说和 90 年代初期说。后一说法主要是据《蒙古源流》所记铁木真于 1189 年称汗而推出的。不过，韩儒林先生主编的《元朝史》（北京：人民出版社，2008 年，第 63 页）以文献明确记载的铁木真第三子窝阔台生于 1186 年为前提，根据元代《重修文殊寺碑》所说铁木真第二子察合台“降生”之年就是他“即位之年”，断定铁木真称汗必在 1186 年以前，从而否定了《蒙古源流》之说。这样，12 世纪 90 年代初期说也就不攻自破。进一步来看，由于学界一般认为铁木真长子朮赤约生于 1184 年（Paul Pelliot, *Notes on Marco Polo*, I, Paris: Imprimerie Nationale, Librairie Adrien-Maisonneuve, 1959, p.287; Igor de Rachewiltz, *The Secret History of the Mongols: A Mongolian Epic Chronicle of the Thirteenth Century*, Leiden and Boston: Brill, 2004, pp.410-411），那么次子察合台应生在 1185 年前后，铁木真最初称汗也在此时，不久就爆发了十三翼之战，所以将十三翼之战的时间大致定在 12 世纪 80 年代下半叶，应该比较稳妥。

古人结盟的］其他部落联合在一起，共同对成吉思汗作战。”①这里，塔塔儿的复仇显然与此前的十三翼之战毫无关联。另外，值得注意的是，《史集》多次提到塔塔儿人经常援助合塔斤、撒勒只兀、泰亦赤兀和朵儿边等部，但在这些受援部落中唯独没有札木合所统领的札答阑部，说明此前塔塔儿并没有在军事层面上与札答阑部有过往来。因此，塔塔儿部并非札木合十三部之一，而屠寄将此部归入札木合十三翼自然并不可取。

翁吉剌也非札木合十三部之一。我们知道，翁吉剌分有数部，札木合十三部中的亦乞列思和豁罗剌思最初也都出自翁吉剌部，而且按陈那颜一支与铁木真所在的蒙古统治家族素来友好。②据上引《元朝秘史》第141节汉字音译蒙古文可知，这里拥立札木合而与铁木真为敌的其实是翁吉剌部的迭儿格克·额篾勒和阿勒恢，其他文献提到，直接原因在于此前铁木真弟哈撒儿对其鲁莽之劫掠：

当时弘吉剌惕诸部因为拙赤-合撒儿听信了哲别的话将他们赶跑，虽然成吉思汗已就此事责备了［他的兄弟］，他们还是很生气而投向了札木合，于是亦乞剌思、豁罗剌思、塔塔儿、合塔斤和撒勒只兀惕部联合起来，推举札木合为古儿汗，

---

① ［波斯］拉施特主编:《史集》第1卷第1分册，余大钧、周建奇译，北京：商务印书馆，1983年，第171—172页。

② 参见白拉都格其:《弘吉剌部与特薛禅》,《成吉思汗的遗产》，呼和浩特：内蒙古人民出版社，2009年，第68—72页。

图谋与成吉思汗作战……[①]

不过，后来铁木真派使者招降了迭儿格克·额篾勒，对他说道：

> 过去我们互称兄弟和姻亲，你们照规矩享有母舅的权利，如果你们［同我们］友好，我们就做［你们的］同盟者和朋友。如果你们［与我们］为敌，我们也就［与你们］敌对。

蒙古人往往将结亲的对象称作“忽答”（quda），即亲家[②]，这里“姻亲”和“兄弟”的关系绝非空穴来风，也不是铁木真为了招降而特意夸大的措辞，而是基于乞颜部和弘吉剌部互称“忽答”的族外通婚制这一事实，尤其是就铁木真母亲出自弘吉剌部这一非同寻常的关系来说的。如此看来，迭儿格克·额篾勒一支弘吉剌部在此前的十三翼之战中并未加入札木合联军。屠寄认为翁吉剌为札木合十三部之一的说法，显然也并不可靠。

若回溯到当时的历史情境，就不难发现，合塔斤、撒勒只兀和朵儿边参加札木合十三部联军更符合史实。

---

① ［波斯］拉施特主编：《史集》第1卷第1分册，余大钧、周建奇译，北京：商务印书馆，1983年，第270页；［波斯］拉施特主编：《史集》第1卷第2分册，余大钧、周建奇译，北京：商务印书馆，1983年，第162页；《元史》卷一《太祖纪》，北京：中华书局，1976年，第8页。

② 参见［苏联］弗拉基米尔佐夫：《蒙古社会制度史》，刘荣焌译，北京：商务印书馆，2023年，第97—98页。

合塔斤和撒勒只兀，分别来自铁木真先祖朵奔篾儿干的寡妻感光所生之子“不忽·合答吉”和“不合秃·撒勒只”；朵儿边即蒙古语 dörben 的音译，意为“四”，是由朵奔篾儿干的哥哥都哇锁豁儿的四个儿子之后代所繁衍而成的部落。合塔斤、撒勒只兀和朵儿边三部都被归入蒙古尼伦部，但他们与铁木真向来不和，铁木真曾主动派使者说服合塔斤、撒勒只兀加入联盟，但均遭到拒绝。①

《史集》在叙述这三部时也特意强调他们与铁木真的敌对关系，如合塔斤部“在成吉思汗时，他们曾起来反对过他。由于这个缘故，[虽然]他们在各兀鲁思中很多，但他们都不甚荣显”；撒勒只兀“由于在成吉思汗时经常起来反对他，他们遭到了大量屠杀”；在记载朵儿边部时，拉施特也说“在成吉思汗时，他们曾与泰亦赤兀惕诸部落联合，对他进行过重大抵抗”。② 这些信息反映出，当时合塔斤、撒勒只兀和朵儿边与铁木真为首的乞颜部蒙古为敌，应该是不争的事实。

此外，从这三部后来的活动轨迹来看，更能确定他们应位列札木合十三部。十二部联军推戴札木合为汗，在阔亦田被铁木真与王罕击败后，合塔斤、撒勒只兀和朵儿边三部随札木合依附于王罕，王罕的克烈部被铁木真兼并后，他们又随札木合投奔乃蛮；直到铁木真灭乃蛮后，此三部才与札答阑部一起投降。从这一历程来看，

---

① 参见［波斯］拉施特主编：《史集》第 1 卷第 2 分册，余大钧、周建奇译，北京：商务印书馆，1983 年，第 157 页；陈得芝：《蒙古哈答斤部撒勒只兀惕部史地札记》，《蒙元史研究丛稿》，北京：人民出版社，2005 年，第 274 页。

② ［波斯］拉施特主编：《史集》第 1 卷第 1 分册，余大钧、周建奇译，北京：商务印书馆，1983 年，第 292、306 页。

屠寄认为合塔斤、撒勒只兀和朵儿边追随札木合而“无役不从”[①]，是合乎情理的，而将他们归入札木合十三部，应该也比较妥帖。

综合上文之辨析与考证可知，札木合的十三部为札答阑、泰亦赤兀、亦乞列思、兀鲁兀、那牙勤、巴鲁剌思、巴阿邻、豁罗剌思、忙忽、晃豁坛、合塔斤、撒勒只兀与朵儿边。

四、十三翼之战后札木合十三部与铁木真的关系

前文所考札木合的十三部，其中亦乞列思、豁罗剌思、晃豁坛三部属于拉施特所说的迭儿列勤蒙古，即源于额儿古涅昆的捏古思和乞牙惕两蒙古部落，札答阑、泰亦赤兀、兀鲁兀、那牙勤、巴鲁剌思、巴阿邻、忙忽、合塔斤、撒勒只兀、朵儿边则被拉施特归入尼伦蒙古，即阿阑豁阿在丈夫死后感光而孕所生三子的后代组成的部落。[②]不难看出，札木合的十三部，实际上是联合迭儿列勤蒙古和尼伦蒙古的主要部落所组成的军事联盟[③]，显然与铁木真所在的乞颜部具有共同的祖先和血缘关系。总体来看，随着此

---

① 屠寄:《蒙兀儿史记》卷二《成吉思汗纪》,《元史二种》(下)，上海：上海古籍出版社，2012 年，第 29—30 页。

② 拉施特在《史集》第 1 卷第 1 分册《部族志》中并未设立专门章节介绍札答阑部，但在另一处则明确说札答阑部属于“尼伦苗裔”，参见［波斯］拉施特主编:《史集》第 1 卷第 2 分册，余大钧、周建奇译，北京：商务印书馆，1983 年，第 110 页。

③ 札木合当时在蒙古诸部之地位和影响于此可见一斑，前辈学者对此已经有所关注，如亦邻真就认为，札木合是“忽图剌汗之后蒙古部最强大的首领”，参见亦邻真:《〈元朝秘史〉及其复原》,《元朝秘史（畏吾体蒙古文）》，呼和浩特：内蒙古大学出版社，1987 年，第 76 页；宝音德力根:《关于王罕与札木合》,《蒙古史研究》第 3 辑，呼和浩特：内蒙古大学出版社，1989 年，第 8—11 页。

后蒙古乞颜部的逐渐崛起，这十三部最终都投降了铁木真。忙忽、兀鲁兀和晃豁坛三部，在十三翼之战后率先归附了铁木真。

忙忽和兀鲁兀，源自成吉思汗八世祖篾年土敦幼子所生二子忙忽台和兀鲁兀歹。他们投靠铁木真后，铁木真依靠共同的血缘关系，尤其是凭借结义的方式，如称忙忽部首领忽亦勒答儿为安达[①]，有效地加强了此二部对自己的向心力，使其成为自己在草原上东征西讨所不可或缺的两大“死党”。在合剌合勒只惕·额列惕（Qaraqalǰid Eled，即“黑秃秃的沙漠”，大致在今努木尔根河南一带）地面与王罕的战役中，此二部被王罕一方的札木合称为“能厮杀”的“二种百姓”[②]，战斗力之强于此可见。也正是在此役中，这二部在冲锋中射伤了王罕子桑昆的腮部，此后，他们助铁木真招降帖儿格等翁吉剌部、灭乃蛮塔阳汗，在铁木真统一草原诸部的过程中居功至伟。[③]

至于晃豁坛部，其主动归附铁木真有更深层的原因：

据说，在也速该把阿秃儿时，有一次他们曾经约请晃

① 参见［波斯］拉施特主编：《史集》第1卷第1分册，余大钧、周建奇译，北京：商务印书馆，1983年，第302、303页。

② 乌兰校勘：《元朝秘史》，北京：中华书局，2012年，第187页，第170节；王国维：《〈圣武亲征录〉校注》，《王国维全集》第11卷，杭州：浙江教育出版社，2010年，第462—463页；［波斯］拉施特主编：《史集》第1卷第2分册，余大钧、周建奇译，北京：商务印书馆，1983年，第166—172页；《元史》卷一《太祖纪》，北京：中华书局，1976年，第9—10页。

③ 参见姚燧：《平章政事忙兀公神道碑》，苏天爵编：《元文类》卷五九，张金铣校点，合肥：安徽大学出版社，2020年，第1200页；《元史》卷一二〇《朮赤台传》，卷一二一《畏答儿传》《博罗欢传》，北京：中华书局，1976年，第2962—2963、2987—2992页。

> 豁坛部落［一起］去攻打泰亦赤兀惕人；晃豁坛部先于他们［与泰亦赤兀惕人］开战，泰亦赤兀惕部杀死了他们许多人。也速该把阿秃儿突然赶到，才从泰亦赤兀惕部手中救出了晃豁坛部。泰亦赤兀惕人杀死该部落的［人］很多，以致他们的骨头装运回来的有七十车之多。这件事是家喻户晓的。[①]

铁木真父也速该去世后，其所属部众逐渐离去，晃豁坛部的察剌合在帮助铁木真母亲诃额仑收集属民时被刺身亡。[②]值得注意的是，铁木真还称察剌合子蒙力克为额赤格（父），后来封九十五千户时，又使其位列第一[③]，因此有学者认为他是铁木真的继父[④]。虽然他最初也弃铁木真母子而去，但这些史事无疑告诉我们，铁木真所在的蒙古乞颜部与晃豁坛部具有非同寻常的关系，故铁木真兄弟成气候时他自然会主动归附。

再看其他后来降附的部落，这些部落可分三类加以阐述。第一类在阔亦田之战后投降铁木真，包括豁罗剌思和亦乞列思。豁

---

① ［波斯］拉施特主编：《史集》第1卷第1分册，余大钧、周建奇译，北京：商务印书馆，1983年，第297页。

② 参见乌兰校勘：《元朝秘史》，北京：中华书局，2012年，第72、73节；［波斯］拉施特主编：《史集》第1卷第1分册，余大钧、周建奇译，北京：商务印书馆，1983年，第108、109页。

③ 参见乌兰校勘：《元朝秘史》，北京：中华书局，2012年，第261页，第204节。

④ 参见余大钧：《一代天骄成吉思汗——传记与研究》，呼和浩特：内蒙古人民出版社，2002年，第152—153页。按，柯立夫则认为，他享有的"蒙力克父亲"这一头衔，与"诃额仑母亲"一称相对应，参见F. W. Cleaves, "Review of E. Haenisch, *Die Geheime Geschichte der Mongolen*", *Harvard Journal of Asiatic Studies*, Vol.12, No.3/4, 1949, pp.510-511。

罗剌思的一位首领察罕，曾拥立札木合为汗，但在阔亦田之战后则主动归附。亦乞列思部的孛秃曾将札木合十三部联军袭击的消息及时告知铁木真[①]，阔亦田之战后，亦乞列思应该也投降了铁木真。第二类在铁木真灭乃蛮后归附，包括那牙勤、合塔斤、撒勒只兀、朵儿边和札答阑等部。巴阿邻也属此类，1204 年乃蛮太阳汗灭亡后，铁木真又大败篾儿乞，豁阿思篾儿乞惕与巴阿邻部的纳牙阿那颜一同归附铁木真。[②] 泰亦赤兀也应归于第二类，但情况比较特殊，此部曾联合其他部落拥立札木合为汗，阔亦田之战中札木合的十二部联军战败而逃，泰亦赤兀在铁木真的紧追下先后失掉了阿兀出・把阿秃儿与塔儿忽台两大首领，从此日渐消亡，直到乃蛮被灭后其余部才随札答阑等部投降铁木真。第三类是巴鲁剌思，此部在十三翼之战后应该也投降了铁木真，但受史料所限，很难断定具体归附时间。

以上大致归纳了札木合十三部投靠铁木真的情况。当然，这种单方面的投靠并不能掩盖当时蒙古诸部关系的复杂性。如上述最早投奔铁木真的晃豁坛部蒙力克，其子后来曾因挑拨铁木真兄

① 参见乌兰校勘:《元朝秘史》，北京：中华书局，2012 年，第 119 页，第 129 节；王国维:《〈圣武亲征录〉校注》,《王国维全集》第 11 卷，杭州：浙江教育出版社，2010 年，第 418 页;［波斯］拉施特主编:《史集》第 1 卷第 2 分册，余大钧、周建奇译，北京：商务印书馆，1983 年，第 111 页;《元史》卷一一八《孛秃传》，北京：中华书局，1976 年，第 2921 页。

② 参见乌兰校勘:《元朝秘史》，北京：中华书局，2012 年，第 241 页，第 197 节；王国维:《〈圣武亲征录〉校注》,《王国维全集》第 11 卷，杭州：浙江教育出版社，2010 年，第 488 页;［波斯］拉施特主编:《史集》第 1 卷第 2 分册，余大钧、周建奇译，北京：商务印书馆，1983 年，第 205—206 页。

弟间的关系而被杀[①]，较晚投奔的亦乞列思部孛秃则主动向铁木真报告敌情。可见实际情形更错综复杂。限于史料，这里无法进行更为细致的探讨，不过可以肯定的是，铁木真在崛起的过程中，通过共同的血缘关系和结义（义兄弟、义父子）方式，成功凝聚了蒙古诸部，这应是他后来统一漠北草原的一个重要原因。

① 参见乌兰校勘:《元朝秘史》，北京：中华书局，2012年，第327页，第245节。

·第七章·

元代军事史上被忽略的一章：蒙古哨马研究

——《元朝秘史》史事研究之三

古代北族以侦察敌情为主要任务的骑兵，在军事上具有重要地位。陈寅恪先生就曾指出，魏晋南北朝时期北朝在军事上胜于南朝处，“可用组织之密、骑术之精、斥候之明三语来概括”[①]。陈先生所说的“斥候”即当时汉文文献对北族侦察兵的称谓。大约从12世纪后半叶起，随着蒙古骑兵对欧亚大陆大部分地区的征服，草原军队中的侦察兵愈发为世人瞩目。因此，当时专指这一兵种的“哨马”一词，也开始集中出现在南宋末年的汉文典籍中。

不过，遗憾的是，对于如此独具特色的一支兵种，迄今却未引起蒙元史学界足够的重视，因此相关研究成果也极其罕见。笔者管见，彭晓燕（Michal Biran）在其关于海都与窝阔台汗国的著作中，对海都所派刺探元朝与金帐汗国边界军情的哨探（scout）

---

① 万绳楠整理:《陈寅恪魏晋南北朝史讲演录》，合肥：黄山书社，2000年，第228页。

略有提及，可惜限于全书议题并未深入探讨。[①] 此外，莲见节针对《元朝秘史》中哨马的两个种类——阿勒斤赤和莽来撰写了专文，但其文的重点是辨析二者之间在任务和特点上的不同，并未延伸到蒙古侦察兵的角度来进一步阐释分析。[②]

通过勾稽文献，不难发现，当时的哨马不但屡见于汉文文献，而且在蒙古文文献中也留下了诸多记载，为我们了解其更多面相提供了可能。本章即在分析基本史料的基础上，对蒙元哨马的相关问题进行初步考察。[③]

一、《元朝秘史》所见“哨马”的种类

明初《续增华夷译语》“人事门”有“哨马”，对应的蒙古语作“札撒温”（ǰasaqul）[④]。然 ǰasaqul 的词根 ǰasa- 意为“整治”，蒙

① Michal Biran, *Qaidu and the Rise of the Independent Mongol State in Central Asia*, London: Curzon Press, 1997, pp.88-89.

② 蓮見節：《〈元朝秘史〉にみえる alginci と manglai について》，日本蒙古学会编：《モンゴル研究》（13），1982 年，第 21—36 頁。按，此文蒙北京大学历史学系田卫卫博士代为拍照，谨致谢忱。

③ 按，笔者暂不将探马赤（在元代文献中亦可省作“探马”）军列入考察对象，是因为探马赤主要被用于征伐、镇戍和宿卫（杨志玖：《元代的探马赤军》，《元史三论》，北京：人民出版社，1985 年，第 16—21 页），在元代官方文献中，其哨探敌情的职能已极其罕见。另外，汉文典籍中主要作为“边鄙之视听”的“斥候”一词（柳宗元：《先侍御史府君神道表》，《柳宗元集》卷一二，北京：中华书局，1979 年，第 295 页），在元代也偶有指称蒙古侦察兵的情况，笔者会秉着具体问题具体分析的态度，在适当部分略加辨析、探讨。

④ 贾敬颜、朱风合辑：《蒙古译语 女真译语汇编》，天津：天津古籍出版社，1990 年，第 86 页。

元时期的札撒温主要为平时扎营、战时布阵与聚会时的礼仪官。[①]也许考虑到札撒温战时在前线的布阵，是以对敌情的充分侦探为前提，而且蒙元史料中不仅有札撒温与哨探（合剌兀勒）并提的情况[②]，还记载被任命为哨探（莽来）之人也身兼札撒温[③]，故《续增华夷译语》将其视作“哨马”。不过，若回溯到蒙元时期的历史文献，就不难发现，哨马在《元朝秘史》一书留下了更为细致的分类：“阿勒斤赤”（旁注：头哨）、“莽来”（旁注：头哨）、“合剌兀勒”（旁注：哨望）与“察黑都兀勒孙”（旁注：后哨）。以下就对此进行详细分析。

首先，《元朝秘史》中屡次出现的“阿勒斤赤”（alginči）一词，即词根 algin- 加表示身份、职业的后缀 -či 而来。关于词根 algin- 的来源，大致有以下三种说法。鲍培（N. Poppe）暂将它与突厥回鹘语中的 alïn（“前面、前方”之意）一词联系起来。[④]村上正二则推测来自突厥语 ilk-ilki~ilkin（意为“最初的、最尖端的”）。[⑤]罗伊果指出很可能与突厥语中的 alqa-、alqan-、alγan-（“to

---

① 参见李鸣飞：《蒙元时期的札撒孙》，《西域研究》2013 年第 2 期；周思成：《规训、惩罚与征服：蒙元帝国的军事礼仪与军事法》，太原：山西人民出版社，2020 年，第 266 页。

② ［波斯］拉施特主编：《史集》第 1 卷第 1 分册，余大钧、周建奇译，北京：商务印书馆，1983 年，第 181 页。

③ 大塚修、赤坂恒明、高木小苗，水上遼、渡部良子訳註：《カーシャーニーオルジェイトゥ史》，名古屋：名古屋大学出版会，2022 年，第 169 頁。

④ Poppe, “On Some Military Terms in the *Yüan-Ch'ao Pi-Shih*”, *Monumenta Serica*, XXVI, 1967, p.509.

⑤ 村上正二訳注：《モンゴル秘史》（3），東京：平凡社，1976 年，第 325—326 頁。

praise”）有关。[①] 从这些观点来看，algin- 来自突厥语，似乎不成问题。在以上三说中，笔者认为村上正二的说法最值得信服。从审音上看，ilkin- 与 alkin- 可勘同；就释义来说，“最尖端的”与下文所说作为前锋部队的阿勒斤赤也能呼应。

关于阿勒斤赤的词义，明初译员旁译作“头哨”。[②] 显然，阿勒斤赤担有哨探敌情的任务。《元朝秘史》记载孛端察儿兄弟掳掠兀良哈人时，孛端察儿做头哨（阿勒斤赤），“哨到那里，将他一个怀孕的妇人拿住”[③]，即彰显了哨探的职能。此外，阿勒斤赤还可指称前锋部队。《元朝秘史》第 185 节铁木真突袭克烈部的王罕时，先派主儿扯歹、阿儿孩两个做头哨（阿勒斤赤），“日夜兼行，到者折额儿温都儿山的折儿合不赤孩地面的口子行，将王罕围了，厮杀了三昼夜，至第三日不能抵当，方才投降”。说明阿勒斤赤作为先遣部队，可率先对敌人进行突袭。

除了以上两点外，笔者还注意到，随着铁木真的逐渐崛起和壮大，阿勒斤赤也被收编为大汗的宿卫。铁木真于 1206 年称成吉思汗后，对此前的宿卫人员进行了扩编，《元朝秘史》详细记载：“在前孛斡儿出亲人斡哥列扯儿必原管护卫散班添至一千，还教他管者……一千教主儿扯歹亲人察乃管者……一千拣选的勇士，教

---

① Igor de Rachewiltz, *The Secret History of the Mongols: A Mongolian Epic Chronicle of the Thirteenth Century*, Leiden and Boston: Brill, 2004, p.276.

② 按，关于阿勒斤赤，《元朝秘史》除了第 281 节旁译作“哨望”外，其他诸处皆译为“头哨”。

③ 乌兰校勘：《元朝秘史》，北京：中华书局，2012 年，第 12 页，第 38 节。

阿儿孩合撒儿管者，平时只做散班，出征时，教前面做勇士者。”[①]这里的阿儿孩合撒儿即上述《元朝秘史》第185节的阿儿孩，铁木真任命察乃和阿儿孩合撒儿为宿卫官，显然与他们二人尤其是阿儿孩此前曾为蒙古军中能征善战的阿勒斤赤有关（其实，察乃的亲人主儿扯歹也统领过能“厮杀”的先锋军“莽来”，参见下文）。不难看出，阿儿孩合撒儿所率领的勇士，即来自他此前为阿勒斤赤时所统辖的军士，这些士兵因在阿儿孩麾下冲锋陷阵、作战英勇，故入选宿卫，但战时仍为阿勒斤赤，履行“前面做勇士”的职责。

其次，再看《元朝秘史》中的“莽来”。此词即现代蒙古语中较为常见的manglai，意为“前锋”。在《元朝秘史》中有“头哨”“先锋”“为头”“额”等诸多旁译。它在蒙古军中所扮演的角色，有两方面值得我们格外注意：其一，战前所派侦察敌情的先遣部队；其二，两军交战时的冲锋部队。

关于第一层含义，据《元朝秘史》记载，札木合在被十二部联军立为汗后，欲袭击成吉思和王罕，后者得到消息马上派人刺探军情：“王罕与成吉思相合着，顺克鲁涟河迎着札木合去。成吉思使阿勒坛等三人作头哨，王罕使桑昆等三人作头哨。其头哨内又自差人，前去额捏坚归列秃、彻克彻列、赤忽儿忽三处地面哨望。”[②]这里的“头哨”对应的汉字音译蒙古文即“莽来”，通过文意可知，其任务当为侦察敌情。第二层含义，可以《元朝秘史》第171节为例。其中提到铁木真与王罕交战时，任命主儿扯歹率

① 乌兰校勘:《元朝秘史》，北京：中华书局，2012年，第295页，第226节。

② 乌兰校勘:《元朝秘史》，北京：中华书局，2012年，第134页，第142节。

能“断杀”的忙兀和兀鲁兀二部为其先锋（“莽来”），对王罕的前锋部队（“莽来”）进行冲杀。“莽来”作为冲锋部队的含义在此彰显无遗。

再次，继续审视《元朝秘史》中的“合剌兀勒”。此词即蒙古语词根 qara-（看）加后缀 -’ul 而来（动词词根加 -’ul，表示完成这一动作的人）。qara’ul 在现代蒙古语中极其常见，意为“哨探”。《元朝秘史》中多译作“哨望”。探讨此词，有助于我们深入了解当时哨马的内部组织，上引《元朝秘史》第 142 节“其头哨（莽来）内又自差人”，所差之人对应的蒙古文即“合剌兀勒”，说明合剌兀勒隶属于侦察敌情、突击敌军的先遣部队莽来，是后者进一步派出的小股哨探。这表明合剌兀勒在刺探敌情这一职能上，比阿勒斤赤和莽来更为专一；而且，据此还可看出当时蒙古人的哨马组织十分发达，以致有了莽来与其辖下的合剌兀勒之分。

合剌兀勒在平时一般设于两部相邻处。《元朝秘史》记载，王罕、桑昆父子被铁木真击败后，“罄身走至的的克・撒合勒地面涅坤水处，王罕行的渴了，将入去饮水，被乃蛮哨望的人豁里速别赤拿住”[①]。“的的克・撒合勒地面涅坤水”大致在蒙古西部的乃蛮领地的边境[②]；“哨望的人”对应的汉字音译蒙古文即“合剌兀勒”，这里，其身份更像是边境巡逻兵。

在战争期间，敌对双方的合剌兀勒若不期而遇，往往会先行

---

① 乌兰校勘：《元朝秘史》，北京：中华书局，2012 年，第 220 页，第 188 节。

② Igor de Rachewiltz, *The Secret History of the Mongols: A Mongolian Epic Chronicle of the Thirteenth Century*, Leiden and Boston: Brill, 2004, pp.675-676.

交锋。《元朝秘史》记载铁木真征伐乃蛮不亦鲁黑汗时，“不亦鲁黑来哨的官人也迪土卜鲁黑被成吉思出哨的赶上山去，因马肚带断了就拿住他”[①]。“来哨”“出哨”分别指乃蛮和成吉思的“合剌兀勒”。《元朝秘史》第195节也有类似记载：蒙古灭乃蛮太阳汗时，“成吉思哨望的，随即将乃蛮哨望的赶至山前”。“哨望”对应的汉字音译蒙古文也是合剌兀勒。这两例说明，合剌兀勒的哨探已到了短兵相接的地步，其危险性是显而易见的。

最后，要探讨的是“察黑都兀勒孙”（čaqdu'ulsun）。此词仅见于《元朝秘史》第170节：巴歹、乞失里黑将桑昆设计擒拿铁木真的密谋报告给后者，铁木真“遂往躲于卯温都儿山阴处去，行时教者勒篾做后哨”。“后哨”即“察黑都兀勒孙”。鲍培认为，此词相当于现代蒙古语中的čaγdaγul（巡警、稽查员、哨兵），它是由词根čaγda-（监视、监督）加-γul（表示行为者）和后缀-sun而形成的名词形式。他还注意到čaγda不见于突厥语，但怀疑蒙古语中的čaγ来自突厥语中的同一词语，意为“时间、测量”，动词čaγda即čaγ加后缀-da（表示词根定义的客体所表达的作用，多变成动词）而成[②]，从而指出čaqdu'ulsun是突厥语借词[③]。

值得注意的是，蒙古军在行军作战中也有布置后哨的情况。

---

① 乌兰校勘:《元朝秘史》，北京：中华书局，2012年，第167页，第158节。

② Poppe, *Grammar of Written Mongolian*, Wiesbaden: Harrassowitz Verlag, 2006, p.64.

③ Poppe, “On Some Military Terms in the *Yüan-Ch'ao Pi-Shih*”, *Monumenta Serica*, XXVI, 1967, pp.509-510. 按，鲍培还推测，由于蒙古书面语中的čaγ还有“测量”（measure）之意，因此突厥语中čaqla-和蒙古语中的čaγla-很可能来自汉语借词“查”（čaq/čaγ）。

《史集》记载：蒙金三峰山之战中，拖雷引诱出驻守的金军后，“指派孛斡儿赤那颜的弟弟、阿鲁剌惕氏朵豁勒忽扯儿必带着一千骑兵担任警卫，让他走在后面，他们便向右面驰去”[①]。后文还提到“护后的朵豁勒忽扯儿必”。“走在后面”与“护后”的蒙古军，显然指的就是后哨。

综上所述，可以看出，明初译员已意识到蒙古军中哨马在职能上的不同分工，故在《元朝秘史》旁注中有了“前哨”“前哨”“哨望”“后哨”等不同的汉译，分别对应了其汉字音译蒙古文形式“莽来”“阿勒斤赤”“合剌兀勒”“察黑都兀勒孙”。不难发现，阿勒斤赤和莽来的旁注皆为“前哨”，那么，它们二者又有何异同呢？莲见节在研究中就已经注意到，由于阿勒斤赤在《元朝秘史》中的旁译皆为“头哨”[②]，而莽来对应的旁译除“头哨”外，还有“首先”“为头”“顶儿有的”“额”等不同的情况，所以他推测，阿勒斤赤的含义一定包含在莽来内，莽来的词意则未必为阿勒斤赤所有。不过，在同一文章的另一处，莲见节又指出，在实战中，同一战斗集团有时被看作阿勒斤赤，有时则被视为莽来。[③]也就是说，在他看来，二者在实战中没有什么区别。笔者认为，莲见节的看法值得重视，其实除了阿勒斤赤为突厥语、莽来

①　［波斯］拉施特主编：《史集》第2卷，余大钧、周建奇译，北京：商务印书馆，1985年，第36页。

②　这一说法其实有误，参见笔者前文注释。

③　蓮見節：《〈元朝秘史〉にみえるalginciとmanglaiについて》，日本蒙古学会编：《モンゴル研究》（13），1982年，第33—34、29頁。

为蒙古语外，二者在具体的职能上并没有特别严格的区分。[①] 上述主儿扯歹既为阿勒斤赤又为莽来即说明了这一点。

二、蒙元哨马的来源与管理

从上文对蒙元哨马种类的研究来看，当时蒙古哨马的名目繁多，而且内部组织非常发达，那么这些哨马从何而来？蒙古统治者对其又是怎样管理的呢？本节试对此略加探讨。

在蒙古部族发展的最初阶段，家族中最不受重视且地位最低者，往往会担任哨马。《元朝秘史》记载受到兄长排挤的孛端察儿，在掳掠兀良哈人时，"家里兄弟每商量了"，教其"做头哨"。[②] 孛端察儿为成吉思汗的十世祖，当时蒙古社会虽处于发展的早期阶段，但阶级间的主奴之分与阶层内的贵贱之别已然产生，对外掳掠也就随之而来。在人手不足的情况下，作为家族中的身份卑微者，孛端察儿自然就成为哨马的不二人选。

在成吉思汗统一蒙古高原的过程中，由于兵源的稀缺，哨马多来自本族或附属部族。上引《元朝秘史》第 142 节提到，铁木真派阿勒坛、忽察儿、答里台刺探札木合军情，此三人是与铁木真关系密切的族人，这是本族的情况。据《元朝秘史》第 171 节，

---

① 按，这种情形在当时颇为常见，如汉译"农土"的蒙古语 nutuq，其突厥语形式 yurt（禹儿惕）在文献中就屡见不鲜。再如怯薛中的主鹰隼者，蒙古语为 Šiba'uči（昔宝赤），相应的突厥语"忽失赤"（Qūshjī，鹰夫），就多见于拉施特《史集》。

② 乌兰校勘：《元朝秘史》，北京：中华书局，2012 年，第 11 页，第 36 节。

铁木真与克烈部作战时，他颇为倚重的主儿扯歹统领兀鲁兀和忙兀部作先锋（莽来），这是属部的例证。

可以肯定的是，随着草原君臣后来将征伐的矛头指向农耕地区，蒙古哨马中也逐渐吸收了更多定居民众。元初供职御史台的王恽曾指出："今察到：左卫亲军总把张大亨下弹压孙旺，至元七年二月代替讫哨马刘本户军役，周岁雇军丝一千两，已得讫丝一百两。就取问得孙旺招伏是实。据此合行纠呈。"[①]"刘本户"之称，说明此服军役的哨马应是汉人。在这方面，更能说明问题的是郑元祐《遂昌山人杂录》之记载：

> 国家每岁秋，统兵官将兵哨江南，北至县，民间竟歇泊。初至，极严毅，再岁三四岁，情契如故。一日，哨马南归，睹一累囚，两足冻垂堕，呻吟饥冻马足间……[②]

郑元祐（1292—1364），字明德，祖籍浙江遂昌，又以隐士自居，故名其书为《遂昌山人杂录》。在上引文的前后，郑元祐还交代说，这一消息得自江浙行省照磨赵天锡，天锡父亲历其事，故元祐所述并非虚语。

另外，郑元祐还指出天锡父原籍"陈州"。陈州在元代隶属

---

① 王恽：《为孙弹压代军事状》，杨亮、钟彦飞点校：《王恽全集汇校》第8册，北京：中华书局，2013年，第3621页。

② 郑元祐：《遂昌山人杂录》，徐永明校点：《郑元祐集》，杭州：浙江大学出版社，2010年，第377页。按："北至县"，点校者指出四库本作"比至县"，疑是。

于河南行省汴梁路[1]，可知天锡父是汉人，元朝统一南北后曾参与过哨马哨探江南之事。在此完全可以认为，汉人只是蒙元哨马的来源之一，考虑到蒙元王朝疆域之辽阔与族群之繁多，当时的哨马在来源上应该也囊括了其他族群之人。

值得注意的是，最晚到窝阔台时期，在征伐前线犯错的蒙古统治家族贵族，也有被遣发为攻城拔寨的哨马的可能。《元朝秘史》第276节拔都和贵由在西征中闹矛盾后，前者派人上报贵由之父窝阔台，窝阔台大怒，“不教古余克（贵由）拜见，说：‘这下等的，听了谁的言语，敢将哥哥毁詈，舍了你，如弃一鸟卵，如今教去边远处做探马赤，攻取坚城，受辛苦者……’”其中“如今教去边远处做探马赤，攻取坚城”为节译，对应的汉字音译蒙古文实作：

阿勒斤赤 塔勒必周 哈舌儿班 中忽舌鲁兀敦 乞木勒 亦讷 中合兀惕塔剌
头哨 放着 十 指每的 指甲 他的 直至尽绝
alginči talbiǰu harban quru’ud-un qimul inu qa’udtala

阿屼剌思 篾图 巴剌中合惕途舌儿 阿巴舌里兀鲁牙 探马 塔勒必周 塔奔
山每 般 城 行 教爬咱 官名 放着 五
a’ulas metü balaqad-tur abari’uluya tamma talbiǰu tabun

中忽舌鲁兀敦 乞木勒 亦讷 塔木塔剌 答卜塔马勒 中合堂中忽 巴剌中合惕途舌儿
指每的 指甲 他的 直至尽绝 筑到的 刚硬 城 行
quru’ud-un qimul inu tamutala dabtamal qatangqu balaqad-tur

① 参见《元史》卷五九《地理志二》，北京：中华书局，1976年，第1401—1402页。

阿巴舌里兀鲁牙[①]

教爬咱

abari’uluya

这是蒙古语中的两个排句，汉译应是："教他去做阿勒斤赤，磨尽十个指甲，攻打山般的城；教他去做探马，磨尽五个指头，攻打刚硬的城。"[②]显然，阿勒斤赤以攻打坚城为任务，而窝阔台的训斥语气则表明这一军种带有军事惩罚的性质，当时部分阿勒斤赤即来自军营中犯错之人，甚至连大汗之子可能也难辞其罚。

鉴于哨马在蒙古军队中的重要性，统领哨马者往往为大汗最为信赖之人，如成吉思汗四狗中的者别、忽必来，以及能征善战的忙兀部首领主儿扯歹、阿儿孩，都曾被委以此任。此外，草原权贵有时也亲自担当此职，上引《元朝秘史》第142节中忽图剌汗子阿勒坦与汪罕子桑昆为头哨，即是例证。更有甚者，已统一大部分蒙古地区的铁木真，在灭乃蛮时曾"自做头哨"[③]，这应是极其罕见的情况。

从以上分析可以看出，当时哨马的管理，具有因人设官的特

---

① 此处拉丁字母转写据鲍·包力高、齐木德道尔吉、巴图赛恒编：《〈元朝秘史〉畏吾体蒙古文再复原及其拉丁转写》一书（赤峰：内蒙古科学技术出版社，2013年，第1167、1169页），个别地方略有调整。按，此书将qa’udtala转写作ha’utala，误，笔者据亦邻真复原《元朝秘史（畏吾体蒙古文）》（呼和浩特：内蒙古大学出版社，1987年，第275页）改；又，第二处balaqad被错误地转写为talaqat，笔者径改。

② 此处译文据杨志玖先生《元代的探马赤军》一文中恰当得体而颇有韵感的翻译，参见杨志玖：《元史三论》，北京：人民出版社，1985年，第7页。

③ 乌兰校勘：《元朝秘史》，北京：中华书局，2012年，第236页，第195节。

点。元朝建立后，应对蒙古军中的哨马进行了重新编制。现在可知的和尚万户府下就有哨马千户所一翼，下设“达鲁花赤一员，千户一员，副千户一员，弹压二员，百户九员，奥鲁官二员”①。虽然如此，但当时对哨马的管理仍有未尽之处。上述王恽奏文中哨马刘本户出丝雇弹压孙旺代役，只是反映了蒙元统治者对哨马管制不善的冰山一角，当时类似的事件应该还有很多。不过受史料所限，我们对元代哨马管理的其他情况则难以确知罢了。

三、蒙元哨马的职能

本章第一节在考察蒙元哨马的种类时，已对其侦察敌情、突前冲锋的职能有所提及，下面拟结合更多文献对此进行更为全面深入的探讨。

窝阔台汗时随队出使蒙古的宋人彭大雅，在其所撰《黑鞑事略》中对蒙古哨马描述道：

> 虽偏师亦必先发精骑，四散而出，登高眺远，深哨一二百里间，掩捕居者、行者，以审左右前后之虚实，如某道可进、某城可攻、某地可战、某处可营、某方有敌兵、某所有粮草，皆责办于哨马回报。②

---

① 《元史》卷八六《百官志二》，北京：中华书局，1976年，第2166—2167页。

② 彭大雅撰，徐霆疏，许全胜校注:《〈黑鞑事略〉校注》，兰州：兰州大学出版社，2014年，第149页。

作为出使蒙古的南宋使臣之随员，继彭大雅之后的徐霆对当时蒙古哨马的侦察职能尤其关注：

（徐）霆见鞑人未尝屯重兵于城内，所过河南北郡县，城内并无一兵，只城外村落有哨马，星散摆布，忽遇风尘之警，哨马响应，四向探刺，如得其实，急报头目及大势军马也。[①]

上引材料中，两位使臣的关注点略有不同。彭大雅较为全面地罗列了蒙古哨马的诸多任务，归纳起来，主要是对前方地形、敌情的侦察[②]，以及掩捕有碍于行军的“居者、行者”。徐霆则明确道出了蒙古哨马驻扎的特点：与“大势军马”一样，“星散摆布”于“城外村落”。其中“登高眺远，深哨一二百里间”与“急报头目及大势军马”，是对哨马侦察职能的高度概括。前者指出了哨马侦探时在空间上的纵深程度；后者则说明哨马执行任务之高效，其轻装简行于此不难想见。明人丘濬曰：“大抵斥候以远为宜，以高为贵，以简为便。”[③]以此来形容蒙元哨马，亦可谓深中鹄的。

---

① 彭大雅撰，徐霆疏，许全胜校注：《〈黑鞑事略〉校注》，兰州：兰州大学出版社，2014 年，第 152 页。

② 对此，元代享誉中外的意大利旅行家马可·波罗也曾记载：“（蒙古军）行军时常有二百骑前行，距大军二日程巡逻。”（《马可波罗行纪》，沙海昂注，冯承钧译，党宝海新注，石家庄：河北人民出版社，1999 年，第 242 页）这里的“巡逻”指哨探前方道路和国家，“逻者”即哨马，参见 Paul Pelliot, *Notes on Marco Polo*, I, Paris: Imprimerie Nationale, Librairie Adrien-Maisonneuve, 1959, p.173。

③ 丘濬：《守边议》，陈子龙等选辑：《明经世文编》卷七三《丘文庄公集三》，北京：中华书局，1962 年，第 620 页。

在进攻定居地区时，蒙古哨马攻城略地的特点尤其突出。蒙古军西征花剌子模和南下灭金时，者别皆是头哨（莽来）。[①]作为蒙古君主勇猛善战的四狗之一，者别在西征中一直打到钦察草原一带，攻打金朝时也曾率领先锋军攻下过东京（今辽宁辽阳）和居庸关。蒙古军中类似的其他例子还有很多，此不赘述。

直到灭宋时，蒙古军中作为先锋部队的哨马仍十分活跃。郝经诗中“传闻哨马下江陵，青草湖南已受兵”[②]，即指此。《至正金陵新志·国朝兵戍大略》的记载则更为具体：“（至元十二年）三月三日，遣黄头先锋哨马数百人，至句容瓜渚，杀知县葛秉，县民巫及元率众诣军前纳款，授本处总管，同二李百户偕往招安。”[③]“黄头”即《平宋录》中至元十一年十二月夺取寿昌粮的“前锋黄头”[④]，蒙古塔塔儿人[⑤]。“句容”在宋代为次畿县。[⑥]蒙古军中数百人的“先锋哨马”，已能攻下一个颇具规模的县城，其战斗力之强可见一斑。

元朝统一南北后，随着战事的减少，哨马的活动也逐渐停

---

① 参见乌兰校勘：《元朝秘史》，北京：中华书局，2012年，第359页，第257节；第385页，第272节。王国维：《〈圣武亲征录〉校注》，《王国维全集》第11卷，杭州：浙江教育出版社，2010年，第512页；《元史》卷一《太祖纪》，北京：中华书局，1976年，第15、16页；［波斯］拉施特主编：《史集》第1卷第2分册，余大钧、周建奇译，北京：商务印书馆，1983年，第203、229页。

② 郝经：《曹南道中憩关羽祠书事二首（其一）》，秦雪清点校：《郝文忠公陵川文集》，太原：山西人民出版社，2006年，第226页。

③ 张铉：《至正金陵新志》卷一〇，田崇校点，南京：南京出版社，1991年，第342页。

④ 《平宋录》卷上，曹金成整理，上海：上海古籍出版社，2024年，第46页。

⑤ 参见《元史》卷一二三《阔阔不花传》，北京：中华书局，1976年，第3022页。

⑥ 参见脱脱等撰：《宋史》卷八八《地理志四》，北京：中华书局，1977年，第2186页。

歇，但在抵御西北诸王的军事前线仍比较活跃。元明善《丞相淮安忠武王碑》：“（至元）二十二年，宗王阿只吉失律，诏王（伯颜）代总北军。远斥候，谨堤防，足兵食，明赏罚……”[①]据刘迎胜先生研究，“阿只吉失律”其实与都哇入侵有关。[②]所以，“北军”当指蒙古高原西部防御西北诸王的军队，这里的“斥候”亦可理解为“北军”中的“哨马”。[③]

另外，值得注意的是，汉地驻军中的哨马也往往会巡视地方，在原南宋统治的江南地区尤其如此。鉴于上引郑元祐《遂昌山人杂录》之史文对此颇为重要，故不烦再引于下：

> 国家每岁秋，统兵官将兵哨江南，北至县，民间竟歇泊。初至，极严毅，再岁三四岁，情契如故。一日，哨马南归，睹一累囚，两足冻垂堕，呻吟饥冻马足间。

这里，郑元祐告诉我们当时哨马巡逻江南的四个特点：时间是在每年的秋季；巡行时扰民严重，以致县城“歇泊”；后来的巡察渐趋宽松；巡逻的哨马驻扎在江南，所以有“南归”之语。要补充

① 苏天爵编：《元文类》卷二四，张金铣校点，合肥：安徽大学出版社，2020年，第455页。

② 参见刘迎胜：《察合台汗国史研究》，上海：上海古籍出版社，2006年，第273页。

③ 虞集《句容郡王世绩碑》：“（至元十四年）只儿瓦斛构乱应昌，脱脱木以兵应之，与我军遇，将决战，先得其斥候数十，脱脱木惧而引去，遂灭只儿瓦斛。”（苏天爵编：《元文类》卷二六，张金铣校点，合肥：安徽大学出版社，2020年，第483页）脱脱木为拖雷子岁哥都之子，至元十三年煽动西北诸王昔里吉叛元。这里他所派出的“斥候”，同样可视为“哨马”。

的是，哨马对江南的巡察，是在蒙古统治者大量拆毁江南城墙的前提下进行的[①]，这对于哨马的哨探来说，无疑更为有效便利，从而大大加强了蒙古君主对江南地区的控制。

关于元代哨马巡逻的这一职能，我们在成吉思汗时期也能找到一些端倪。上文所引《元朝秘史》第 226 节阿儿孩合撒儿所领一千勇士，就是来自阿勒斤赤的宿卫之士，其职能应该也包括在大汗帐幕周围巡逻。窝阔台合罕时出使蒙古的南宋使臣彭大雅，对蒙古逻骑作了详细记载："其营必择高阜，主将驻帐必向东南，前置逻骑，韃语'托落赤'，分番警地。"[②]"托落赤"即 to'orači，相当于现在蒙古语 toγuriči。[③] 词根 to'ora-，意为"旋转、转动"[④]，加上表示身份、职业的后缀 -či 成为 to'orači。在"主将驻帐"前有"分番警地"的托落赤这一史实，透漏出在大汗帐幕前巡逻的宿卫之士，似乎也被称作托落赤。换言之，上述阿儿孩合撒儿率领的来自阿勒斤赤的宿卫士，平时宿卫时很可能是以托落赤的身份执役巡逻的。作为南宋使臣的彭大雅和徐霆将蒙古的哨马与逻骑（托落赤）区别对待，这显然只是就当时蒙古军制中的一个面相而言，但若从蒙古人本身的

---

① 参见党宝海：《元代城墙的拆毁与重建——马可波罗来华的一个新证据》，邱树森、李治安主编：《元史论丛》第 8 辑，南昌：江西教育出版社，2001 年，第 46—53 页。

② 彭大雅撰，徐霆疏，许全胜校注：《〈黑韃事略〉校注》，兰州：兰州大学出版社，2014 年，第 153 页。

③ *Meng-Ta Pei-Lu und Hei-Ta Shih-Lüeh, Chinesische Gesandtenberichte über die Frühen Mongolen 1211 und 1237*, nach Vorarbeiten von E. Haenisch und Yao Ts'ung-wu, übersetzt und kommentiert von P. Olbricht und E. Pinks, Wiesbaden: Harrassowitz, 1980, p.185.

④ 乌兰校勘：《元朝秘史》，北京：中华书局，2012 年，第 186 页，第 170 节；保朝鲁编：《汉译简编穆卡迪玛特蒙古语词典》，呼和浩特：内蒙古大学出版社，2002 年，第 213 页。

角度来看，这二者在职能上完全存在相互转变的可能。[①]

综上所述，哨马与蒙古征伐密不可分，可以说哨马职能的延伸是蒙元对外征伐扩大的必然产物。负责侦察前线敌情、突前冲锋，并在大汗、主将帐幕周围巡逻的蒙古哨马，在和平年代也会巡察地方，体现了蒙元哨马在职能上的多样化与复杂性。

四、小结

对于马上得天下的蒙古人来说，其在军事上的闪光点自古以来就为人称道，当时人就有“万夆万全，百战百胜，虽千古以来未之有也”[②]的赞美。以往学界研究 13 世纪蒙古人为何能够称霸欧亚大陆时，亦侧重于军事上的分析，主要从当时蒙古人的武器设备、军队中的千户百户组织、外部敌人的实力等方面寻求

---

① 由于职能相近，怯薛职事间可互相转换，类似的情形较多，在此仅举一个典型例证：“燕不花，初事仁宗为速古儿赤。英宗时为进酒宝儿赤。天历元年，迎文宗于河南，赐白银、彩段，命为温都赤。”(《元史》卷一二三《捏古剌传》，北京：中华书局，1976 年，第 3037 页）速古儿赤为“掌内府尚供衣服者”，宝儿赤是“亲烹饪以奉上饮食者”，二者自可相互转换；温都赤即“侍上带刀及弓矢者”的云都赤之异译。宝儿赤都可转为与其本职迥异的温都赤，阿勒斤赤与托落赤的互转也就不无可能。另外，更值得注意的是波斯史家志费尼的记载。他在《世界征服者史》一书中提到，拖雷征服马鲁时，曾“遣四百骑兵作为前锋，于夜间抵达突厥军队的附近，窥探他们的活动”。这里的“前锋”，波斯文原文为 yazak，此词还有“夜间巡逻队”之意。显然，志费尼已经意识到蒙古“哨马”兼有巡逻与冲锋的职能，因此使用了波斯文中更能传达其义的 yazak 一词。按，此处引志费尼书史文，译自英译本的汉译本较波斯文原文略有不同，今据后者重译，参见 Juvaynī, *Tārīkh-i Jahāngushāy*, ed. by Qazwīnī, Part I, Leydon: Brill; London: LUZAC & CO., 1912, p.125；［波斯］志费尼:《世界征服者史》，波伊勒英译，何高济汉译，北京：商务印书馆，2004 年，第 177 页。

② 《李君墓志》，胡聘之:《山右石刻丛编》卷二四,《石刻史料新编》(20)，台北：新文丰出版公司，1977 年，第 15488 页。

原因。[①] 其实，蒙古哨马在军事上的优势，亦可为此提供另一全新视角，《元朝秘史》第 257 节载：

> 兔儿年，太祖去征回回，命弟斡惕赤斤居守，以夫人忽阑从行。命者别做头哨（莽来），速别额台做者别后援（格只格），脱忽察儿做速别额台后援。令三人自回回住的城外绕去，不许动他百姓，待太祖到时却夹攻。

这里说的是1219年成吉思汗出征花剌子模前在军事上的具体部署。可以看到，蒙古军在大规模行军作战尤其是攻取定居地区时，主力部队大中军进攻前，往往会派出作为前锋的莽来对敌方进行小规模骚扰。在这方面，除了本章第一节所述源于突厥语并在职能上与莽来没有多大差别的阿勒斤赤外，以往为学界所熟知的探马赤亦是如此："不抢夺战利品，不纵火烧毁房屋，不屠杀牲畜，但仅满足于伤害和骚扰黎民。"[②] 另外，火失勒（Qoši'ul）也具有这一职能。词根 qoši- 即"两个""一双"的意思，火失勒军为成吉思汗时从每十个人中抽取两人而组成的前锋部队。[③] 于此不难看出

① 这方面的成果颇多，笔者管见，当以姚大力先生概括得最为全面。姚文虽短小通俗，但从外部原因、自身力量（速度、耐力、战术、武器）和心理战术三个方面进行了综合分析，值得重视。参见姚大力：《成吉思汗与蒙古悍军的不败之谜》，《报刊荟萃》2007 年第 7 期。

② 《柏朗嘉宾蒙古行纪》，贝凯、韩百诗译注，耿昇汉译，北京：中华书局，1985 年，第 67 页。

③ 参见瞿大风：《"火失勒"军与探马赤军异同刍议》，邱树森、李治安主编：《元史论丛》第 8 辑，南昌：江西教育出版社，2004 年，第 215—218 页。

蒙古军进攻方式之灵活与攻击力度之强悍。所以，曾目睹蒙古军征伐的大蒙古国中书令耶律楚材之子耶律铸，在其诗篇中能留下“先驱游击队，势若风云变”①之句，也就不足为奇了。

此外，突前的莽来，不但能够得到紧随其后的两股后援（格只格）的支持②，从上文的探讨可知，莽来内部还可进一步派出合剌兀勒侦探敌情（《元朝秘史》第142节）。当主力部队撤退时，又有拖在最后的察黑都兀勒孙作为后哨来探查敌情，以此保证安全撤离或诱敌深入的成功。除了主力部队外，蒙古军的后队及两翼，同样设有哨马予以支援。③如此种种，皆体现出哨马在蒙古军行军作战中的作用和地位。这当然也是蒙古骑兵能够横扫欧亚大陆的一个重要原因。不过，限于史料，笔者只做了初步分析，对蒙元哨马甚至北族侦察兵的全面深入认识，仍有待于以后更多材料的发现与进一步的纵深研究。

① 耶律铸：《双溪醉隐集》卷二《密谷行》，《丛书集成续编》第108册影印《辽海丛书》本，上海：上海书店，1995年，第817页上。

② 按，格只格，即蒙古语 gejige，《元朝秘史》旁注“后援”。《元史》有阿速卫揭只揭了温怯薛军或揭只揭烈温千户所，又有汉人名杨杰只哥者（《元史》卷九九《兵志二》、卷一三五《孛儿速传》、卷一五二《杨杰只哥传》，北京：中华书局，1976年，第2527、3279、3593页），其中“揭只揭”“杰只哥”，皆为 gejige 不同的汉字音译。

③ Paul Pelliot, *Notes on Marco Polo*, I, Paris: Imprimerie Nationale, Librairie Adrien-Maisonneuve, 1959, p.173.

· 第八章 ·

《元朝秘史》旁注“扯儿宾”为“女官名”再检讨

《元朝秘史》是现存由蒙古人以本族文字所撰写的最早的一部珍贵典籍。在研究蒙元时期蒙古的社会、政治、经济、军事、文化等方面，此书都具有首屈一指的史料价值。遗憾的是，出于种种原因，其内容除了一部分被吸收进清代的蒙古文史籍《黄金史》（*Altan Tobči*）外，现在所能看到的全貌只能是明初译员所留下的汉字音译蒙古文本。尽管如此，鉴于《元朝秘史》所具有的极其重要的参考价值，此汉字音译蒙古文本仍是现在蒙古史学者征引时的首选。

不过，明初译员的音译和注释是为了在官方外语教学中尽快尽早地掌握蒙古语，以与当时漠北的蒙古政权打交道，而且他们对近一个半世纪前的大蒙古国时期的史事甚为隔膜，所以译注时难免会有一些误译之处。对此，前辈学者已经有所留意，如邵循正先生在20世纪40年代就指出:《元朝秘史》首节蒙古人的祖先被旁注为“苍狼”和“白鹿”，是“曲解文义”，实应理解为人名。[①]但总体来看，以往蒙古史学界对这类问题的研究还是留有余地的。本章所要检讨的就是《元朝秘史》此类问题中的一个。

先看《元朝秘史》汉字音译蒙古文的记载[②]：

巴撒 成吉思中合罕 鸣诂列舌论 斡儿朵因 扯儿宾 斡乞的

又 太祖 皇帝 说 宫里的 女官名 女 行

Basa Činggis qa’an ügülerün ordo-yin čerbin ökid-i

格舌仑可兀惕 帖篾额赤泥 忽客赤泥 客卜帖兀勒 把撒阿剌周

家人每 放骆驼的行 放牛的行 宿卫 知料者

ger-ün kö’üd teme’ečin-i hükečin-i kebte’ül basa’alaǰu

此处总译为：“成吉思再说：‘内里的扯儿必官，并放头口的，宿卫的知料者。’”“放头口的”即汉字音译蒙古文中“放骆驼的”与“放牛的”之合译；另外，ger-ün kö’üd（家人每）在元代一般译作“怯怜口”，即草原权贵的私属人口，在此被漏译了。

扯儿必（Čerbi）为成吉思汗统治时期的一个重要职官，在文

---

① 参见邵循正：《蒙古的名称和渊源》《语言与历史——附论〈马可波罗游记〉的史料价值》,《邵循正历史论文集》，北京：北京大学出版社，1985 年，第 108、112 页。后来，魏曙光先生又撰文进一步对此旁注之误加以辨析，参见魏曙光：《蒙古祖先传说记载考辩》,《西部蒙古论坛》2013 年第 3 期。

② 以下引文汉字部分，参见乌兰校勘：《元朝秘史》，北京：中华书局，2012 年，第 308 页，第 232 节；拉丁字母转写，参见鲍·包力高、齐木德道尔吉、巴图赛恒编：《〈元朝秘史〉畏吾体蒙古文再复原及其拉丁转写》，赤峰：内蒙古科学技术出版社，2013 年，第 917 页。按，后书转写时根据的是亦邻真先生的《元朝秘史（畏吾体蒙古文）》一书（呼和浩特：内蒙古大学出版社，1987 年），然亦邻真先生所复原的 hükečin-i 被转写为 hükerčin-i，笔者暂不从。

献中又写作“阇里必”[①]“阇利必”[②]。13世纪初蒙古伊利汗国编写的《史集》，在提到成吉思汗的扯儿必多豁勒忽时指出，“扯儿必意即内心诚实和内心正直”（Čirbī ya'nī rāst dil va pāk andarūn）[③]。这应该是就其最初的含义而言。明初译员在用汉字音译《元朝秘史》时，多将扯儿必旁注为“官名”。明人陈士元最早据《元史·镇海传》指出，扯儿必是在大汗身旁“佩金符以侍卫者”[④]。近代以来，对此词留意者不乏大家，如田清波（Mostaert）、德福（Doerfer）、韩百诗（Hambis）、村上正二、阿尔达扎布、罗伊果等人都作过注释[⑤]，其中以韩百诗的阐释最为详尽。通过这些成果

---

① 《元史》卷九五《食货志三》，卷一二〇《镇海传》，卷一五〇《石抹也先传》，卷一五一《石抹孛迭儿传》，卷一九三《伯八传》，北京：中华书局，1976年，第2431、2964、3542、3576、4384页；贾敬颜、朱风合辑：《蒙古译语 女真译语汇编》，天津：天津古籍出版社，1990年，第2页；许有壬：《圭塘小稿》卷一〇《元故右丞相怯烈公神道碑铭并序》，《丛书集成续编》第136册影印《三怡堂丛书》本，台北：新文丰出版公司，1990年，第703页，其中“阇里必”误作“间里必”。

② 李志常著，尚衍斌、黄太常校注：《长春真人西游记校注》卷下，北京：中央民族大学出版社，2016年，第199页。

③ Rashīd al-Dīn, *Jāmi' al-Tavārīkh*, eds. by M. Roushan and M. Mūsavī, Tehran: Nashr-i Alburz, 1994, p.602；译自俄译本的汉译本作：“扯儿必是‘忠心’‘诚挚’的意思。”参见［波斯］拉施特主编：《史集》第1卷第2分册，余大钧、周建奇译，北京：商务印书馆，1983年，第373页。

④ 陈士元：《诸史夷语解义》卷下，《四库未收书辑刊》史部第10辑第7册，影印光绪十三年（1887）应城王氏刻本，北京：北京出版社，1997年，第48页。

⑤ Mostaert, *Dictionnaire Ordos*, Peking: Catholic University, 1941, p.709; Doerfer, *Turkische und Mongolische Elemente im Neupersischen*, I, Wiesbaden: Franz Steiner Verlag GmbH, 1963, pp.305-306; Hambis, “Un épisode mal connu de l'histoire de Gengis-khan”, *Journal des savants*, 1975, pp.42-45; 村上正二訳注：《モンゴル秘史》（1），東京：平凡社，1970年，第261—262頁；阿尔达扎布：《新译集注〈蒙古秘史〉》，呼和浩特：内蒙古大学出版社，2005年，第213页；Igor de Rachewiltz, *The Secret History of the Mongols: A Mongolian Epic Chronicle of the Thirteenth Century*, Leiden and Boston: Brill, 2004, p.835.

来看，在将蒙元时期的扯儿必释作“侍从”或“侍卫”上，学界已基本达成了共识。

这些研究对上引《元朝秘史》史文中明初译员的旁注，多持信从的态度。韩百诗即据扯儿必的旁注“女官名”认为，当时一些女性也被授予扯儿必之称。[①]此外，总译的说法也为现在大多数《元朝秘史》的研究者所因袭。[②]

然而，若细加斟酌，上述引文其实仍有一些疑窦有待进一步澄清。首先，明初译员一般将“扯儿必”旁注为“官”“官名”[③]，而训作“女官名”，在《元朝秘史》中仅此一见，这是否得当？其次，扯儿必虽为近侍，但地位尊贵，身为扯儿必的朵歹和多豁勒忽曾分别担任成吉思汗的第三和第四怯薛长[④]，《至元译语》还将扯儿必对译为汉语的“宰相”[⑤]，进而有学者认为“当指掌诸王朝觐傧介事之内八府宰相”[⑥]，故要追问的是，明初译员将扯儿必与身份低贱的“怯怜口”“放头口的”并提，且让宿卫“知料者”，如此理

---

① Hambis, “Un épisode mal connu de l’histoire de Gengis-khan”, *Journal des savants*, 1975, p.43.

② 参见阿尔达扎布:《新译集注〈蒙古秘史〉》，呼和浩特：内蒙古大学出版社，2005 年，第 213、430 页；余大钧译注:《蒙古秘史》，石家庄：河北人民出版社，2007 年，第 385、387 页。

③ 栗林均编:《〈元朝秘史〉モンゴル語漢字音訳・傍訳漢語対照語彙》,《東北アジア研究センター叢書》2009 年第 33 號，第 107—108 頁。

④ 乌兰校勘:《元朝秘史》，北京：中华书局，2012 年，第 297 页，第 227 节。

⑤ 贾敬颜、朱风合辑:《蒙古译语 女真译语汇编》，天津：天津古籍出版社，1990 年，第 2 页。

⑥ 中国历史大辞典・辽、夏、金、元史卷编纂委员会编:《中国历史大辞典・辽、夏、金、元史卷》，上海：上海辞书出版社，1986 年，第 449 页亦邻真先生所撰词条。

解是否正确？因此，笔者认为不论旁注“女官名”还是总译中的“扯儿必官”，都须做重新检讨。

其实，在《元朝秘史》过往的研究中，已有个别学者在这方面展现出不同的思路。20 世纪 70 年代末，札奇斯钦在译注《元朝秘史》时，将“ordo-yin čerbin ökid”翻译为“在宫帐〔斡儿朵〕侍奉的女子”，在注释中他还指出，“扯儿宾 斡乞的”应转写为“čerbi-yin ökid，旁译为：‘官名 女每行’。如按字译当为‘属于扯儿必（官名）的女儿们’。如译为‘宫女’，亦非本意”[①]。不久，柯立夫在其《元朝秘史》的英译本中，将此翻译为“斡耳朵内的侍女”（the maids [which are] stewards of *ordo*）；后来，罗伊果也有类似的看法（female attendants of the Palace）。[②]

上述观点皆肯定“扯儿宾 斡乞的”应译为“侍女”，相对来说，札奇斯钦的说法最为详尽，值得格外重视。将“扯儿宾 斡乞的”理解为“侍奉的女子”，“旁译为：‘官名 女每行’”，笔者认为甚有道理，但对其转写与相应解释则不敢苟同。

在 čerbin ökid 中，čerbi 为侍从之意，ökid 为 ökin（女子）的复数，这都比较明了，难点显然在于对 čerbin 的后缀 -n 的理解上。据札奇斯钦的解释不难看出，他认为 -n 与 čerbi 中的 -i 中间应存在一个 -yi- 音，从而与后缀 -n 构成蒙古语中的属格 -yin。这

---

① 札奇斯钦：《〈蒙古秘史〉新译并注释》，台北：联经出版事业公司，1979 年，第 348—349 页。

② Cleaves, *The Secret History of the Mongols*, Massachusetts: Harvard University Press, 1982, p.169; Igor de Rachewiltz, *The Secret History of the Mongols: A Mongolian Epic Chronicle of the Thirteenth Century*, Leiden and Boston: Brill, 2004, p.160.

种看法在读音和构词法上皆能说通，但却与汉字音译《元朝秘史》的规律不符。明初译员在音译《元朝秘史》时，往往会用汉字将长元音或复合元音译出，就以 -i-yin 这种结构为例，如 Tenggeri-yin（腾格舌里 因）、Qorči-yin（中豁舌儿赤 因）、qubi-yin（中忽必因）等，类似的例证在《元朝秘史》中屡见不鲜。若据此，札奇斯钦所说的 čerbi-yin ökid 在《元朝秘史》中的汉字音译应是“扯儿必 因 斡乞的”，显然与明初译员之原译不符。另外，上文所提到的清代蒙古文史籍《黄金史》一书，移录了《元朝秘史》大约三分之二的史文，第 232 节也被囊括于内，其中 čerbin ökid 被写作 čerbi ökid①，表明《元朝秘史》最初的某个抄本中并不存在词尾的 -n，这愈发证明有关 čerbi-yin ökid 的训释是不对的。

那么，čerbin ökid 又该作如何理解呢？笔者认为，既然在《元朝秘史》最初的某一抄本中缺失了 -n，说明它在当时的构词法中是一个可有可无的过渡性成分，这与中古蒙古语中一种颇为古老的复数后缀 -n 正好对应。以 -n 后缀表示名词的复数，无论在现代蒙古语的方言土语还是书面语中，都没有留下任何痕迹。②不过，这种现象在古代蒙古语中比较常见。鲍培指出，古代蒙古文文献中名词词干的后缀 -n 可表示复数，若名词词干末尾有双元音 ai/ei 或 ui/üi，在连接复数后缀 -n 时，最后的 -i 音往

---

① Lobsangdanǰin, *Altan Tobči*, Ulaɣabaɣatur: Ulus-un Keblel-ün Γaǰar, 1990, 75v；参见乔吉校注:《黄金史》(蒙古文)，呼和浩特：内蒙古人民出版社，2013 年，第 308 页正文，第 309 页注释②。

② 参见嘎日迪:《中古蒙古语研究》，沈阳：辽宁民族出版社，2006 年，第 301 页。

往会脱落，并举 γaqan<γaqai（猪）、qulaγan<qulaγai（窃贼）、maγun<maγui（坏人）、yabuqun<yabuqai（行人）等例加以说明。① 斯特里特（John C. Street）在关于《元朝秘史》名词复数构成的专文中，将复数后缀 -n 的用法精细地归纳为以下两类：（1）词干 i- 后的 -n，如 abuqčin<abuqči（旁注“要的每”，即索要的人们）、adu’učin<adu’uči（放马的）、qorčin<qorči（带弓箭的）等;（2）词干 y- 后的 -n，如 qa’an-u an<qa’an-u ay（大汗之物）、manglan<manglay（头哨每）、šili’un<šili’uy（君子）等。笔者所要讨论的 čerbin 应属于第（1）类，即 čerbi 加复数后缀 -n 而成，意为“侍从每”。②

因此，čerbin 与其后面意为“女子”的 ökid（原型为 ökin，-d 是蒙古语中常见的复数后缀）就可合译为“侍女每”。这与蒙古语中两个复数词语表达一类集体名词的惯例也是一致的，如《元朝秘史》中的“中豁亦秃思”（qoyitus）和“那可惕”（nököd），旁注分别是“后头每”和“伴当每”，故合称“后头的伴当每”；再如“中合答纳都思”（qadanadus）与“敏中合里兀惕”（minqali’ud），分别被旁注为“在外的每”和“千户每”，因此可合指“在外的众千户”。③ 此外，为蒙元史学界熟知的 aqa-nar de’ü-ner，亦属此

① Poppe, *Grammar of Written Mongolian*, Wiesbaden: Harrassowitz Verlag, 2006, p.72.

② John C. Street, “Nominal Plural Formations in the ‘SECRET HISTORY’ ”, *Acta Orientalia Academiae Scientiarum Hungaricae*, Vol.44, 1990, pp.352-356.

③ 参见乌兰校勘:《元朝秘史》，北京：中华书局，2012 年，第 57 页，第 91 节；第 296 页，第 228 节。

类。在这一集合术语中，aqa 与 de’ü 分别意为“哥哥”和“弟弟”，-nar、-ner 各指代刚性与柔性名词的复数后缀，故二者在元代汉文文献中被习惯译作“哥哥弟兄每”。[①] 由此可见，将 čerbin ökid 译作“侍女每”，不但符合元代蒙译汉的译例，而且在《元朝秘史》中亦有例可循。

综上所述，在《元朝秘史》第 232 节的旁注中，明初译员将“扯儿宾”训为“女官名”，并不恰当，最为合理的注释应是“官名”。另外，节译中出现的“扯儿必官”一称，亦有问题。“扯儿宾”（čerbin）是意为“侍从”（čerbi）的扯儿必的复数，应与其后的“斡乞的”合译作“侍女每”，这样，本章对明初总译之疑窦即可涣然冰释。总之，本章所引《元朝秘史》第 232 节的内容，比明初译员更符合史实的翻译应是：“成吉思再说：‘内里的侍女每，并怯怜口、放头口的，宿卫的知料者。’”

① 参见陈高华、张帆、刘晓、党宝海点校：《元典章》，天津：天津古籍出版社；北京：中华书局，2011 年，第 296 页。

· 第九章 ·

《雅隆尊者教法史》蒙元史事考辨

《雅隆尊者教法史》(*Yar Lung Jo Bo'i Chos 'Byung*) 是藏族史家释迦仁钦德 (Shvakya ren chin sde) 于明洪武九年 (1376) 撰成的一部藏文史书，详细记载了世界形成，汉、藏、蒙地王统世系和相关史事，以及藏地佛教宗派和系谱等内容。[①] 此书在国内最早由汤池安先生汉译并附有注释，于1989年由西藏人民出版社出版。其中，关于蒙古的部分，题为“蒙古王统及其版图扩张史”，较为全面地勾勒出成吉思汗的祖先世系、成吉思汗兄弟及后代世系、八思巴在元朝政治中的地位和影响，以及顺帝统治初权臣燕铁木儿的专政等诸多史事。元史专家李治安先生曾将其单独摘出汉译，题为《雅隆觉沃教史 (节译)》，并结合元代文献加以注释，发表于内蒙古社会科学院主编的《蒙古学资料与情报》1990 年第 3 期。

《雅隆尊者教法史》蒙元纪事的正文，提到部分材料主要录

---

① 关于对释迦仁钦德其人及其所著《雅隆尊者教法史》一书的综括性研究，参见张云：《藏文史书〈雅隆尊者教法史〉的学术价值》,《民族研究》2016 年第 6 期。

自《也可脱卜赤颜》(*Ye Ka Theb Can*，简称《脱卜赤颜》)。[①] 无独有偶，元代也有一部藏文史籍征引过《脱卜赤颜》，那就是蔡巴·贡嘎多吉于元末撰成的《红史》。两相比较，不难发现，其中所引《脱卜赤颜》虽然个别地方稍有差异，但总体内容基本相同。值得注意的是,《红史》的作者明确记载其书中的蒙古王统还参考了另一部史籍 *Jo Bo Pa'i Chos 'Byung*，陈庆英和周润年两位先生将其译作《觉沃巴教法史》[②]，即《雅隆尊者教法史》之简称。问题在于,《红史》成书于至正二十三年（1363）[③]，早于《雅隆尊者教法史》，为何有部分史文征引了后书呢？对此，已有学者提出疑问，但在两书成书时间皆有确凿记载的情况下，尚无法给出合理的解释。[④] 其实，根据《红史》至正二十三年以后的元朝史事，亦能产生类似的疑窦。陈得芝先生认为,《红史》蒙古史料的"元末部分系后人所增"[⑤]。然系何时、由何人、为何所增，仍有待进一步研究。另外,《雅隆尊者教法史》中元代成吉思汗家族成员的史文，与《红史》雷同处实多，当亦参考过《红史》；而其中关于蒙元时

① 按,《也可脱卜赤颜》，汤池安先生译作《耶迦妥坚》，李治安先生译为"大宗支"，皆未安。这里，笔者采用其元代译名。

② 蔡巴·贡嘎多吉:《红史》(藏文版)，东噶·洛桑赤列校注，北京：民族出版社，1981 年，第 31 页；蔡巴·贡嘎多吉:《红史》，东噶·洛桑赤列校注，陈庆英、周润年汉译，拉萨：西藏人民出版社，1988 年，第 28 页。

③ 参见［日］若松宽:《〈红史〉著作年次考》，特克西汉译,《蒙古学资料与情报》1989 年第 3 期。

④ 参见俄智多杰:《浅析蔡巴贡嘎多吉的名著〈红史〉》,《四川民族学院学报》2017 年第 1 期。

⑤ 陈得芝:《蒙元史研究导论》，南京：南京大学出版社，2012 年，第 73 页。

期的独家记载，亦为后来的《汉藏史集》所因袭并有所补充。可见，《雅隆尊者教法史》中的蒙元史料，在藏文文献蒙元纪事的流传中承上启下，对于研究元代蒙古史具有极其重要的价值。

李治安先生的译注发表后，张云先生在研究藏文史书中的成吉思汗与忽必烈事迹时，亦参考过《雅隆尊者教法史》的记载。[①]马晓林先生在考述元代的大黑天故事时，也征引过《雅隆尊者教法史》蒙元史事中的相应史文。[②]不过，总体而言，目前《雅隆尊者教法史》的汉译本仍有未安之处，国内外蒙元史学者对其中的蒙元史事亦未给予充分关注。[③]本章即在参考相关成果的基础上，从《雅隆尊者教法史》的藏文原文所记蒙元史事入手，对此进行综合考辨与深入研究。

一、成吉思汗先祖世系

在蒙元时期有多部历史典籍记载了成吉思汗的先祖世系。《元朝秘史》最早对此进行了全面罗列，14 世纪初波斯史家拉施特所

① 参见张云：《藏文史书中的成吉思汗》《藏文史书中的忽必烈皇帝》，《元代吐蕃地方行政体制研究》，北京：商务印书馆，2017 年，附录七、附录八。

② 参见马晓林：《蒙元时期真武—大黑天故事文本流传考》，《藏学学刊》第 10 辑，北京：中国藏学出版社，2014 年。

③ 陈得芝先生在《蒙元史研究导论》一书中，曾专辟一节概述相关藏文史料，惜并未提及《雅隆尊者教法史》；其《藏文史籍中的蒙古祖先世系札记》(《中国藏学》2014 年第 4 期)，亦未参考释迦仁钦德之书。日本学者山本明治曾专门研究过《雅隆尊者教法史》所见元朝帝师的侍从（phyag phyi），但并未全面关注其中的元朝史事，参见山本明治：《13·14 世紀モンゴル朝廷に赴いたチベット人をめぐって——チベット語典籍史料から見るモンゴル時代》，《待兼山論叢》（史学篇）2011 年第 45 號。

编写的《史集》亦有详细说明，元末藏文文献《红史》也有记载；与此三书具有密切联系的汉文史料如《太祖实录》(已失传，但其主体内容见于《元史》卷一《太祖纪》)与《十祖世系录》等，也是关于成吉思先祖世系的重要资料。但《雅隆尊者教法史》所记数处，却与诸书迥然不同。为了方便阐释，今先将《雅隆尊者教法史》中的成吉思汗先祖世系列表如下[①]：

世系	人名	藏文转写	附注
1	孛儿帖赤那	sBor-ta-che	
2	巴塔赤罕	Ba-da-chi-gan	
3	塔马察	Tham-chag	
4	豁里察儿篾儿干	Chi-khi-mer-khan	
5	阿兀站孛罗温	A'u-'jam-sBo-re-'ol	《红史》作 La-'ur-byang-sBo-ro-'ol。《汉藏史集》作 A'u-jam-bo-de-wol。藏文诸书所记这一世代，以《雅隆尊者教法史》最确
6	也可你敦	Yeg-nye-bDun	《红史》作 Pas-ka-ni-dun。《汉藏史集》作 Ye-gra-no-dun。藏文诸书所记这一世代，以《雅隆尊者教法史》最确
7	挦锁赤	Sems-z'o-ji	
8	合儿出	Kha-ju	
9	朵奔篾儿干	Do-bun-mer-khan	
10	孛端察儿蒙合黑	sBo-don-char-mung-khag	

① 参见释迦仁钦德:《雅隆尊者教法史》(藏文版)，拉萨：西藏人民出版社，1988 年，第 80—81 页。

续表

世系	人名	藏文转写	附注
11	合必赤	Ge-chi	此词前有 ba，似乎应在 Ge 后，读作 Ge-ba-chi
12	伯吉儿	sBe-khir	此为《雅隆尊者教法史》多出的世系，亦见于《红史》(sBe-khir)、《汉藏史集》(sBi-khor)
13	篾年土敦	Ma-nag-tho-don	《红史》作 Ma-nan-thu-don。《汉藏史集》作 Ma-nan-kh'i-du-khan。藏文诸书所记这一世代，以《红史》最确
14	海都汗	Ga'i-thu-gan	
15	伯升	Ba'i-shing	伯升豁儿多黑申为一人之名，《红史》与《雅隆尊者教法史》皆将其误断为两人名。《汉藏史集》正确地记作一人之名，但拼写为 sBi'-khor-dog-shing，则不如其他二书
16	豁儿多黑申	khor-dog-shing	
17	屯必乃汗	Dom-bu-na'i-khan	《汉藏史集》作 Na'i-khan，脱漏了前两个音节
18	把儿坛把阿秃儿	Bar-than-'ba'-dur	
19	也速该把阿秃儿	Ye-pu-ka-ba-dur	《红史》作 Ye-sur-ga-ba-dur。《汉藏史集》作 Ye-su-ga-dur。藏文诸书所记这一世代，以《红史》最确

上表所列《雅隆尊者教法史》中的成吉思汗先祖，其实共十八代（伯升、豁儿多黑申实为一人）。若与同是参考《脱卜赤颜》的《红史》相比，《雅隆尊者教法史》在屯必乃汗与把儿坛把阿秃儿之间，遗漏了著名的合不勒汗。

相较于《元朝秘史》的成吉思汗二十二代先祖，除了合不勒汗外，《雅隆尊者教法史》还缺失了三代：撒里合察兀（阿兀站孛罗温与也可你敦之间）、孛儿只吉歹篾儿干、脱罗豁勒真伯颜（此父子二人位于合儿出与朵奔篾儿干之间）。[①] 这三代亦不见于《红史》和《史集》，说明《红史》《雅隆尊者教法史》所据之《脱卜赤颜》与《史集》所据之《金册》（*Altan Debter*）具有同一史源。陈得芝先生认为，《脱卜赤颜》不录孛儿只吉歹篾儿干及其子这两代，"或与独尊孛端察儿为孛儿只斤黄金氏族之祖有关"[②]。但未尝不可以认为：《脱卜赤颜》与《金册》失载这两代，恰恰说明他们很可能是后来补插进去的。邵循正先生早就点出，孛儿只吉歹篾儿干一代，"显然是后人臆造追加的"[③] 产物。我们知道，在成吉思汗先祖世系的血缘传承中，存在一个显而易见的罅隙。文献中皆记孛儿只吉歹之姓氏来自成吉思汗十世祖孛端察儿，孛端察儿系其母感天光而生，也就是说与其上一代朵奔篾儿干并没有血缘关系，进而亦可看出，从孛端察儿降及也速该的世系，其实是成吉思汗先祖的家族谱系，即元代文献所说的《十祖世系录》。[④] 至于朵奔篾儿干上溯至天之子孛儿帖赤那之间的世系，与成吉思汗的

---

① 值得注意的是，明万历十七年（1589）成书的班钦·索南查巴所著《新红史》（黄颢汉译，拉萨：西藏人民出版社，1984 年，第 48 页），说成吉思汗先祖有二十二代，与《元朝秘史》同。

② 陈得芝：《藏文史籍中的蒙古祖先世系札记》，《中国藏学》2014 年第 4 期。

③ 邵循正：《蒙古的名称和渊源》，《邵循正历史论文集》，北京：北京大学出版社，1985 年，第 109 页。

④ 关于对《十祖世系录》的研究，参见［美］艾骛德：《蒙古帝国成吉思汗先世的六世系》，罗玮汉译，刘迎胜主编：《元史及民族与边疆研究集刊》第 31 辑，上海：上海古籍出版社，2016 年，第 223—228 页。

十祖没有血缘关系，应是蒙古部族首领的世系。成吉思汗先祖的世系，就是对蒙古部族首领世系与成吉思汗十祖世系的整合。[①]在蒙元官方文献的编撰中，为了在这两种世系之间注入血缘关系，凸显成吉思汗家族自始至终所具有的蒙古首领的高贵出身，孛儿只吉歹篾儿干就被插入孛儿帖赤那后代的世系中。这一历史编撰，是与大蒙古国建立初期成吉思汗家族统合草原部众、巩固政权的一系列措施同时展开进行的，随着后来成吉思汗家族统治的神圣地位得到强化，并在草原部众内部深入人心，这些早期的世系追加也就没有必要了，不但消失在深藏于元代宫廷的《脱卜赤颜》与《金册》中，甚至还出现了专记成吉思汗家世并以孛端察儿为"始祖"的《十祖世系录》。[②]

另外，还需指出的是,《雅隆尊者教法史》多出的篾年土敦之父伯吉儿一代，不见于《史集》；拉施特说篾年土敦之父名不

① 村上正二认为,《元朝秘史》中成吉思汗的祖先事迹，依次包括四大独立的系统：A. 蒙古始祖"苍狼—白鹿"及其以下十代子孙；B. 被描述为千里眼的都哇锁豁儿助其弟朵奔篾儿干娶美女阿阑豁阿之事；C. 阿阑豁阿感光生子的奇迹；D. 感光所生三子后代所形成的诸部。B 是 A 与 C 之间的过渡，其中的都哇锁豁儿上承 A，朵奔篾儿干则下启 C。显然，村上氏已经意识到成吉思汗先祖世系是不同叙事系统的嫁接与糅合。详细参见村上正二:《モンゴル部族の族祖伝承——とくに部族制社会の構造に関連して》,《モンゴル帝国史研究》，東京：風間書房，1993 年，第 215—217 頁。后来姚大力先生在此基础上对蒙古起源、迁徙与分衍这三大层次做了进一步引申与阐发，参见姚大力:《"狼生"传说与早期蒙古部落的构成——与突厥先世史的比较》,《北方民族史十论》，桂林：广西师范大学出版社，2007 年，第 141—163 页。

② 亦邻真先生认为,《十祖世系录》的出现还有另一原因："文明化了的元廷不再承认狼鹿开头的 22 代先祖传说，只从朵奔之妻阿阑果火起算皇家世谱。"参见亦邻真:《〈元朝秘史〉及其复原》,《元朝秘史（畏吾体蒙古文）》，呼和浩特：内蒙古大学出版社，1987 年，第 85 页。

合（Būqā）[①]，又与《元朝秘史》所记之合必赤迥异。可见,《脱卜赤颜》与《金册》亦有相异之处。《史集》虽记篾年土敦之父为不合，但同时又给出了另外一种说法，认为篾年土敦为字端察儿之子，并做出判断："他是不合的儿子较为正确。因为在古老的册籍中有同样的［记载］。"[②] 也就是说,《金册》记载篾年土敦为不合之子，但当时还另有说法认为篾年土敦是字端察儿之子。故不难想见，拉施特在 14 世纪初编纂《史集》时，围绕篾年土敦之父就已经存在不同的说法了。这些不同说法所产生的"可乘之处"，正为《雅隆尊者教法史》等藏文史籍所据之《脱卜赤颜》利用，从而产生了伯吉儿一系。

无独有偶，豁里察儿篾儿干一代亦存在类似的书写特点。释迦仁钦德说："塔马察的儿子是豁里察儿篾儿干。传说他如今被称为镇伏邪魔之莲花生大师。"此说亦见于《红史》和《汉藏史集》。陈得芝先生推测，豁里察儿篾儿干之词根为豁里（qori-），意为"禁约"；将豁里察儿篾儿干视作莲花生的化身,"或是从其名含'禁约'之义与莲花生以咒术降服魔怪的传说联想而来"[③]。不过，罗伊果则认为，豁里察儿之"豁里"很可能是部族名。[④] 有意思的

① 参见［波斯］拉施特主编:《史集》第 1 卷第 2 分册，余大钧、周建奇译，北京：商务印书馆，1983 年，第 17 页。此伯吉儿与不合，难以勘同，并非一人。不合，即突厥–蒙古语 buqa，意为公牛,《雅隆尊者教法史》藏文作 bo-kha，与伯吉儿不同。

② ［波斯］拉施特主编:《史集》第 1 卷第 2 分册，余大钧、周建奇译，北京：商务印书馆，1983 年，第 17 页。

③ 陈得芝:《藏文史籍中的蒙古祖先世系札记》,《中国藏学》2014 年第 4 期。

④ Igor de Rachewiltz, *The Secret History of the Mongols: A Mongolian Epic Chronicle of the Thirteenth Century*, Leiden and Boston: Brill, 2004, p.237.

是，最早记载成吉思汗先祖世系的《元朝秘史》，仅仅提到豁里察儿篾儿干一名。后来《史集》又以“据说”的口吻，增衍出豁里察儿篾儿干系塔马察五子中最长者，并为蒙古朵儿边部的始祖等内容，但与《元朝秘史》朵儿边来自朵奔篾儿干四个侄子的说法矛盾。[①] 且不说《史集》与《元朝秘史》孰是孰非，亦不论拉施特之说是来自口述传言还是依据了《金册》，但这本身已足以说明：最晚到14世纪初，在蒙古人的前三代始祖中，豁里察儿篾儿干一系就被附加了某些传闻。这些传闻其实与上述《史集》关于篾年土敦之父的不同记载前后呼应，自然就产生了供后人演绎发挥的空间，也就恰恰为藏族史家将豁里察儿篾儿干比附为莲花生的化身提供了可能。

显然，豁里察儿篾儿干为莲花生之化身，不是《脱卜赤颜》的说法，而是藏族史家之首创。考虑到《红史》成书于顺帝至正二十三年（1363），不难想见，最晚到元末这一说法就比较流行了。我们知道，莲花生是藏传佛教宁玛派的祖师，在藏地政教与僧俗中一直具有深远的影响。如果说元初八思巴的《彰所知论》奠定了将蒙古王统纳入印－藏历史的雏形[②]，那么《红史》和《雅隆尊者教法史》将豁里察儿篾儿干塑造为莲花生的化身，则进一

① 参见［波斯］拉施特主编：《史集》第1卷第2分册，余大钧、周建奇译，北京：商务印书馆，1983年，第7页。

② 参见陈寅恪：《〈彰所知论〉与〈蒙古源流〉》，《中央研究院历史语言研究所集刊》第2本第3分册，1931年；乌兰：《印藏蒙一统传说故事的由来》，《蒙古史研究》第6辑，呼和浩特：内蒙古大学出版社，2000年；沈卫荣：《再论〈彰所知论〉与〈蒙古源流〉》，《“中央”研究院历史语言研究所集刊》第77本第4分册，2006年。

步丰富、细化了藏文文献中这种历史书写的内容。尤其需要强调的是，释迦仁钦德在蒙古王统的开篇就说："吐蕃王朝后不久，蒙古的王统就出现了。彼即天命之成吉思汗，统治着大地。"（Bod kyi rgyal po'i rgyal sa zhig nas yun mi ring ba zhig na Hor gyi rgyal po byung ba yin no, de'ng gnam gyis bskos pa'i Jing-gi rgal pos sa chen po sdud pa la.）① 可见，继《彰所知论》后,《雅隆尊者教法史》再次在书写时段上将蒙古王统置于吐蕃王朝之后。这种蒙古史与吐蕃史的衔接，尽管昙花一现，并未被后来的《汉藏史集》所继承，但仍是藏文文献类似的历史书写模式中不可或缺的一环。总之，仅就藏文文献本身的传承脉络而言,《红史》尤其是《雅隆尊者教法史》在藏传佛教支配下将蒙古祖先上溯至印－藏王统的历史书写，无疑比《彰所知论》更加深入了。

二、成吉思汗兄弟及后代世系

关于《雅隆尊者教法史》所记成吉思汗兄弟及后代世系，李治安先生的节译已有注释研究，故无需进行逐一分析。本节首先另辟蹊径，对其中部分内容的史源《脱卜赤颜》进行重新审视，

---

① 释迦仁钦德:《雅隆尊者教法史》（藏文版），拉萨：西藏人民出版社，1988 年，第 80 页。按，此句汤池安先生译作："吐蕃王王都不远，有蒙古王，彼即奉天承运之成吉思汗。彼征服大片土地。"（释迦仁钦德:《雅隆尊者教法史》，汤池安汉译，拉萨：西藏人民出版社，1989 年，第 50 页）李治安先生译为："吐蕃王朝后不久，蒙古国家就出现了。天命成吉思汗掌管大地。"（李治安:《雅隆觉沃教史［节译］》,《蒙古学资料与情报》1990 年第 3 期）似皆有未安之处。

然后在李先生成果的基础上对个别史文作进一步辨析检讨。

释迦仁钦德在其书中，对部分史文的来源有一明确交代：

> 忽必烈（Go-be-la）四十六岁、阳铁猴年登汗位。历中统（Jo-thung）五年、至元（sPyi-dBen）三十年，总计在位三十五年。……享年八十岁，阳木马年升天，上尊号薛禅汗（Se-chen-gan）。阔端（Go-dan）的儿子有只必帖木儿（Ji-big-thi-mur）等三人。合失（Kha-sha）的儿子海都（Kha'i-du）。其他无法计数。此系从《也可脱卜赤颜》（*Ye Ka Theb Can*）中，录其主要者。薛禅汗（Se-chen rgyal-po）与察必皇后（btsun-mo Cha-bu）有朵儿只（rDo-rje）、真金（Jing-kim）、忙哥剌（Mam-gha-la）、那木罕（No-ma-gan）等四个儿子；次妃（ma-chung-ba）之子为忽哥赤（Hu-kar-che）、奥鲁赤（A-rog-che）、爱牙赤（A-ya-che）、忽都鲁帖木儿（God-log-the-mur）、也先不花（E-sen-bo-kha）、脱欢（Tho-gan）、阔阔出（Go-go-chu）。①

在这段引文中，对忽必烈诸子的记载，并未参考《脱卜赤颜》。然

① 释迦仁钦德:《雅隆尊者教法史》(藏文版)，拉萨：西藏人民出版社，1988 年，第 82—84 页；释迦仁钦德:《雅隆尊者教法史》，汤池安汉译，拉萨：西藏人民出版社，1989 年，第 52 页；李治安:《雅隆觉沃教史（节译）》,《蒙古学资料与情报》1990 年第 3 期。按，忽必烈子 E-sen-bo-kha，汤池安汉译“耳色波喀”，李治安汉译“也速不花”，在审音上似皆未安，笔者译为元代常见的人名“也先不花”。另,《汉藏史集》所记忽必烈诸子，无爱牙赤，有朵罗（rDo-lo），然仅见于此。

《红史》所记却略有不同：

> 薛禅汗（Se-chen-rgyal-po）和察必（Cha-bo）的儿子有朵儿只（rDo-rje）、真金（Jing-gim）、忙哥剌（Maṃ-gha-la）、那木罕（Na-mo-gan）等四人，以及沙恭玛（Zhva-gon-ma）之子六人，共十人。南必（Nam-bu）生有一子，早夭。薛禅汗（Se-chen-rgyal-po）从阳铁猴年起，历中统（Jo-thung）五年，至元（Ci-dBen）三十年，在位三十五年，于阳木马年去世。阔端（Go-dan）的儿子是只必帖木儿（Ji-big-thi-mur）等三人，合失（Kha-shi）的儿子是海都（Ga-du）。其余难以尽数。这些是从《脱卜赤颜》（*Thob chen*）中摘要抄录的。[1]

将这两段引文稍加对比，即可发现，《雅隆尊者教法史》中的忽必烈诸子其实亦抄自《脱卜赤颜》。《雅隆尊者教法史》中的“此系从《也可脱卜赤颜》（*Ye Ka Theb Can*）中，录其主要者”，与《红史》“这些是从《脱卜赤颜》（*Thob chen*）中摘要抄录的”一句，几乎如出一辙，说明释迦仁钦德对《红史》亦有所参考。然据上述引文可知，《雅隆尊者教法史》与《红史》对个别蒙古人名甚至《脱卜赤颜》一书的藏文书写，仍存在一些不同之处，若再联系到上节这两部书对成吉思汗先祖姓名转写的歧异，就不难发现：其

---

① 蔡巴·贡嘎多吉：《红史》（藏文版），东噶·洛桑赤列校注，北京：民族出版社，1981 年，第 30 页；蔡巴·贡嘎多吉：《红史》，东噶·洛桑赤列校注，陈庆英、周润年汉译，拉萨：西藏人民出版社，1988 年，第 27 页。

实，释迦仁钦德本人也直接看到过《脱卜赤颜》的史文。

更值得注意的是，他参考的《脱卜赤颜》与蔡巴·贡嘎多吉所据，恐怕并非同一版本。最能论证这一观点者，莫过于《雅隆尊者教法史》和《红史》对成吉思汗年龄的矛盾记载。释迦仁钦德说，成吉思汗于阴火猪年（1227）七月十二日去世，享年六十六岁；蔡巴·贡嘎多吉则说，成吉思汗在阳火虎年（1206或1266），按生年算应是阳水猴年（1212）七月十二日去世，享年六十一岁。[①] 众所周知，成吉思汗生于1162年，卒于1227年，享年六十六岁，这已为学界所公认。[②] 释迦仁钦德之说正与此相合，愈发可见其书之史料价值；蔡巴·贡嘎多吉所记成吉思汗卒年与享年皆有误，然年寿六十一岁之讹的原因却值得深思。关于成吉思汗的岁数,《圣武亲征录》曾留下了两种不同的记载。癸亥年（1203）条:“时上春秋四十有二。”丙戌年（1226）春条:“至西夏。一岁间尽克其城，时上年六十矣。”[③] 据成吉思汗卒于1227年推算，前一条表明成吉思汗享年六十六岁，后一条则说明享年

① 参见释迦仁钦德:《雅隆尊者教法史》(藏文版)，拉萨：西藏人民出版社，1988年，第81页；蔡巴·贡嘎多吉:《红史》(藏文版)，东噶·洛桑赤列校注，北京：民族出版社，1981年，第29页。

② 参见邵循正:《成吉思汗生年问题》,《历史研究》1962年第2期，后收入南京大学历史系元史研究室编:《元史论集》，北京：人民出版社，1984年，第16—22页；周清澍:《成吉思汗生年考》,《文史》1962年创刊号，后收入《周清澍文集》(中)，桂林：广西师范大学出版社，2020年，第3—19页；吴泽:《成吉思汗生年与史事纪年考辨——读王国维〈鞑靼年表〉》,《上海师范大学学报》1980年第2期；李治安:《成吉思汗生年问题补正》,《历史研究》1996年第1期，后收入《元代政治制度研究》，北京：人民出版社，2003年，第660—666页。

③ 王国维:《〈圣武亲征录〉校注》,《王国维全集》第11卷，杭州：浙江教育出版社，2010年，第519—520页。

六十一岁。传统的考据学者在对待《圣武亲征录》丙戌年条成吉思汗岁数的记载时，为了与成吉思汗实际享年相符，皆一致认为“六十矣”系“六十五”之误。[①]但问题并非如此简单，因为《圣武亲征录》丙戌年条的这则记载，在元末又为释念常《佛祖历代通载》一书承袭：“太祖以丙戌春至西夏，一岁尽克其城，是年七月廿七灭夏。上年六十矣。”[②]显然，丙戌年成吉思汗“年六十矣”之说，在《圣武亲征录》的元代刻本中就已出现，从而为释念常所征引。《红史》所据《脱卜赤颜》与《圣武亲征录》记载成吉思汗享年六十一岁的原因，值得进一步研究。[③]无论如何，《雅隆尊者教法史》与《红史》对成吉思汗年寿的不同记载，并非此二书本身史文之误，而是其所据《脱卜赤颜》为不同的版本所致。

《雅隆尊者教法史》所记成吉思汗兄弟及后代世系，除了在史源方面的上述问题外，就其史事本身来说，还有以下四点值得进一步探讨。

首先，关于成吉思汗兄弟，《雅隆尊者教法史》有一句话令人极其费解。汤池安先生汉译为：“兄弟五人，彼系四弟。”李治安先生译作：“或云成吉思汗兄弟五人，他们分四轮交替管事。”[④]“兄弟五人”，亦见《红史》。据《元朝秘史》，成吉思汗有弟合撒儿、

---

① 参见周清澍：《成吉思汗生年考》，《周清澍文集》（中），桂林：广西师范大学出版社，2020年，第18页。

② 释念常：《佛祖历代通载》卷二一，《北京图书馆古籍珍本丛刊》第77册影印元至正七年（1347）刻本，北京：书目文献出版社，1997年，第415页上。

③ 对此，参见本书第十一章《尤兹札尼〈纳昔儿史话〉所记成吉思汗生年献疑》。

④ 释迦仁钦德：《雅隆尊者教法史》，汤池安汉译，拉萨：西藏人民出版社，1989年，第50页；李治安：《雅隆觉沃教史（节译）》，《蒙古学资料与情报》1990年第3期。

合赤温、帖木格斡赤斤，还有早年被其射杀的异母弟别克帖儿，共计兄弟五人，《雅隆尊者教法史》《红史》所记与此吻合。然《雅隆尊者教法史》后一句则不见于《红史》，汤、李之汉译亦迥然不同。查藏文原文实作："spun lnga yod pa'i phu bo nu bo rnams kyis res bzhi byas zer。"[①] 正如汤池安先生在注释中所说，此句藏文表达"颇为含糊"。然而从句式来看，更为恰当的翻译应是："据说有五兄弟，诸兄弟做了 res bzhi。" res 即"轮流"之意，bzhi 为藏文数字"四"，用的是缩写形式，但合而言之，res bzhi 一词之意则难以确知。[②] 但是，不论成吉思汗是第四弟，还是他们兄弟分四轮交替管事，都与史实不符。因此，关于此句尤其是其中的 res bzhi 一词，仍需今后进一步研究。

其次，《雅隆尊者教法史》在提及泰定帝子阿剌吉八和忽必烈子安西王忙哥剌时，藏文原文作："Te'i sras ra khyi phag gis rgyal sa zhag bzhi bcu mdzad。Mam-gha-la'i sras A-nan-ta。Te'i bu Yu-rug-the-mur bsad。Ter bu gnyis yod zer。Gu-lug rgyal bo'i sras Ku-sha-la rgyal sar bton nas ……"[③] 可直译为："他（泰定帝）的儿子阿剌吉八在位四十天。忙哥剌的儿子阿难答。其（忙哥剌）子月鲁帖木儿被杀。据说他（月鲁帖木儿）有两个儿子。曲律汗的儿子和世

---

① 释迦仁钦德：《雅隆尊者教法史》（藏文版），拉萨：西藏人民出版社，1988 年，第 81 页。

② 此句的翻译及对 res bzhi 的解释，得到了北京大学外国语学院南亚系萨尔吉教授的指正，在此谨致谢忱。

③ 释迦仁钦德：《雅隆尊者教法史》（藏文版），拉萨：西藏人民出版社，1988 年，第 85 页。

琭即位……”此句藏文亦见于《红史》，但汉译者译为：“也孙帖木儿的儿子阿剌吉八继位四十天，被忙哥剌的儿子阿难答的儿子月鲁帖木儿杀死。曲律汗有两个儿子……”[①]显然不确。在此，还可稍加说一下月鲁帖木儿的最终结局及其后代的情况。张岱玉教授经考索后指出，月鲁帖木儿曾参与南坡事变弑杀英宗，泰定朝被流放云南，文宗天历二年（1329）率兵镇压当地秃坚之乱，至顺三年（1332）坐“持谋不轨”罪，后遭“伏诛”并将罪行诏告中外；又据《元史》卷一八三《王思诚传》至正十七年（1357）所见“安西王月鲁帖木儿邸”之语，推测文宗并未诛杀月鲁帖木儿。[②]然《雅隆尊者教法史》所记月鲁帖木儿被杀，恰可为至顺三年他被伏诛提供另一证据，因此“月鲁帖木儿邸”之谓，应代指月鲁帖木儿留下的安西王府邸。[③]月鲁帖木儿虽被伏诛，但顺帝即位后又有封授安西王之举。[④]《雅隆尊者教法史》说月鲁帖木儿有二子，可以想见，其中必有一人为顺帝朝之安西王，至于他们的

---

① 蔡巴·贡嘎多吉：《红史》，东噶·洛桑赤列校注，陈庆英、周润年汉译，拉萨：西藏人民出版社，1988年，第28页。按，此句日译本翻译准确，参见稲葉正就、佐藤長：《フゥラン·テプテル——チベット年代記》，京都：法蔵館，1964年，第80頁。

② 参见张岱玉：《〈元史·诸王表〉补证及部分诸王研究》，呼和浩特：内蒙古人民出版社，2019年，第271页。

③ 《元史》中类似的笔法还有一例，卷一八《成宗纪一》元贞元年（1295）十二月癸卯条有“驸马阿不花所部民”云云，此阿不花即汪古部主爱不花（Ay-buqa）。然此时他早已去世，汪古部由其子阔里吉思（Körgis）统领。之所以如此书写，应是沿袭了前一领主的名字。参见周清澍：《汪古部统治家族——汪古部事辑之一》，《周清澍文集》（上），桂林：广西师范大学出版社，2020年，第77页，注释3。

④ 参见温旭：《安西王忙哥剌、阿难答父子的“皇太子”身份与忽必烈子孙的皇位继承权问题》，《“文献、制度与史实：〈元典章〉与元代社会”国际学术研讨会暨2018年中国元史研究会年会论文》第2册，北京：北京大学，2018年8月，第212页。

姓名与事迹，希望以后能够发现新材料做补充性研究。

再次，《雅隆尊者教法史》记载元顺帝的统治，经历了至顺一年、元统两年、至元六年、至正三十九年，共计四十八年；又说，元顺帝“即位”三十八年后的阳土狗年（1358），帝师贡嘎坚赞圆寂。这里有两处谬误：（一）至正统治的年限不对，直接导致顺帝在位年限之讹；（二）对帝师贡嘎坚赞圆寂时间的藏文表述。关于第一处谬误，李治安先生已辨析綦详，指出至正应为二十八年。[①]另据《红史》，顺帝年号至顺一年、元统两年、至元六年、至正三年，共计三十七年。[②]汉译者认为，“至正三年”系“至正三十年”之误[③]，可能是考虑到顺帝北奔后仍使用两年至正年号，然顺帝统治元朝共“三十七年”与史实相符，以此推算，“至正三年”应系“至正二十八年”之误。《汉藏史集》则作：至顺一年、元统两年、至元六年、至正二十七年，共计三十六年。[④]可能是其作者达仓宗巴·班觉桑布考虑到顺帝于至正二十八年八月放弃大都北撤，故此年不被计入至正统治的年数内。我们知道，顺帝北逃后，仍继续使用至正年号两年。以上三部藏文文献并未将这两年计入，说

---

① 参见李治安：《雅隆觉沃教史（节译）》，《蒙古学资料与情报》1990 年第 3 期。

② 参见蔡巴·贡嘎多吉：《红史》（藏文版），东噶·洛桑赤列校注，北京：民族出版社，1981 年，第 31 页。

③ 参见蔡巴·贡嘎多吉：《红史》，东噶·洛桑赤列校注，陈庆英、周润年汉译，拉萨：西藏人民出版社，1988 年，第 28 页。

④ 参见达仓宗巴·班觉桑布：《汉藏史集》（藏文版），成都：四川民族出版社，1985 年，第 258 页；达仓宗巴·班觉桑布：《汉藏史集》，陈庆英汉译，西宁：青海人民出版社，2017 年，第 136 页。

明藏族史家对元王朝的政治认同大致止于至元二十八年，而此年大都的陷落又是其中最重要的标志性事件。第二处贡嘎坚赞的圆寂时间,《红史》亦认为是元顺帝“即位”三十八年后的阳土狗年（1358）。按,“即位”,《红史》藏文作 rgyal sar bton,《雅隆尊者教法史》作 rgyal sar thon，皆意为“获得汗位”。元顺帝即位于元统元年（1333），即位后的三十八年显非阳土狗年。李治安先生敏锐地意识到这点，从而正确地将“即位”径改为“诞生”。[①] 此外，《汉藏史集》说贡嘎坚赞卒于元顺帝“即位”（rgyal sar thon）后的二十六年，即阴土狗年（1346），显然不对,“即位”亦应为“诞生”之误。是书后面还说此年上都被焚毁[②]，其实系至正十八年（1358）之事[③]，反而愈发证明贡嘎坚赞卒于阳土狗年之确。

最后,《雅隆尊者教法史》提到西平王奥鲁赤的后代搠思班封靖王，赴乌斯藏，他的后继者有 Padma-dha-ri-tsing-dbang、Dharma-shtra-dbang、Pradznya-dbang 等等，驻于河州。关于这三人之名，汤池安先生译为“白玛达日靖王”“达磨室利王”“札查王”。李治安先生译作“塔塔儿靖王”“塔马西王”“卜纳剌王”。《汉藏史集》对此亦有记载，汉译本作：搠思班“后裔为武靖王班玛塔以及在河州的安西王等”。其中所涉人名藏文作 Pad-ma-ra、

① 参见李治安:《雅隆觉沃教史（节译）》,《蒙古学资料与情报》1990 年第 3 期。

② 参见达仓宗巴・班觉桑布:《汉藏史集》(藏文版)，成都：四川民族出版社，1985 年，第 258—259 页；达仓宗巴・班觉桑布:《汉藏史集》，陈庆英汉译，西宁：青海人民出版社，2017 年，第 157 页。

③ 参见《元史》卷四五《顺帝纪八》，北京：中华书局，1976 年，第 945 页。

Ri-rtsing-dbang、Prad-dznyá-dbang。[①] Pad-ma-ra 与 Ri-rtsing-dbang 被合译为“武靖王班玛塔”,“安西王”则与 Prad-dznyá-dbang 无法勘同，应系误译。将《雅隆尊者教法史》与《汉藏史集》略作对比，即可知：前书的 Padma-dha-ri-tsing-dbang 被后书分作 Pad-ma-ra 与 Ri-rtsing-dbang 二人；前书的 Dharma-shtra-dbang 不见于后书；前书的 Pradznya-dbang 即后书的 Prad-dznyá-dbang。这样，就基本可以肯定，汤先生将 Padma-dha-ri-tsing-dbang 译作“白玛达日靖王”与读音更符。又，明代汉文文献有镇西武靖王卜纳剌，即 Pradznya-dbang，李先生“卜纳剌王”之译，更符合史实。[②] 值得注意的是,《汉藏史集》还说，后来来到乌斯藏的王子皇太子（Hong-tha’i-tshe）、宗平钦波（rDzong-phing-chen-po）父子也是搠思班的后人[③]，说明元亡后镇西武靖王后人在乌斯藏地区仍有一定的政治威望。

---

① 参见达仓宗巴·班觉桑布:《汉藏史集》，陈庆英汉译，西宁：青海人民出版社，2017年，第 140 页；达仓宗巴·班觉桑布:《汉藏史集》（藏文版），成都：四川民族出版社，1985 年，第 267 页。

② 参见李治安:《雅隆觉沃教史（节译）》,《蒙古学资料与情报》1990 年第 3 期。

③ 参见达仓宗巴·班觉桑布:《汉藏史集》（藏文版），成都：四川民族出版社，1985 年，第 267 页；达仓宗巴·班觉桑布:《汉藏史集》，陈庆英汉译，西宁：青海人民出版社，2017 年，第 140 页。按，陈庆英、史卫民曾合作对《汉藏史集》的大蒙古王统加以译注，但将“皇太子”译作“蒙古皇子”，参见陈庆英、史卫民:《大蒙古王统综述——〈汉藏史集〉节译并注释》,《蒙古学资料与情报》1987 年第 1 期。但是，请注意这里的“皇太子”非皇位继承人，应是此人的本名或称号。无独有偶，元代冀州人常资后代雅普化，自幼受成宗宠爱，诏居禁中，并被赐称“太子”。参见李治安:《元代汉人受蒙古文化影响考述》,《元史暨中古史论稿》，北京：人民出版社，2013 年，第 210 页。

三、八思巴举荐伯颜统军灭宋

《雅隆尊者教法史》提到忽必烈与八思巴结成了施主与福田的关系。为了说明八思巴在元代军政活动中的地位和作用，释迦仁钦德特别举出了一个鲜明的事例：

〔忽必烈〕欲将蛮子田地（sMan-rtse'i rgyal khams）置于自己的控制之下，遂降旨给喇嘛八思巴（bLa-ma 'Phags-pa）："南方此乃蛮子田地，置于己手，供奉佛教，给众蒙古军士增添气力，如何？"大喇嘛（bLa-ma chen-po）说："如今您没有良好的侍从，让我向佛宝祷祝，待机行事吧！"于是，建涿州（Jo-jo）护法神殿，护法神的面部看着南方。又，据说此前唆鲁禾帖尼（Zo-rog-ta'i）的诸子封授国土时，唆鲁禾帖尼哈敦（dPon-mo）降旨，因旭烈兀（Hu-la-hu）年纪轻轻，可怜远离蒙古（Sog-po）地区，故封赐最好的侍从。所获将官，素质好，数量多。伯颜（Ba-yan）到大汗处复奏，运送鹰隼和财物，上奏结成施主和福田关系的大汗〔与八思巴〕。伯颜体格俊美而且言辞练达，向大汗圆满奏报了诸事。喇嘛八思巴甚是高兴，目视大汗，说："旭烈兀有良仆。"大汗心想："先前喇嘛所说的待机行事者，想必就是此人吧！"降敕给伯颜说："你是〔旭烈兀〕爱马（a'i-mag）的人。另给旭烈兀一名良将取代你。你留在这里，应该去做攻取南方蛮子田地的将领。"遂授予丞相（ching-sang）之名号并任命为

> 军队的统帅。那时是薛禅汗即位的第十八年，即至元十三年（1276）的时候，伯颜奉命率军出征蛮子田地，俘虏蛮子国王幼主（gYe'u-chu）而归，独自至涿州护法殿瞻仰护法神像，说："昨日军前出现的黑巨人（mi nag-po chen-po），就在这里。"……他（忽必烈）自己作为施主，统治着不同地域的十三个省（zhing bcu gsum），以不可思议的礼节供奉佛家珍宝和佛教真传圣贤喇嘛八思巴。奉喇嘛八思巴为根本上师，商讨永世之业，倾心听取意见，敕令："朕后裔世世代代，皆以喇嘛八思巴的传人为上师，永不间断。"……①

以上所述约占《雅隆尊者教法史》蒙元史事的三分之一，也在征引的《脱卜赤颜》的范围内，但说这段文字来自《脱卜赤颜》是令人怀疑的。需要说明的是，上引史文将伯颜丞相被忽必烈留在元廷任职与后来受命南征这两件时隔多年之事，合并为一事加以叙述，而八思巴对伯颜的欣赏与举荐则为合二为一的实现搭建了关键性桥梁。在释迦仁钦德看来，忽必烈即位的第十八年就是至元十三年，因为他在前文说薛禅皇帝以中统年号统治了五年，加上至元十三年，故有即位十八年之说。②此外，释迦仁钦德还提到忽必烈治下有十三个行省，其实就囊括了西

① 释迦仁钦德：《雅隆尊者教法史》（藏文版），拉萨：西藏人民出版社，1988年，第82—84页。

② 参见释迦仁钦德：《雅隆尊者教法史》（藏文版），拉萨：西藏人民出版社，1988年，第82页；释迦仁钦德：《雅隆尊者教法史》，汤池安汉译，拉萨：西藏人民出版社，1989年，第51页。

藏地区。有学者已据《萨迦世系史》与《马可波罗行纪》的记载，指出元代西藏在当时具有行省之地位。[①]《雅隆尊者教法史》应是最早将元代西藏定位为行省的藏文史籍，恰可为此说提供另一直接证据。

上引文中最值得关注的，无疑就是八思巴向忽必烈荐举伯颜伐宋一事，此事亦见于后来的《汉藏史集》，并在内容上进一步丰富细化，比如增衍出伯颜在来路遇见月儿鲁那颜、二人惺惺相惜的一幕，但八思巴作为伯乐识人、荐人的角色则丝毫没有变化。那么，伯颜留在元廷真的与八思巴的赏识有关吗？他后来征伐南宋也是受到八思巴的推荐吗？对此，相关学者皆深信不疑，甚至有人认为八思巴举荐伯颜的时间，应是《元史》卷一二七《伯颜传》所记伯颜出使元朝的至元元年，“当时八思巴还在大都”[②]。然而，这种分析存有三处疑点：其一，伯颜本传在系年上只是说其在“至元初”受旭烈兀之遣入元奏事，紧随于此记有“二年七月”，“拜光禄大夫、中书左丞相”。[③]而八思巴则在至元元年夏返

---

① 参见王贵:《〈萨迦世系史〉与〈马可·波罗游记〉的一个重要相同点》,《藏学论文及忆文选编》，北京：中国藏学出版社，2017 年。

② 参见陈庆英:《雪域圣僧：帝师八思巴传》，北京：中国藏学出版社，2002 年，第 150—151 页；张云:《藏文史书中的忽必烈皇帝》,《元代吐蕃地方行政体制研究》，北京：商务印书馆，2017 年，第 278—279 页。

③ 《元史》卷一二七《伯颜传》，北京：中华书局，1976 年，第 3099 页。又,《平宋录》说伯颜于中统四年（1263）“来事世祖”，当即在波斯起程之年。时忽必烈与阿里不哥争夺汗权的战争，胜负基本已分，伯颜的出使是旭烈兀及时把握时局支持忽必烈的直接产物。其实，旭烈兀最初支持忽必烈的态度并不明朗，近来有学者结合波斯文史料对此做了重新解读，参见陈春晓:《伊利汗国成立前后伊朗与汉地关系史新考——记 1258—1265 年间的三次遣使事件》，刘迎胜、姚大力主编:《清华元史》第 4 辑，北京：商务印书馆，2018 年。

回藏地[1]，若其果真荐举过伯颜，只能是在至元元年春，但可能性不大。其二，据《元史》卷五《世祖纪》，至元元年二月癸酉（二十八日）忽必烈开始动身前往上都。那么，若认为八思巴在大都举荐伯颜，此事当发生于至元元年正月至二月癸酉间，但可能性更小。其三，这种看法与上引史文的叙述脉络也不相符，根据引文所述，伯颜出使元廷发生在至元十三年（1276），此年八思巴身在藏地，何来举荐伯颜之事？还需注意的是，不论伯颜留在元廷做官，还是后来朝野皆知的受命征宋，其中八思巴的举荐之功，在关于伯颜的传记材料中丝毫没有提及，甚至在翰林学士王磐奉敕所撰八思巴的行状内亦毫无踪迹[2]，因此其真实性不得不让人怀疑。

对此，还可进一步加以考辨。首先，上引文中伯颜“体格俊美而且言辞练达”，符合蒙古统治者不次提拔人才的一般标准。蒙元君主对人才的特殊拔擢，主要优先考虑两大外在形象因素。[3]一是言辞。如弘吉剌人律实，“太宗尝问以军旅之事，应对称旨，即命为千户”；再如许兀慎人月赤察儿，年十六被世祖召见，“奏对

---

① 参见王启龙:《八思巴生平与〈彰所知论〉对勘研究》，北京：中国社会科学出版社，1999 年，第 128 页。

② 参见释念常:《佛祖历代通载》卷二一,《北京图书馆古籍珍本丛刊》第 77 册影印元至正七年（1347）刻本，北京：书目文献出版社，1997 年，第 424—425 页。

③ 参见邵亨贞《野处集》卷二《元故嘉议大夫邵武路总管兼管内劝农事汪公行状》：“十三岁，始命公（汪从善）奉芎药芽及香药一器，入见便殿。世祖皇帝使免冠而相之，点首许可，以手抚公额，顾徽国（从善父）曰：‘卿有子矣，使学文术，后当远大。’徽国顿首谢。故公舍家学而业儒，世祖命也。”（李修生主编:《全元文》第 60 册，南京：凤凰出版社，2004 年，第 498 页）说明忽必烈颇爱相人并据此有所改任甚或拔擢之举。

详明”，“即命领四怯薛太官”。[①]二是外貌。如畏兀儿人孟速思，史载：“太祖闻其名，征至阙下，一见大悦，曰：‘此儿目中有火，他日可大用。’”又如河东人刘哈剌八都鲁，“以近臣言，得召见。世祖谓其目有火光，异之，遂留侍左右”。[②]至于体貌健美而受重用者，更是屡见不鲜。伯颜作为忽必烈的属民[③]，则兼有言辞之长与外貌之美，又为蒙古功臣之后，受到忽必烈直接赏识而亲自委以重任，就再自然不过了，因此也就毋需外人从旁建言举荐。其次，藏传佛教在元初军政领域的影响也应予以考虑。我们知道，自从成吉思汗在统一草原不久诛杀了萨满教首领阔阔出后，宗教势力就再也无法凌驾于草原汗权之上，从而彻底沦为蒙古大汗的附庸。随着蒙古国家后来的对外扩张，草原君主又接触到佛教、道教、伊斯兰教、藏传佛教等不同的宗教派别，但这些宗教人士只是被用作告天祝祷、祈福祝釐的工具，为政治服务而已。据学者研究，八思巴在元朝政治活动中主要扮演三大角色：（一）履行宗教职责，为元朝皇室传法授戒，传授灌顶，讲经说法，举行法会等；（二）发现、培养佛教人士，如胆巴、沙罗巴等人；（三）直接参与或影响元朝对藏地的施政，如在藏地建立驿站和十三万户，

① 《元史》卷一三三《孛阑奚传》，北京：中华书局，1976年，第3235页；元明善：《太师淇阳忠武王碑》，苏天爵编：《元文类》卷二三，张金铣校点，合肥：安徽大学出版社，2020年，第428—429页。

② 程钜夫：《武都智敏王述德之碑》，张文澍校点：《程钜夫集》卷六，长春：吉林文史出版社，2009年，第68页；《元史》卷一六九《刘哈剌八都鲁传》，北京：中华书局，1976年，第3973页。

③ 参见金山あゆみ訳注，赤坂恒明監訳：《ラシード＝アッディーン〈集史〉“モンゴル史”部族篇》，東京：風間書房，2022年，第330頁。

统领总制院事等。[①] 因此，八思巴在元初能够与大汗一起接见伊利汗国的来使，尤其是建言将其留下作为征宋将领，这本身就与藏传佛教在元初军政活动中的作用抵牾难合。

既然八思巴赏识、推荐伯颜之事并不可靠，那么《雅隆尊者教法史》的这一说法又是从何而来呢？当然，释迦仁钦德所记，并非全都背离史实。如唆鲁禾帖尼因旭烈兀西征而封赐最好之侍从一事，虽然并不确切，但并非子虚乌有，其史实原型系 1253 年蒙哥汗指派旭烈兀西征并选拔从征将士之事，而唆鲁禾帖尼已于前一年去世。据《史集》记载，除了此前驻在伊朗、克什米尔和印度的军队外，蒙哥汗“还决定从成吉思汗分给诸子、诸弟和诸侄的全体军队中，每十个人抽出两个人，作为额外人员，交给旭烈兀汗作为媵哲［分民］，随同他出征，服役于此方”[②]。故分给旭烈兀的侍从几乎都是最好的。又如伯颜出使元廷而被忽必烈留下并委以征宋之大任，亦备载于其相关传记。不过，伯颜留在元朝是在“至元初”，正式受命征宋则发生在至元十一年，其间相隔近十年，伯颜亦屡被提拔，故此二事并非前后紧密相因。总体来看，对于受到藏传佛教深厚影响的《雅隆尊者教法史》来说，这些时间上的瑕疵是情有可原的，而藏传佛教政教合一的入世理念，恰恰为我们了解释迦仁钦德笔下的某些叙事打开了一扇方便之门。

《雅隆尊者教法史》说八思巴在涿州建立了护法神殿，护法神

---

① 参见王启龙:《藏传佛教在元代政治中的作用与影响》,《西藏研究》2001 年第 4 期。

② ［波斯］拉施特主编:《史集》第 3 卷，余大钧译，北京：商务印书馆，1986 年，第 29 页。

面向南方。此护法神在《汉藏史集》中作摩诃葛剌，俗称大黑神。八思巴之举与其弟子胆巴后来在五台山寿宁寺祠祭护法神异曲同工，皆有在正面战场之外以宗教祈祷的方式为元朝灭宋助一臂之力的意图。[①]其实，蒙古统治者早就有利用宗教方式助阵军事征伐的举动，如著名的“札答”祭天以求风雨、杀敌势，就是如此。[②]而八思巴祈祷大黑天助阵灭宋，自然也容易为蒙古君臣所接受。于此，八思巴在元朝灭宋中的作用也就非常清晰地体现出来。然而，在藏传佛教史家政教合一的理念下，八思巴在元朝灭宋中所扮演的角色并不止此，他不但在本职的宗教层面上祷神助力，而且被刻画为灭宋大将伯颜的“伯乐”，甚至还是元朝皇帝的根本上师，“商讨永世之业，倾心听取意见”。这虽然夸大了八思巴在元代军政事务中的作用，但却符合政教合一的宗教理念，故为藏传佛教史家喜闻乐道并书写在藏文文献中。

四、元顺帝即位

《雅隆尊者教法史》对蒙元诸帝的即位情形，几乎皆一笔带过，但关于末代皇帝妥懽贴睦尔，则留下了较多笔墨：

---

① 参见陈庆英:《雪域圣僧：帝师八思巴传》，北京：中国藏学出版社，2002 年，第 151—152 页。陈先生还提到元成宗曾命胆巴祷于摩诃葛剌以拒海都犯边，说明藏传佛教的这种祷神之举，在忽必烈以后仍被用于战争活动中。

② 参见 Ádám Molnár, *Weather-Magic in Inner Asia*, Indiana: Indiana University Uralic and Altaic Series, Vol.58, 1994, pp.126-142；白・特木尔巴根:《“札答”考》,《〈蒙古秘史〉文献版本考》，北京：北京大学出版社，2014 年，第 176—190 页。

据说和世瑓（Gu-sha-la）的长子妥懽贴睦尔（Tho-gon-the-mur）在鸡年六月掌政即位，就会与薛禅〔皇帝〕齐名。群臣问曰："然空出皇位，国家的大任由谁承担？"燕铁木儿（Ye-la-the-mur）说："你们司天台（Si-then-tha）诸官需仔细卜算。倘若那样，皇帝会长寿。在此期间，国家的责任由我承担。"〔故〕皇位空缺六个月，法令政务诸事皆由燕铁木儿处理。阴水鸡年六月八日，在上都（Shang-do）的大雄宝殿（pho brang chen-po。应即大安阁——译者）即位。[①]

此事亦见于《汉藏史集》。关于其中曲折复杂的内幕，《元史·顺帝纪》有一详细的交代：

三年（1332）八月己酉，文宗崩，燕铁木儿请文宗后立太子燕帖古思，后不从，而命立明宗次子懿璘只班，是为宁宗。十一月壬辰，宁宗崩，燕铁木儿复请立燕帖古思，文宗后曰："吾子尚幼，妥懽贴睦尔在广西，今年十三矣，且明宗之长子，礼当立之。"乃命中书右丞阔里吉思迎帝于静江。至良乡，具卤簿以迓之。燕铁木儿既见帝，并马徐行，具陈迎立之意，帝幼且畏之，一无所答。于是燕铁木儿疑之。故帝至京，久不得立。适太史亦言帝不可立，立则天下乱，以故议未决。迁延者数月，国事皆决于燕铁木儿，奏文宗后而行

---

① 释迦仁钦德：《雅隆尊者教法史》（藏文版），拉萨：西藏人民出版社，1988 年，第 85—86 页。

之。俄而燕铁木儿死，后乃与大臣定议立帝，且曰："万岁之后，其传位于燕帖古思，若武宗、仁宗故事。"诸王宗戚奉上玺绶劝进。四年六月己巳，帝即位于上都……[①]

原来妥懽贴睦尔迟迟无法即位的主要原因，在于权臣燕铁木儿本人的推脱延宕。燕铁木儿在文宗去世后，首先考虑的皇位继承人是文宗子燕帖古思，但"不从"于文宗皇后，故又选立妥懽贴睦尔弟懿璘只班，直到宁宗去世后才不得已选立妥懽贴睦尔。

燕铁木儿之所以如此行事，或许是鉴于新皇年幼，他正可对其操纵驾驭。但更重要的原因还是与妥懽贴睦尔之父明宗的骤崩有关。《元史》卷一三八《燕铁木儿传》说，"燕铁木儿疑其（即妥懽贴睦尔）意不可测，且明宗之崩，实与逆谋，恐其即位之后追举前事，故宿留数月"，可谓一语中的，道出了历史的真实内幕，《顺帝纪》所记"燕铁木儿疑之"亦根源于此。但在妥懽贴睦尔即位已成定局的情况下，为了避免将来的"意不可测"，燕铁木儿在自己的权限内唯一能够做的，恐怕就是尽量拖延妥懽贴睦尔的即位时间，所以暗示太史"言帝不可立，立则天下乱，以故议未决"。

《雅隆尊者教法史》所言皇位空虚六个月、妥懽贴睦尔即位于阴水鸡年六月八日（己巳），皆与历史实情相符。至于将妥懽贴睦尔延期即位归因于将来可与忽必烈齐名，是不顾当时"立则天下乱"的特殊政治环境，而在后来重新追加附会的一种美妙说法。

---

① 《元史》卷三八《顺帝纪一》，北京：中华书局，1976年，第816页。

这种叙述，不但巧妙掩盖了妥懽贴睦尔在即位前数月受制于燕铁木儿的耻辱历史，而且对妥懽贴睦尔未来的统治亦寄予了美好的愿景。对于妥懽贴睦尔来说，可谓收到了“一箭双雕”之效。此外，值得深思的是，其中也隐含着一些颇具元朝特色的历史因素。我们知道，忽必烈以后的元代诸帝在治理国家、施政行法上，皆以“世祖成宪”为效法的楷模，故也都愿意被臣僚群属与世祖薛禅皇帝相提并论。尤其值得注意的是，妥懽贴睦尔在当时多被称为“庚申帝”，这源于他生于庚申年（1320）[①]，而世祖忽必烈恰恰即位于庚申年（1260），这种鲜明的巧合自然也就更方便时人将妥懽贴睦尔与忽必烈联系起来。因此，将妥懽贴睦尔说成与忽必烈齐名而为其延宕六个月即位张本，虽然与历史实情抵牾，但并非完全是无稽之谈。藏传佛教史家笔下的这种说法，其实与元代政治、社会的某些具体面相有着千丝万缕的联系。

在这六个月内，燕铁木儿并未为妥懽贴睦尔即位后他的进退出处详加准备。《元史》燕铁木儿本传以“先是”的语气追述说：“燕铁木儿自秉大权以来，挟震主之威，肆意无忌。一宴或宰十三马，取泰定帝后为夫人，前后尚宗室之女四十人，或有交礼三日遽遣归者，而后房充斥不能尽识。一日宴赵世延家，男女列坐，名鸳鸯宴。见座隅一妇色甚丽，问曰：‘此为谁？’意欲与俱归。左右曰：‘此太师家人也。’至是荒淫日甚，体羸溺血而薨。”类似

① 有学者认为，这应与当时纪念皇帝“本命日”的制度有关，参见张帆：《元朝皇帝的“本命日”——兼论中国古代“本命日”禁忌的源流》，刘迎胜主编：《元史论丛》第12辑，呼和浩特：内蒙古教育出版社，2010年，第34—35页。

的记载亦见于《庚申外史》。[①] 燕铁木儿这种肆意无忌、荒淫不止的处事态度和生活作风，与其在两都之战中“达旦不寐，一夕或再徙”的谨小慎微，形成了鲜明的对比。之所以如此，应该还是燕铁木儿对其本人及其家族大权长久在握的坚定信心，正如其子唐其势后来所宣称：“天下本我家天下也。”[②] 所以，在燕铁木儿看来，就算妥懽贴睦尔以后即位，也无法撼动其家族的固有权势。后来历史的发展在最初确实也是如此，妥懽贴睦尔登基不久，就“立燕铁木儿女伯牙吾氏为皇后”[③]，以示对燕铁木儿家族之尊崇。然一旦妥懽贴睦尔巩固了自己的统治，就立即借篾儿乞人伯颜之手彻底清除了燕铁木儿的家族势力。伯颜随后一度成为继燕铁木儿之后的另一权臣，并陷害自己的领主郯王，但最终亦为妥懽贴睦尔所戮杀。[④] 从这些复杂纷纭的权力斗争背后，我们愈发可以看出：元代政治关系的本质是家臣政治。[⑤] 个别权臣虽然一度功高震主，甚至在迷失自我下声称“天下本我家天下也”，但他们与皇帝的关系仍无法完全摆脱奴隶和使主的羁束。权臣执政是家臣执政

① 参见权衡撰，任崇岳笺证:《〈庚申外史〉笺证》，郑州：中州古籍出版社，1991 年，第 13 页。按，权衡认为妥懽贴睦尔即位后燕铁木儿仍然在世，不确，任崇岳先生已经辨正。

② 《元史》卷一三八《燕铁木儿传》附《唐其势传》，北京：中华书局，1976 年，第 3334 页。

③ 《元史》卷三八《顺帝纪一》，北京：中华书局，1976 年，第 817 页。

④ 藤島建樹:《元の順帝とその時代》,《大谷学報》49（4），1970 年；邱树森:《妥懽贴睦尔评传》，澳门：澳门周刊出版有限公司，2004 年，第 63—78 页。

⑤ 对此之详细探讨，参见张帆:《论蒙元王朝的“家天下”政治特征》，陈苏镇编:《中国古代政治文化研究》，北京：北京大学出版社，2009 年，第 330—360 页。

在元代特殊历史时期的变态，终究会向家臣执政的草原传统政治模式回归，上述燕铁木儿与伯颜的例子可谓为此提供了有力的佐证。蒙古统治中的家臣执政，在妥懽贴睦尔撤离大都后的草原汗廷仍然持续，立足于元明时期的漫长历史时段加以考察，仍是今后非常有价值的一大课题。

《雅隆尊者教法史》是继《红史》之后第二部综括概述蒙元史事的藏文文献，所记内容较《红史》为详，并进而为后来的《汉藏史集》所承袭、增补。由于《雅隆尊者教法史》参考过《脱卜赤颜》，本身又成书于元亡不久，故其中所记蒙古信息极具史料价值。另外,《雅隆尊者教法史》对《彰所知论》将蒙古王统纳入印－藏脉络的书写方式略有演发，也是藏传佛教影响下蒙古历史编纂的重要组成部分。当然，除了《雅隆尊者教法史》外，还有其他藏文文献也保存了比较珍贵的蒙古史料，在认真释读藏文记载、充分参考国内外优秀成果的基础上对此做进一步考辨，似乎仍是未来研究的一个方向。

波斯文文献篇

· 第十章 ·

朮兹札尼《纳昔儿史话》所记蒙古习俗与法律汇释

《纳昔儿史话》（*Ṭabaqāt-i Nāṣirī*）约成书于公元 1260 年，是印度古儿王朝史家朮兹札尼（Jūzjānī）所撰写的一部波斯文史籍。[①] 作为当时关于伊斯兰世界的一部通史，此书最后一章也附带记载了蒙古人对伊朗东部和阿富汗一带的征服活动，为我们了解蒙古西征提供了比较翔实的第一手材料。[②] 其中，除了具体战争的叙述备受瞩目外，研究者也对蒙古入侵阿富汗和印度的军将做过一番详细考察。[③]

---

① 关于对此书的详细介绍，请参见本田実信:《ペルシア語史料解說》,《モンゴル時代史研究》, 東京：東京大学出版会，1991 年，第 568—569 頁；张长利:《波斯文蒙古史文献》,《中国边疆史地研究》1998 年第 3 期，第 87 页；王一丹:《伊朗伊利汗时期与蒙古史有关的波斯语文献》，北京大学蒙古学研究中心主编:《面向新世纪的蒙古学：回顾与展望》，北京：民族出版社，2005 年，第 95—96 页；刘迎胜:《察合台汗国史研究》，上海：上海古籍出版社，2006 年，第 33 页；陈得芝:《蒙元史研究导论》，南京：南京大学出版社，2012 年，第 90 页。

② 此书是研究蒙古西征必不可少的参考文献，在这方面国外学者如皮库林等（《蒙古西征研究》，陈弘法汉译，呼和浩特：内蒙古人民出版社，2015 年）以及梅天穆（Timothy May, *The Mongol Art of War: Chinggis Khan and the Mongol Military War*, South Yorkshire: Pen & Sword Books Ltd., 2007）、彼得 · 杰克森（Peter Jackson, *Studies on the Mongol Empire and Early Muslim India*, Surrey: Ashgate Publishing Ltd., 2009）征引较多，目前国内学者对其利用极不充分。

③ Boyle, "The Mongol Commanders in Afghanistan and India According to the *Ṭabaqāt-i Nāṣiri* of Jūzjānī", *Islamic Studies*, Vol.2, No.2, 1963, pp.235-247. 汉译文，参见本书"附录二"。

此外，朮兹札尼还对蒙古南侵金朝有所着墨，恰可与其他语种的记载相互补证，这方面也受到了学者的特别关注。[①]

不过，总体来看，目前学界对《纳昔儿史话》蒙古史料的研究，是远远不够的。朮兹札尼对蒙古人的记载，亦不仅限于赤裸裸的战争场景与相关将领名录，其他的相关信息，也值得我们仔细发掘、研讨。其中，朮兹札尼对蒙古习俗与法律的记载，虽零星疏落，却弥足珍贵。今汇集归纳为"蒙古人的祈天与占卜""蒙古人的葬俗""蒙古人的法律"等三类，并结合当时其他文献中的相关记载详加考释。

一、蒙古人的祈天与占卜

漠北地区古代游牧民族的祈天与占卜，由来已久，祈祷与占卜的内容涉及草原社会的方方面面，可谓与游牧民众的日常生活息息相关。迄至蒙古时代，草原百姓对祈祷与占卜的狂热，仍丝毫未减。蒙古人"无一事不归之天，自鞑主至其民无不然"[②]。朮兹札尼在成吉思汗正式进攻金朝前，对蒙古人的祈天有过一段生动的记载：

---

① 参见党宝海：《外交使节所述早期蒙金战争》，姚大力、刘迎胜主编：《清华元史》第3辑，北京：商务印书馆，2015年，第159—187页；Simon Berger, "Chinggis Khan Defeated: Plano Carpini, Jūzjānī and the Symbolic Origins of the Mongol Empire", *Journal of the Royal Asiatic Society*, Vol.31, 2001, pp.71-102. 按，后文重在从内亚文化中发掘《纳昔儿史话》等文献所述成吉思汗溃败于金朝一事所反映的蒙古起源传说的形态。

② 彭大雅撰，徐霆疏，王国维笺证：《〈黑鞑事略〉笺证》，《王国维全集》第11卷，杭州：浙江教育出版社，2009年，第377页；彭大雅撰，徐霆疏，许全胜校注：《〈黑鞑事略〉校注》，兰州：兰州大学出版社，2014年，第74页。

> 成吉思汗敕令："将所有的蒙古部众集合在山脚，令全部妇女与男子分离、所有的孩童与母亲分开，整整三天三夜须赤裸额头，三天内任何人都不能吃东西，禁止牲畜孳乳幼崽。"他自己走进一个帐幕（khargāh），将绳索（ṭanāb）放在自己的脖子上。在这三天三夜，所有人都呼喊："腾格里！腾格里！"三天后，在第四天的黎明，〔成吉思汗〕从帐幕走出，说道："腾格里已赐给我胜利！现在做好准备，把我们的复仇谴责给阿勒坛汗（Āltūn Khān）吧！"①

后文述及拔都汗去世、其子撒里答在蒙哥汗支持下即位时，朮兹札尼还提到拔都之弟伊斯兰教徒别儿哥对此表达了自己的不满，走进帐幕，脖子套上锁链（zanjīr），并用锁链锁上帐幕的门，祷告了三天三夜，希望真主（Khudāvand）赐予自己公正。②显然，这是对上述成吉思汗祈祷仪式的一种变相书写。类似的情形，还见于《元朝秘史》《世界征服者史》和《史集》等蒙古文、波斯文文献。据《元朝秘史》第103节成吉思汗在惊险躲过篾儿乞的

① Jūzjānī, *Ṭabaqāt-i Nāṣirī*, ed. by Ḥabībī, Kābul: Anjuman-i Tārīkh-i Afghānstān, 1964, p.100; Jawzjani, *Tabaqát-i Násiri*, ed. by Lees, Calcutta: the College Press, 1864, pp.333-334; *Ṭabaḳāt-i-Nāṣirī: A General History of the Muḥammadan Dynasties of Asia*, trans. by Raverty, London: Gilbert and Rivington, 1881, p.954. 按，加尔各答（Calcutta）本为《纳昔儿史话》最早的波斯文整理本，但错误较多。笔者所征引的原文，系以喀布尔（Kābul）本为底本，部分参考加尔各答本与英译本后汉译而来。

② Jūzjānī, *Ṭabaqāt-i Nāṣirī*, ed. by Ḥabībī, Kābul: Anjuman-i Tārīkh-i Afghānstān, 1964, pp.217-218; Jawzjani, *Tabaqát-i Násiri*, ed. by Lees, Calcutta: the College Press, 1864, p.450; *Ṭabakāt-i-Nāṣirī: A General History of the Muḥammadan Dynasties of Asia*, trans. by Raverty, London: Gilbert and Rivington, 1881, p.1291.

追袭后，曾脱去帽子，把腰带解下挂在颈部，以马奶酒奠祭、叩拜太阳。《世界征服者史》在蒙古复仇花剌子模前，曾说成吉思汗“独自登上一个山头，脱去帽子，以脸朝地，祈祷了三天三夜”。《史集》不但提到了进攻花剌子模前的这次祈天，甚至还详细记载了成吉思汗复仇金朝前对天的祈祷宣誓：

> 他独自一人按照自己的习惯，登上山顶，解下带子挂在颈上，并解开长袍（qabā）的扣子，跪着说道：“永恒的主啊，你知道和看到，阿勒坛汗是［括起］战乱的风，他挑起了战乱。他无辜地杀死了被塔塔儿部抓住送到他那里去的我的父亲祖父辈的年长的族人斡勤-巴儿合黑和俺巴孩-合罕，我要取他的血，［为他们］报仇。如果你认为我的想法是正确的，请从天上佑助我，命令天使、众人、善恶仙魔从天上佑助我！”他极其恭顺地作了这次祈祷，接着便上马出发了。[①]

党宝海先生已对以上史料做了细致的梳理与比较研究。[②] 在

① ［波斯］拉施特主编：《史集》第1卷第2分册，余大钧、周建奇译，北京：商务印书馆，1983年，第358—359页。

② 参见党宝海：《外交使节所述早期蒙金战争》，姚大力、刘迎胜主编：《清华元史》第3辑，北京：商务印书馆，第174—177页。按，出使大蒙古国的多明我使团成员西蒙·圣宽庭在其《鞑靼史》中说，最初蒙古人从属于印度君主大卫王，因不堪繁重的劳役、赋役和兵役，他们协商推举成吉思汗为首领。被选之后，成吉思汗在第二天召集所有人，登上高山，对他们进行动员后，集合所有军队进向大卫王的领土。（［法］西蒙·圣宽庭：《鞑靼史》，让·里夏尔法译、注释，张晓慧汉译，朱玉麒主编：《西域文史》第11辑，北京：科学出版社，2017年，第246页）这里，圣宽庭并没有提到成吉思汗的祈天之举，但整个叙事脉络却与上述史料中伐金前的一番场景极其相似，可能是同一史事在辗转流传中的高度删减与有意改造所致。

此，需要补充说明三点。其一，朮兹札尼说成吉思汗在祈天时放在脖子上的是绳子，通过与其他史料的对读，这种说法恐怕并不确切，他很可能是将腰带误作绳子。其二，朮兹札尼说成吉思汗祈天的地点是在一个帐幕内，而其他材料都将此记为山顶，更接近腾格里，似乎也更符合实情。其三，相关史料都说是成吉思汗独自祈天，但朮兹札尼的记载则为我们展现了这一场景的另外一面：所有蒙古部众与大汗一起禁食、禁欲，共同祈求腾格里带来胜利。

除了在战前祈求腾格里护佑并预示吉凶外，13 世纪的蒙古人还借助占卜方式来达到这一目的。对此，朮兹札尼也留下了宝贵的记载：

> 成吉思汗期望的一切，都来自其舌头所说：“〔会有〕一个人把〔所说的〕全部记在笔下，放进一个皮包内，并对此加盖印章。当成吉思汗恢复意识时，〔书记〕会逐一读给他，据此来从事所有的行动。一般大多数甚或全部都能正确到来（即得到验证——译者）。另一方面，〔成吉思汗〕熟练掌握羊的肩胛骨的知识，把肩胛骨放在火上加以持续烧烤，通过这种方法发现肩胛骨〔显示〕的征兆。”①

① Jūzjānī, *Ṭabaqāt-i Nāṣirī*, ed. by Ḥabībī, Kābul: Anjuman-i Tārīkh-i Afghānstān, 1964, p.144; Jawzjani, *Tabaqát-i Násiri*, ed. by Lees, Calcutta: the College Press, 1864, p.373; *Ṭabaḳāt-i-Nāṣirī: A General History of the Muḥammadan Dynasties of Asia*, trans. by Raverty, London: Gilbert and Rivington, 1881, p.1078.

这里成吉思汗主要扮演了两种角色：出神的萨满与以羊肩胛骨预示征兆的占卜师。朮兹札尼对前一形象的叙述略显扩大，但也不是凭空捏造。我们知道，成吉思汗在灭乃蛮俘虏其掌印官塔塔统阿后，才“凡有制旨，始用印章”[①]。建国后对萨满教巫师阔阔出的清洗，使得草原传统宗教势力完全沦为大汗的附庸，成为后者集权的有力工具，上述灭金前祈天的成吉思汗，其实就扮演了通天的萨满这一角色。朮兹札尼将这两种现实因素巧妙地结合起来，把成吉思汗塑造为一个完全凭借出神来发号施令、进行统治的萨满形象。当然，这并不能反映当时草原国家中枢决策的整体面貌，而是对拥有部分萨满职能的成吉思汗面貌的极度夸大罢了。

另外，作为占卜师的成吉思汗在史料中更为常见，除了上述引文外，朮兹札尼在书中的其他地方还提到成吉思汗本人曾烧羊的肩胛骨，来看天意是否允许他进攻印度，后因占卜不利，所以适时退兵。[②]类似的记载在中外文文献中，更是屡见不鲜。出使大蒙古国的南宋使臣赵珙在《蒙鞑备录》中有云：“凡占卜吉凶、进退杀伐，每用羊骨扇，以铁椎火椎之，看其兆坼，以决大事，类龟卜也。”[③]继赵珙后出使大蒙古国的彭大雅也说：“其占筮，则灼

① 陈得芝：《元代多元文化社会的言语文字二题》，《蒙元史与中华多元文化论集》，上海：上海古籍出版社，2013 年，第 183 页。

② Jūzjānī, *Ṭabaqāt-i Nāṣirī*, ed. by Ḥabībī, Kābul: Anjuman-i Tārīkh-i Afghānstān, 1964, pp.126-127, 146; Jawzjani, *Tabaqát-i Násiri*, ed. by Lees, Calcutta: the College Press, 1864, pp.355, 375; *Ṭabakāt-i-Nāṣirī: A General History of the Muḥammadan Dynasties of Asia*, trans. by Raverty, London: Gilbert and Rivington, 1881, pp.1046, 1081-1084.

③ 赵珙撰，王国维笺证：《〈蒙鞑备录〉笺证》，《王国维全集》第 11 卷，杭州：浙江教育出版社，2009 年，第 356 页。

羊之杴子骨，验其文理之逆顺，而辨其吉凶。天弃天予，一决于此，信之甚笃，谓之‘烧琵琶’。事无纤粟不占，占必再四不已。”徐霆对此注释曰：“霆随一行使命至草地，鞑主数次烧琵琶，以卜去留。想是琵琶中当归，故得遣归。烧琵琶即钻龟也。”[①]蒙哥汗时出使蒙古的西方使者鲁布鲁克，对这种占卜的细节着墨更多：“当他（蒙哥汗——引者）想干什么事时，他要来三块原来没有烧焦的这种骨头，拿着一块，问它是否该干他想干的事，然后他把它交给仆人拿去烧。他居住的宫室旁有两所小房屋，仆人就在里面烧这些骨头，而每天都要尽力在整个营地寻找它们。骨头被烧成黑色，送回给他。他观察骨头是否被火彻底烧裂。如果是这样，那他想干的事是可行的。不过，如果骨头裂成横斜纹，或者上面露出小圆点，那他不可行动。因为这种骨头总是在火里裂开，或者上面散布裂纹。只要三块骨头中他发现有一块满意，那他就行动。”[②]而且，不只是本族人如此，在蒙古汗廷效劳的其他族群之人有时也参与进来。宋子贞为耶律楚材所撰神道碑说：“每将出征，

---

① 彭大雅撰，徐霆疏，王国维笺证：《〈黑鞑事略〉笺证》，《王国维全集》第11卷，杭州：浙江教育出版社，2009年，第376页；彭大雅撰，徐霆疏，许全胜校注：《〈黑鞑事略〉校注》，兰州：兰州大学出版社，2014年，第68—69、71—72页。

② 《鲁布鲁克东行记》，柔克义英文译注，何高济汉译，北京：中华书局，1985年，第273—274页；［英］道森编：《出使蒙古记》，吕浦译，周良霄注，北京：中国社会科学出版社，1983年，第182—183页；《鲁布鲁克东方行纪》，马列英俄文译注，沙斯契娜补注，余大钧、蔡志纯汉译，呼和浩特：内蒙古大学出版社，2009年，第245页。有意思的是，20世纪初日本人鸟居龙藏在东乌珠穆沁旗一带调查时，发现当地人的羊骨占卜中只选取羊的右肩胛骨（［日］鸟居龙藏：《蒙古旅行》，戴玥、郑春颖译，北京：商务印书馆，2018年，第157页）。这是对蒙古人羊骨占卜细节的一大补充，其渊源或可直接追溯到元代蒙古人的占卜与尚右风俗。

必令公预卜吉凶，上亦烧羊髀骨以符之。"[①] 综合这些材料来看，在战前的羊骨占卜中，大汗可找人代烧骨头或令人代为占卜；以羊的肩胛骨占卜的行为，在蒙古社会中非常普遍，涉及生活"吉凶""进退杀伐"与"出征"、使团"去留"，甚至其他一切"想干的事"，几乎可以说是"事无纤粟"，莫不占卜了。

通过以上对朮兹札尼笔下蒙古人祈天与占卜的研究可知，二者在内容上都与征伐之前对战争吉凶的预测有关。从行为主体的身份来说，祈天主要限于大汗，而以羊的肩胛骨占卜则没有太多的人身资格限制，从大汗到普通百姓，从蒙古人到非蒙古人，皆有资格从事其中。若考虑到蒙古人在交战的过程中还有致风雨挫败敌势的法术[②]，就不难发现，征伐前的祈天或占卜正可与此结合，让我们对蒙古战争中的草原习俗有一更为全面的认识。

二、蒙古人的葬俗

蒙元时期蒙古权贵的葬俗极具草原特色，朮兹札尼在其书中留下了浓墨的一笔。他提到拔都去世后，被按照蒙古习俗埋葬，因为在他们中间有一惯例：

---

① 宋子贞：《中书令耶律公神道碑》，耶律楚材：《湛然居士文集》附录一，谢方点校，北京：中华书局，2021 年，第 319 页。

② 如阔亦田之战中，札木合一方曾有人施"札答"致风雨，著名的三峰山之战中，拖雷亦施行类似的法术挫败金军。对此详细之研究，参见白·特木尔巴根：《"札答"考》，《〈蒙古秘史〉文献版本考》，北京：北京大学出版社，2014 年，第 176—190 页。

> 当他们中的某人去世时，在地下准备帐幕或平台大小的地方，规制和职位与受诅咒下地狱之人（译者按，这是伊斯兰史家对蒙古征服者的咒骂之言）相当。〔然后〕将此地着手装饰起来，御座和地毯、容器和诸多财产以及他的武器，都〔放〕在那里，与他私有的所有东西一起下葬。一些婢女和侍从，以及他最宠爱之人，也与他一起埋在此地。此后，盖住此地，用马在地上来回腾转，这样，就无法在此地留下痕迹了。[①]

据此可知，视死如生是蒙古权贵葬俗的基本理念。其中体现出两大特色：地下的殉葬和地上的无冢。这种特点在当时引人注目，故在东西方不同语种的材料中也都留下了记载。贵由汗时期出使蒙古的圣方济各会使者柏朗嘉宾，在其行纪中对此有过更为翔实的叙述：

> 当病人死后，如果他官居上品，便把他秘密地埋葬于田野中人们所乐意的地方。届时还要用他的幕帐之一陪葬，使死者端坐幕帐中央，在他面前摆一张桌子，一大盆肉和一杯马奶。同时还要用一匹母马及其马驹、一匹带缰绳和备鞍的

---

① Jūzjānī, *Ṭabaqāt-i Nāṣirī*, ed. by Ḥabībī, Kābul: Anjuman-i Tārīkh-i Afghānstān, 1964, pp.176-177; Jawzjani, *Tabaqát-i Násiri*, ed. by Lees, Calcutta: the College Press, 1864, p.407; *Ṭabaḳāt-i-Nāṣirī: A General History of the Muḥammadan Dynasties of Asia*, trans. by Raverty, London: Gilbert and Rivington, 1881, p.1172.

牡马等陪葬。当把另一匹马的马肉吃完之后便用稻草把其皮填塞起来，然后再竖于两块或四块木头之上。这样一来，死者在另一世界也可以有一幕帐作栖身之地，有一匹母马以挤奶喝和饲养牲畜，同时也有可供作坐骑使用的公马。已被吃掉其肉的马匹的骨头为祭其灵魂而被焚烧。甚至还经常发现一些女子们结队而来为奠祭某些人的灵魂而焚烧骨头，正如我们在那里亲眼目睹和亲耳所闻的那样……他们似乎还用金银的仿制品来陪葬死者……为埋葬某些贵人，还有其它一些入殓方式。他们人不知鬼不觉地来到旷野中，在那里挖掉一些草皮块，掘一大坑，在此坑的土壁上再往地下挖一个坑，把死者最为宠爱的侍从置于死者身下。此人在其中躺很长时间才会昏厥过去，然后再把他拉出来让他呼吸一些新鲜空气，这样要一共反复举行三次。如果他能幸免于难而得以脱险，那末他从此就可以自由，可以去从事他所乐意的任何事业了，他从此也会成为幕帐中和死者家属中的颇有声望的人。对于未逃脱死劫者，人们则将其遗体连同上文所罗列的那些物品置于侧穴中。然后，人们先把前面的坑填掉，再用草皮据原状覆盖，以使从此之后再不会有人识破此地。对于其它各类事项，一切均按上述方式进行，但却将死者的幕帐留于旷野外面。①

① 《柏朗嘉宾蒙古行纪》，贝凯、韩百诗法译、注释，耿昇汉译，北京：中华书局，1985年，第37—38页；［英］道森编：《出使蒙古记》，吕浦译，周良霄注，北京：中国社会科学出版社，1983年，第13—14页；《普兰·迦儿宾行记》，马列英俄文译注，沙斯契娜补注，余大钧汉译，呼和浩特：内蒙古大学出版社，2009年，第28—29页。

13世纪亚美尼亚史家乞剌可思（Guiragos）对蒙古葬俗中的人殉和马殉亦有简略提及。[①] 柏朗嘉宾对殉葬的物品记载则较朮兹札尼与乞剌可思更为具体、丰富，甚至描绘出死者在另一个世界的生活场景、生者焚烧马骨祭祀逝者灵魂的画面。这是与其“亲眼目睹”和“亲耳所闻”分不开的。不过，在达到“无冢”这一客观成效的手段上，二书所记却略有差异。柏朗嘉宾说是用原来的草皮据原状回填覆盖；朮兹札尼则认为覆盖后还需马踏这一程序，这在其他史料中能得到佐证。《黑鞑事略》一书中，对蒙古人的丧葬留下了寥寥数语:“其墓无冢，以马践蹂使如平地。”《草木子》也说在深埋后还要“用万马蹴平”[②]。可见，朮兹札尼所记并非空穴来风。

总之，相较之下，朮兹札尼对蒙古葬俗记载虽稍加简略，但却全面勾画了下葬的整个过程：从墓地的规制，到随葬品的选择，再到最后的不封不树的“无冢”之制。这大概是除柏朗嘉宾行纪和《黑鞑事略》外，对蒙元时期蒙古人丧葬习俗的最早记载，说明西迁的蒙古贵族在葬俗方面仍保留了比较完整的草原传统，因此值得我们予以充分的重视。

---

① Dulaurier, “Les Mongols d’après les historiens arméniens. Fragments traduits sur les textes originaux” , *Journal asiatique*, ser.5, v.11, 1858, pp.249-250. 关于对乞剌可思笔下蒙古人的研究，参见 Boyle, “Kirakos of Ganjak on the Mongols”, *Central Asiatic Journal*, VIII, 1963, pp.199-214.

② 叶子奇:《草木子》，北京：中华书局，1959年，第60页。

三、蒙古人的法律

13—14 世纪的蒙古法，不但是成吉思汗家族统治漠北草原的有力工具，在很大程度上也适用于蒙古征服者对定居民众的管辖。朮兹札尼言简意赅地叙述了成吉思汗创建的一些法规：

> 盗窃、通奸、说谎、叛变，从〔别人〕喉咙中取食的任何人，都会被处死。进入大的或小的（khurd。译者按，此据加尔各答本，喀布尔本作 khūrd，于文意不通）水源的任何人，都被处死。任何在水源附近洗（shista。此据加尔各答本，喀布尔本作 shisna，误）脸之人，如果他洗干净的脸上的水流入这一水源内，都要被处死。轻于所有这些的任何罪行，被惩治时，笞打三棍、五棍、十棍，但人们规定，犯人要被剥光并受到猛烈、狠狠地击打。这一法令被规定为札撒（Yasa）之名，据蒙古语，即法令、敕令。①

以上应该是除《世界征服者史》外，最早记载蒙古札撒的波斯文文字。虽然比较简短，但恰可与其他相关史料互补互证。其中，盗窃、通奸、说谎、叛变，在提及成吉思汗札撒的文献中记载较

① Jūzjānī, *Ṭabaqāt-i Nāṣirī*, ed. by Ḥabībī, Kābul: Anjuman-i Tārīkh-i Afghānstān, 1964, p.152; Jawzjani, *Tabaqát-i Násiri*, ed. by Lees, Calcutta: the College Press, 1864, p.381; *Ṭabaḳāt-i-Nāṣirī: A General History of the Muḥammadan Dynasties of Asia*, trans. by Raverty, London: Gilbert and Rivington, 1881, pp.1107-1108.

多。[①]关于轻于死刑的犯罪，在札撒的具体条文中亦有明晰的规定，而朮兹札尼所记笞打的数目，恐怕道听途说者为多，然赤裸受罚之说则罕见于现存的札撒残片。对洁净水源的保护，反映出萨满教的宗教迷信，亦得到比较充分的研究。[②]不过，对从别人喉咙中取食者处以死刑，则为《纳昔儿史话》所独有，从而进一步丰富了成吉思汗札撒的内容与条文。

除了对札撒的具体叙述外，朮兹札尼还提到蒙古人的一种死刑。旭烈兀在西征攻下报达后，俘虏了哈里发，“把他裹在衣革中，踢打他高傲、神圣的身体，直到死去”[③]。据《纳昔儿史话》上引文所记，此事的背景是有人认为杀死哈里发，若鲜血溅地就会引发一场吞没蒙古军队的地震，所以旭烈兀以不流血的方式将他处决。

众所周知，关于报达哈里发之死，文献中多认为是受饿所致。不过，朮兹札尼的记载也并非空穴来风，因为这种不流血而死在当时极具草原特色，是蒙古权贵杀死敌对首领的一种较为普遍的方式。在这方面，最早且最为著名的记载，当属《元朝秘史》所述札木合被其安答（anda，义兄弟）成吉思汗俘获后的“不

---

① 参见吴海航：《成吉思汗〈大札撒〉探析》，《法学研究》1999 年第 5 期。

② Riasanovsky, *Fundamental Principles of Mongol Law*, Indiana: Indiana University Press, 1965, p.36；吴海航：《成吉思汗〈大札撒〉探析》，《法学研究》1999 年第 5 期。

③ Jūzjānī, *Ṭabaqāt-i Nāṣirī*, ed. by Ḥabībī, Kābul: Anjuman-i Tārīkh-i Afghānstān, 1964, p.198; Jawzjani, *Tabaqát-i Násiri*, ed. by Lees, Calcutta: the College Press, 1864, p.430; *Ṭabakāt-i-Nāṣirī: A General History of the Muḥammadan Dynasties of Asia*, trans. by Raverty, London: Gilbert and Rivington, 1881, p.1252.

出血”之死：

> 札木合说：“如今安答欲教我做伴，当做伴时，不曾做得伴……如今恩赐教快死呵，安答得心安，倘又教不出血死呵，我死后于你子孙行，永远护助也者。”成吉思听了这话说：“……虽欲爱惜你性命，也不能得了。依着你言语，不出血教死者。”令札木合就那里不出血死了，仍以礼厚葬了。[①]

这里并没有明确记载“不出血”而死的具体方式。余大钧先生在其汉译《元朝秘史》一书中，补充认为是“装入袋中窒息”而死。[②]联系到其他史料，这种说法具有一定道理。波斯史家拉施特在《史集》中曾说，贵由汗在即位后审讯脱烈哥那皇后的宠幸法提玛：“当她在棍棒拷打下承认之后，就把她［身体的］上下之口都缝住，裹在一块大毡里抛进了水中。”在另一处，拉施特还提到蒙哥汗处死斡兀立海迷失后的方式：“把她的双手缝住在一张软的生皮里押送了来。……审问了她的罪行之后，她就被裹入毡中，抛进了水里。”[③]

此外，著名的西方旅行家马可·波罗在其行纪中提到忽必烈对家族的叛乱者乃颜的惩治，也施行了类似的死刑：

---

① 乌兰校勘：《元朝秘史》，北京：中华书局，2012年，第256页，第201节。

② 余大钧译注：《蒙古秘史》，石家庄：河北人民出版社，2007年，第324页。

③［波斯］拉施特主编：《史集》第2卷，余大钧、周建奇译，北京：商务印书馆，1985年，第213、254—255页。

> 当大可汗得知乃颜被擒，对此非常欢欣和喜悦 [FB]，下令或可 [FB] 将其立即 [FB] 处死，这样他就根本不会见到乃颜，以免因为他们是血肉之亲而对其加以怜悯 [FB]；随后，乃颜是以我将要告诉你们的这种方式被处死的。由于他被紧紧地捆扎起来 [V]，并束缚 [P] 在毡内非常残酷地向四处拖曳，上下翻滚 [VB]，因而致死；然后他们仍将其留在毡内 [VA]；所以 [V] 乃颜就这样结束了他的生命 [VA]。大可汗以这种方式处死乃颜的原因，是鞑靼人 [VA] 说过他不愿皇家族裔之血溅到地上，不愿向空中哀嚎 [TA]，不愿太阳和空气见到，也不愿任何动物接触到乃颜的肢体 [VB]。①

马可 · 波罗在对忽必烈处死蒙元统治家族成员乃颜的详细追忆中，关于不流血而死原因的解释，是忽必烈家族感情的流露，并不适用于上文旭烈兀对伊斯兰教最高精神领袖哈里发的处决。

据学者研究，蒙古人这种不流血而死的方式，会使死者成为整个部族的保护神灵，也就是说反映的是一种古老的蒙古观念。② 还有学者将其与《元朝秘史》中折断对手脊柱而使其死去的方式联系起来，认为皆是“不出血而死”的不同表现形式，常被施用于非常之人，是出于对方灵魂会随着血液流散而消逝的心理，而对受死者

---

① A. C. Moule and Paul Pelliot, *Marco Polo: The Description of the World*, London: Routledge, 1935, p.200. 汉译文参见笔者所译、北京大学国际汉学家研修基地马可波罗读书班审定《马可波罗寰宇记》第 80 节。

② Ratchnevsky, *Genghis Khan: His Life and Legacy*, Oxford and Cambridge: Blackwell Ltd., 1991, p.245, n.194.

施行的一种尊敬的辞世方式。[①] 对于旭烈兀来说，他所信奉的应是札木合所说“于你子孙行，永远护助也者”的草原观念，以不流血的方式处决哈里发，既避免了留血之死所导致的“地震”，又可使其魂灵佑助蒙古部众平安无恙，从而收到了“一举两得”之效。

将上述术兹札尼的记载与相关史料加以对比，我们还可发现，在蒙古人不流血的处决方式中，受死者被裹在毡内几乎是必需的一道程序。毡既可防护牲畜，又可保护子女，故草原百姓往往以其立像而祀之。[②] 据上文分析还可得知，毡也是聚纳死者鲜血以凝聚其灵魂的重要工具，可以说是与蒙古人的生死密不可分的必备之物。至于裹入毡中后的致命一击，或扔入水中窒息而死，或拖曳（踢踏）而亡，并无定例，似乎前者适用于女性（如法提玛、海迷失），后者更针对男性（乃颜、哈里发）。当然，对此仍有待发掘更多材料加以论证。

术兹札尼对蒙古习俗与法律的记载，不但可与中外相关史料相互证明，丰富、深入我们在这方面的了解，而且还提供了一些不见于他书的重要信息，进一步增进我们对蒙古习俗和法律的认识。当然，还有诸多 13—14 世纪的波斯文文献，也对蒙古人的习俗与法律有着不用程度的记载，亦需要我们今后进一步搜集、译注与研究。

---

① 此为法国学者乌瑞夫人的观点，详细参见钟焓：《民族学视角下的古代蒙古人传说——读乌瑞夫人蒙古学论著札记》，姚大力、刘迎胜主编：《清华元史》第 2 辑，北京：商务印书馆，2013 年，第 422—423 页。

② 参见邵循正：《释 Narigai、Nacigai》，《邵循正历史论文集》，北京：北京大学出版社，1985 年，第 118—119 页。

·第十一章·

朮兹札尼《纳昔儿史话》所记成吉思汗生年献疑

“一代天骄”成吉思汗生于公元 1162 年，自 20 世纪邵循正与周清澍先生的论证后，早已成为学界公认的历史常识，这一点毋庸置疑。[①] 不过，关于成吉思汗生于 1167 年的不实传言，在蒙元时期亦盛行一时，此说虽被前辈学者加以辨正，但其产生的历史背景、流传范围等问题，仍值得深翻与探究。本章即在相关汉、藏文史料的基础上，结合新发现的朮兹札尼《纳昔儿史话》中的记载，对这一问题做进一步检讨，并提出个人的几点不成熟看法。

元末杨维桢在其《正统辨》中说：

---

① 参见邵循正：《成吉思汗生年问题》，《历史研究》1962 年第 2 期，后收入南京大学历史系元史研究室编：《元史论集》，北京：人民出版社，1984 年，第 16—22 页；周清澍：《成吉思汗生年考》，《文史》1962 年创刊号，后收入《周清澍文集》（中），桂林：广西师范大学出版社，2020 年，第 3—19 页。后吴泽先生对王国维所持成吉思汗生于 1162 年说做了进一步论证，参见吴泽：《成吉思汗生年与史事纪年考辨——读王国维〈鞑靼年表〉》，原刊《上海师范大学学报》1980 年第 2 期，后收入成吉思汗研究所编：《成吉思汗研究文集》，呼和浩特：内蒙古人民出版社，1991 年，第 18—20 页；李治安先生亦根据元代藏文史料对 1162 年说做了进一步补证，参见李治安：《成吉思汗生年问题补正》，《历史研究》1996 年第 1 期，后收入李治安：《元代政治制度研究》，北京：人民出版社，2003 年，第 660—666 页。

> 考宋祖生于丁亥，而建国于庚申，我太祖之降年与建国之年亦同。[①]

按，与宋太祖赵匡胤相关的生年“丁亥”、建国之年“庚申”，分别是927年、960年。以此可推，元太祖成吉思汗应生于1167年，并于1200年建国。杨维桢的记载受到伯希和的高度重视，成为其推定成吉思汗生于1167年的关键证据。[②]

杨维桢之文是在元末分修宋、辽、金三史，各立正统的背景下所作，意在宣传元朝正统承袭宋朝而来。[③]此文大受江南地区士人群体的赞赏，在当时流传甚广，不啻为回应宋、辽、金三朝分立正统的一篇激昂檄文，至于其具体理据是否坚实，则尚在其次了。[④]实际上，前辈学者早已指出，杨维桢的说法直接来自元代中期书贾所刻印的《宋季三朝政要》一书：

> 宋太祖生于丁亥，以庚申岁建国，命曹彬平江南。……

---

① 转引自陶宗仪：《南村辍耕录》卷三，北京：中华书局，1959年，第36页。

② Paul Pelliot, “Cinghis”, *Notes on Morco Polo*, I, Paris: Imprimerie Nationale, Librairie Adrien-Maisonneuve, 1959, pp.282-299. 汉译文参见［法］伯希和：《成吉思汗》，黄振华译，内蒙古大学蒙古史研究所编：《蒙古史研究参考资料》第23辑，1982年，第3—5页。

③ 参见刘浦江：《德运之争与辽金王朝的正统问题》，《中国社会科学》2004年第2期，后收入刘浦江：《正统与华夷：中国传统政治文化研究》，北京：中华书局，2017年，第105页。

④ 例如，杨维桢所谓成吉思汗于1200年建国，显然有误，而他本人是确切知道成吉思汗建国于1206年的，参见周清澍：《成吉思汗生年考》，《周清澍文集》（中），桂林：广西师范大学出版社，2020年，第15页。

今大元太祖圣武皇帝亦生于乙亥，以庚申岁即位，命伯颜平江南……[①]

据此语境，从“命伯颜平江南”来看，其主语应是元世祖忽必烈，故“乙亥”与“庚申”分别是1215年与1260年，恰与忽必烈的生年、即位之年相符；但就元太祖成吉思汗而言，“乙亥”与“庚申”则应为1165年与1200年，然“命伯颜平江南”就无从谈起了。此处纪事的混乱，最合理的解释是《宋季三朝政要》将“大元世祖”张冠李戴成“大元太祖”了。[②]至此，杨维桢所谓成吉思汗生于1167年一说也就不攻自破。

成吉思汗生于1167年的另一汉文史料证据，见于《圣武亲征录》丙戌年（1226）纪事，说：“时上年六十矣。”诸本均如此记载。[③]伯希和将其与《正统辨》的说法一起，作为论证成吉思汗生于1167年的两大核心史料。[④]然研究者已注意到，《圣武亲征录》“癸亥年”（1203）提到成吉思汗“春秋四十二”，与生于1162年相合，故“六十矣”应为“六十五矣”之脱讹。[⑤]所以，《圣武亲

① 佚名撰，王瑞来笺证：《宋季三朝政要笺证》，北京：中华书局，2010年，第508页。

② 参见邵循正：《成吉思汗生年问题》，南京大学历史系元史研究室编：《元史论集》，北京：人民出版社，1984年，第18页；周清澍：《成吉思汗生年考》，《周清澍文集》（中），桂林：广西师范大学出版社，2020年，第14—15页。

③ 参见贾敬颜校注：《圣武亲征录》（新校本），陈晓伟整理，北京：中华书局，2020年，第304页。

④ 参见［法］伯希和：《成吉思汗》，黄振华译，内蒙古大学蒙古史研究所编：《蒙古史研究参考资料》第23辑，1982年，第3—5页。

⑤ 参见何秋涛校正，李文田、沈曾植校注，那珂通世增注：《校正增注元親征録》，《那珂通世遺書》，東京：大日本圖書株式會社，1915年，第136頁。

征录》丙戌年的记载并非成吉思汗生于1167年的可靠证据。①

不过，除了《正统辨》外，元代藏族史家蔡巴·贡嘎多吉所撰《红史》似乎亦隐含成吉思汗生于1167年的说法。此书关于蒙古的纪事参考了草原汗廷的《脱卜赤颜》，说成吉思汗享年“六十一岁”。②若据卒年1227年反推，成吉思汗应生于1167年。③

另外，笔者还发现，13世纪中叶左右伊斯兰史家术兹札尼所撰《纳昔儿史话》提到成吉思汗在进入呼罗珊时，正值五十五岁（چنجاه و چنج ساله）。④据此书前文，成吉思汗渡过质浑河（آب جیخون，即阿姆河）到呼罗珊发生在回历618年（سنه ثمان و عشر و ستمائه）⑤，

① 按，元末释家典籍《佛祖历代通载》在征引《圣武亲征录》时在丙戌年亦有“上年六十矣”的记载，可见《圣武亲征录》的这一讹误早在元代就已存在，参见本书第九章《〈雅隆尊者教法史〉蒙元史事考辨》。

② 蔡巴·贡嘎多吉：《红史》（藏文版），东噶·洛桑赤列校注，北京：民族出版社，1981年，第29页；蔡巴·贡嘎多吉：《红史》，东噶·洛桑赤列校注，陈庆英、周润年汉译，拉萨：西藏人民出版社，1988年，第26页。

③ 按，《红史》说成吉思汗的卒年为阳火虎年（1206或1266），又说按生年算应是阳水猴年（1212或1272），皆不确。又，《红史》所记成吉思汗卒日“七月十二日”，均与阳火虎年、阳水猴年不符，但与《元史》卷一《太祖纪》（北京：中华书局，1976年，第25页）中成吉思汗去世的丁亥年（1227）的七月“己丑”相合。显然，《红史》中的阳火虎年、阳水猴年很可能是阳火猪年（1227）之误。

④ Jūzjānī, *Ṭabaqāt-i Nāṣirī*, ed. by Ḥabībī, Kābul: Anjuman-i Tārīkh-i Afghānstān, 1964, p.144; Jawzjani, *Tabaqát-i Násiri*, ed. by Lees, Calcutta: the College Press, 1864, p.373; *Ṭabaḳāt-i-Nāṣirī: A General History of the Muḥammadan Dynasties of Asia*, trans. by Raverty, London: Gilbert and Rivington, 1881, p.1077. 按，Raverty 英译本误作六十五岁（sixty-five years old）。

⑤ Jūzjānī, *Ṭabaqāt-i Nāṣirī*, ed. by Ḥabībī, Kābul: Anjuman-i Tārīkh-i Afghānstān, 1964, pp.114-115; Jawzjani, *Tabaqát-i Násiri*, ed. by Lees, Calcutta: the College Press, 1864, pp.345-346; *Ṭabaḳāt-i-Nāṣirī: A General History of the Muḥammadan Dynasties of Asia*, trans. by Raverty, London: Gilbert and Rivington, 1881, pp.1008-1009.

即公元1221年。由此可推，成吉思汗生于1167年。

以上汉、藏、波斯文的史料，共同将成吉思汗生年定于1167年，这说明了什么呢？当然，如开篇所述，1167年并不确切。但是，此说是怎样产生的，又为何被蒙元时期的多语种历史文献所采纳，仍值得深思。

在笔者看来，杨维桢《正统辨》虽与《宋季三朝政要》有史源关系，但二书中成吉思汗的生年“丁亥”与“乙亥”显非一年，然不论“丁亥”还是“乙亥”，皆为猪年，由《红史》与《纳昔儿史话》所推成吉思汗生年亦是猪年，故可知1167年说是对当时所传成吉思汗猪年诞生这一说法的演绎阐释与以讹传讹。

以往的研究已经注意到《史集》所记成吉思汗生于1155年也是猪年，并推测这或许代表着很大一部分伊斯兰世界人士的认识，因伊斯兰世界以猪为低等的不洁之物，故波斯史家旨在借此讥讽与抗议成吉思汗在西征时的大肆屠戮。[①] 然猪年说亦见于17世纪成书的《突厥世系》。[②] 此书虽距成吉思汗时代已相隔数个世纪，但考虑到作者阿布尔-哈齐-把阿秃儿汗是成吉思汗长子朮赤的直系后裔，所谓猪年说可能来自家族内部的口耳相传，说明此说至少已为部分蒙古汗廷权贵所接受。因此，关于成吉思汗生于猪年的说法，仍未得到较为满意的解释。由此，就不得不回归历史现

① 参见周清澍：《成吉思汗生年考》，《周清澍文集》（中），桂林：广西师范大学出版社，2020年，第10页。

② Aboul-Ghâzi Bèhâdour Khan, *Histoire des mogols et des tatares*, par Le Baron Desmaisons, St. Pètersbourg: Imprimerie de l’Académie Impériale des sciences, 1874, p.143；阿布尔-哈齐-把阿秃儿汗：《突厥世系》，罗贤佑译，北京：中华书局，2005年，第131页。

场，对成吉思汗生年诸说产生的原因以及在欧亚大陆流传的背景进行重新考察。

众所周知，随着成吉思汗自东向西对蒙古高原统一的推进，降附而来的突厥人（或操突厥语者）日益成为新兴草原国家文书行政的核心力量，突厥文化亦逐渐影响并深深渗透进蒙古汗廷。① 在突厥文化中，猪（toŋuz）恰恰是勇武善战的象征，正与成吉思汗的赫赫武功同符合契，故而可知关于成吉思汗生于猪年的说法很可能来自突厥人，并借由突厥语人群的宣传在 13 世纪的欧亚大陆盛行一时。

1203 年，成吉思汗灭掉漠北强大的突厥化蒙古部落克烈，基本统一了蒙古高原，成为当时轰动漠北内外的大事。1215 年，成吉思汗攻占金朝的中都，震惊了欧亚大陆诸国。从草原到中原的这两次赫赫武功，为成吉思汗军事征伐中的高光时刻，巧合的是也都发生在猪年，这自然愈发强化并大肆传播了其生于猪年的说法。所以，在大蒙古国时期突厥人（或操突厥语者）主导的草原汗廷的史书编纂中，猪年说会被《脱卜赤颜》所记载，后在忽必烈即位初期又为《圣武亲征录》所承袭，而借助中亚突厥语人群的宣传，也为德里苏丹国术兹札尼所撰《纳昔儿史话》与伊利汗国所修《史集》这两部波斯文史书所提及，甚至直到 17 世纪仍在

---

① Igor De Rachewiltz, “Turks in China under the Mongols: A Preliminary Investigation of Turco-Mongol Relations in the 13th and 14th Centuries”, in Morris Rossabi ed., *China among Equals: The Middle Kingdom and Its Neighbors, 10th and 14th Centuries*, California: University of California Press, 1983, pp. 281-310.

中亚流传，故见于《突厥世系》一书。[①] 然而，元朝汗廷又清楚地知道成吉思汗实际上生于1162年，随着忽必烈统治中后期对史书编纂的重视[②]，故在《脱卜赤颜》与实录的修订中对猪年说进行了改正[③]。还需一提的是，南宋嘉定十四年（1221），赵珙出使大蒙古国燕京，后将沿途见闻撰成《蒙鞑备录》一书，其中说："今成吉思汗皇帝者，甲戌生。"[④]"甲戌"即1154年。这是关于成吉思汗生年的另一种错误传言。洪钧认为，1154年与1155年相差一年，故此说大致可以证明成吉思汗生于猪年。[⑤] 可以想见，赵珙在探听成吉思汗年寿时，时人当以猪年说算出六十六岁予以答之，他则以汉人

---

① 按，除了拉施特《史集》将成吉思汗丧父、生年和卒年均记为猪年外，此前旭烈兀汗时期的波斯学者纳西列丁·徒昔在其《伊利汗积尺》的题跋中，也将成吉思汗登上汗位系于猪年（通古兹·义勒，1203），参见［英］波伊勒撰，黄时鉴译：《〈伊利汗积尺〉的长序》，《黄时鉴文集》Ⅱ《中外文化交流史（迄于蒙元时代）》，上海：中西书局，2011年，第344—345页。此说虽然不确，但却进一步说明突厥文化中的toŋuz元素对成吉思汗历史书写的深刻影响。

② 至元二十三年（1286）十二月，翰林承旨撒里蛮言："国史院纂修太祖累朝实录，请以畏吾字翻译，俟奏读然后纂定。"从之。至元二十五年二月，司徒撒里蛮等进读《祖宗实录》，帝曰："太宗事则然，睿宗少有可易者，定宗固日不暇给，宪宗汝独不能忆之耶？犹当询诸知者。"参见《元史》卷一四《世祖纪十一》、卷一五《世祖纪十二》，北京：中华书局，1976年，第294、308—309页。

③ 这种改正显然并不彻底，一是并未仔细复核同一史书内的相关记载，所以我们在《圣武亲征录》中既能看到1162年说，还能发现关于猪年说的史文。二是并未对同一史书的早期文本进行改正，所以《红史》所参早期《脱卜赤颜》中留下了猪年说的痕迹，但后来《雅隆尊者教法史》所据后期《脱卜赤颜》则正确记载了成吉思汗的生年。关于《红史》与《雅隆尊者教法史》对《脱卜赤颜》的征引，参见本书第九章"《雅隆尊者教法史》蒙元史事考辨"。三是并未波及民间文献，所以元代中后期的《宋季三朝政要》与《正统辨》仍有所提及。

④ 赵珙撰，王国维笺证：《〈蒙鞑备录〉笺证》，《王国维全集》第11卷，杭州：浙江教育出版社，2009年，第337页。

⑤ 参见洪钧：《太祖年寿考异》，洪钧著，田虎校注：《元史译文证补校注》，石家庄：河北人民出版社，1990年，第109页。

虚岁的思维理念反推，从而在其书中留下了成吉思汗生于1154年的记载，实际上在说者那里，成吉思汗正是生于1155年。[①]

以上力求以知识生成与文献编纂为切口，将成吉思汗生年的诸多说法，纳入一个逻辑自洽的思维框架中，进行更为妥帖与合理的历史学解读。当然，这种解释远非定论，有待于今后的进一步检讨。最后，捎带一提的是，除了成吉思汗的生年外，其本人早期事迹甚至这一时期相关人物的活动，在历史文献中几乎皆缺乏明确的系年。在这方面，蒙元时期历史文献书写的一大特点是以某一标志性事件作为时间参照。例如，阎复为玉昔帖木儿所撰碑文，述及其先祖博尔朮十三岁时，曾助成吉思汗夺回"要儿斤部"所盗马匹。[②]再如速那令真撰《重修文殊寺碑》，说察合台生于成吉思汗"即位之年"。[③]至于成吉思汗本

---

① 按，有学者已指出成吉思汗在1154年出生为时过早，若据此，则与此相关的其他事件就存在纪年上的困难或矛盾，参见 *Meng-Ta Pei-Lu und Hei-Ta Shih-Lüeh, Chinesische Gesandtenberichte über die Frühen Mongolen 1211 und 1237*, nach Vorarbeiten von E. Haenisch und Yao Ts'ung-wu, übersetzt und kommentiert von P. Olbricht und E. Pinks, Wiesbaden: Harrassowitz, 1980, pp.12-13；拉施特在其书中认为成吉思汗所出生的猪年为1155年，亦得到详细辨正，参见周清澍：《成吉思汗生年考》，《周清澍文集》（中），桂林：广西师范大学出版社，2020年，第9—13页。

② 参见阎复：《太师广平忠宪王碑》，苏天爵编：《元文类》卷二三，张金铣校点，合肥：安徽大学出版社，2020年，第423页。

③ 参见耿世民、张宝玺：《元回鹘文〈重修文殊寺碑〉初释》，《考古学报》1986年第2期。按，据《蒙古源流》，此事发生于"己酉"（即1189年，参见乌兰：《〈蒙古源流〉研究》，沈阳：辽宁民族出版社，2000年，第150页），可推察合台亦生于此年。然《元史》卷二《太宗纪》（北京：中华书局，1976年，第37页）明载察合台弟窝阔台卒于1241年，享年五十六岁，可知应生于1186年，察合台之生年亦应在此前。伯希和推测察合台生于1185年，似乎更合情理，参见 *Notes on Morco Polo*, I, Paris: Imprimerie Nationale, Librairie Adrien-Maisonneuve, 1959, "Ciagatai", p.253。

人，《元朝秘史》记载他在九岁时随父也速该至弘吉剌部订婚。[①]诸如此类标志性事件，若没有其他史料的确凿证明，其发生的年代就很难断定。[②]此外，赵珙还说蒙古人“称年号曰兔儿年、龙儿年”[③]，这种以十二生肖纪年的方式在《元朝秘史》中亦有体现。虽然《元朝秘史》明确的纪年始于鸡儿年（1201），但是可以想见蒙古人在回忆成吉思汗生年时很可能也是采用的生肖纪年。可以肯定的是，成吉思汗生于1167年说，不论是来自生肖纪年的宣传，还是以当时年岁反推所得，都与历史事实相去甚远。

---

① 参见乌兰校勘：《元朝秘史》，北京：中华书局，2012年，第21页，第61节。

② 如成吉思汗联合克烈部王罕助金朝讨伐塔塔儿的斡里札河之战，正是借助《金史》的记载我们才能得知是发生于承安元年（1196）之事，参见宝音德力根：《成吉思汗建国前的金与蒙古诸部》，《内蒙古社会科学》1990年第4期。

③ 赵珙撰，王国维笺证：《〈蒙鞑备录〉笺证》，《王国维全集》第11卷，杭州：浙江教育出版社，2009年，第339页。按，关于蒙古尤其是蒙古以前的北方游牧民族行用生肖纪年的详细研究，参见［法］路易·巴赞：《突厥历法研究》，耿昇译，北京：中华书局，1998年。

·结语·

蒙元史多语种文献整理与研究的再思考

1940年，韩儒林先生（1903—1983）曾基于当时的学术环境与研究现状，对国内蒙元史研究中的史料运用进行了一番展望："窃以为吾人今日应各本所长，分力合作，先校译波斯、阿拉伯、拉丁、俄、蒙古、亚美尼亚、西藏、突厥等文字中之蒙古史料，而成蒙古史料丛书。"[①] 迄至20世纪80年代，翁独健先生（1906—1986）仍然认为蒙元史研究中的多语种史料有待"进一步整理和搜集"，并就具体的学术实践提出了切实可行的方案[②]，不啻为引领蒙元史研究的一份纲领性宣言，在今日仍然值得重点关注与充分阐释。

对于研究蒙元史来说，最重要的汉文文献无疑当属明初官修的《元史》。针对此书，翁独健先生指出："我们要做更彻底的元史考证、更全面的订误，这样，从史料、史实方面，用时就很方

① 韩儒林:《元史研究之回顾与前瞻》,《责善半月刊》1940年2卷7期，后收入韩儒林:《穹庐集——元史及西北民族史研究》，上海：上海人民出版社，1982年，第67页。

② 参见南京大学历史系元史研究室编:《元史论集》，北京：人民出版社，1984年，"前言"，第3—5页。以下引文未出注者，皆来自此文。

便、很放心了。”时至今日，围绕《元史》的考订虽然已经积累了诸多有益的成果，但这项工作仍有进一步拓展的余地，今再试举一例。

《元史》卷一〇〇《兵志三》“腹里所辖军民屯田”条下载：“世祖至元十七年十二月，月儿鲁官人言：‘近于灭捏怯土、赤纳赤、高州、忽兰若班等处，改置驿传，臣等议，可于旧置驿所设立屯田。’从之。”[①] 这条记载不见于《元史》的本纪、列传等相关史料。其中，“月儿鲁官人”即玉昔帖木儿，是成吉思汗“四杰”之一博尔术之孙，时任御史大夫，《元史》本传称其为“月吕鲁那演”[②]。这一史料主要叙述了玉昔帖木儿建言于灭捏怯土、赤纳赤、高州、忽兰若班等驿站处所设立屯田之事。在“忽兰若班”一词中，“忽兰”应该就是《元朝秘史》中屡次出现的“忽剌安”（hula’an），旁注为“红”[③]，“若班”则颇为难解，蒙古语中并无相近词汇。清人魏源（1794—1857）所著《元史新编》在征引这处史文时将“忽兰若班”改为“忽兰苔

① 《元史》卷一〇〇《兵志三》，北京：中华书局，1976年，第2564页。

② 《元史》卷一一九《博尔术传》附《玉昔帖木儿传》，北京：中华书局，1976年，第2947页。“月吕鲁”为“月儿鲁”异译，即蒙古文Örlög，意为“无敌的、英勇的、常胜的”；“那演”或作“那颜”，系蒙古文Noyan音译，意译即为“官人”，故玉昔帖木儿本传解释“月吕鲁那演”，“犹华言能官也”。

③ 乌兰校勘：《元朝秘史》，北京：中华书局，2012年，第49、97、139等页，第81、118、146等节。《至元译语》“颜色门”作“忽剌”（hula['an]），意为“红”，参见贾敬颜、朱风合辑：《蒙古译语 女真译语汇编》，天津：天津古籍出版社，1990年，第15页；蒙古文今作ulaɣan。

班”，但未说明依据。[①] 通过参照其他史料，可以推断魏源的修改是正确的，“若班”实应作“荅班”，若、荅二字形近致误。

首先，元代蒙古语中确实有“荅班”一词，即《元朝秘史》旁注为“岭”的“荅巴安”（daba'an）[②]，今杭爱山就被时人称为“抗海荅班”[③]。其次，古代蒙古人有将颜色属性加在地名上的习惯[④]，而以红色冠于地名的情况更是屡见不鲜，大蒙古国时期到过漠北的张德辉在其行记中就提到过“忽兰赤斤”一地[⑤]，而在当时

① 参见魏源:《元史新编》卷九〇《兵志》，光绪三十一年（1905）慎微堂刊本，1984年，第4174页。按，魏源当时最容易接触到的《元史》应该是道光四年（1824）刻本，其中“忽兰若班”作“呼兰达巴”，魏源书殆据此又参考“四库书中元代各家著述”（语出魏源《拟进呈〈元史新编〉表》）而改，至于所据“元代各家著述”中具体之记载，则不得而知；此外，道光四年本《元史》此条依据的是《四库全书》本《元史》，因为二者不但“呼兰达巴”相同，就连将“世祖”误改为“世宗”也如出一辙，而乾隆四年（1739）的武英殿本《元史》仍作“忽兰若班”，因此可以肯定“呼兰达巴”为清乾隆朝修《四库全书》改译《元史》译名之产物。

② 乌兰校勘:《元朝秘史》，北京：中华书局，1976年，第139页，第146节。《华夷译语》“地理门”作“答巴安”（daba'an），“岭”之义，参见贾敬颜、朱风合辑:《蒙古译语女真译语汇编》，天津：天津古籍出版社，1990年，第27页。

③ 王恽著，杨亮、钟彦飞点校:《王恽全集汇校》卷四三《总管范君和林远行图诗序》，北京：中华书局，2013年，第2031页；卷五一《大元嘉议大夫佥书宣徽院事贾氏世德之碑》，第2370页。另外，关于“抗海荅班”，点校者指出，弘治本作“杭海荅班”，荟要本、四库本作“杭爱达巴”，参见第2374页。但据笔者亲自核查，其实只有荟要本作“杭爱达巴”（此本卷末考证中也指出“‘杭爱达巴’旧作‘抗海答班’”），《四库全书》文渊阁本和文津阁本则分别作“哈喇达巴”“喀喇达拉”。

④ 例如，古代蒙古人把“白湖”以意译的方式称为“察罕・脑儿”（Čaqan na'ur）；同样，“黄色的原野”则被命名为“失剌・客额儿”（Šira ke'er）。

⑤ 贾敬颜:《五代宋金元人边疆行记十三种疏证稿》，北京：中华书局，2004年，第348页。按，赤斤，即蒙古语中意为“耳朵”的čiki加表示复数的后缀-n而来，张德辉在自注中说乌兰赤斤为“山名，以其形似红耳也”。

的西域也有叫作“忽兰兀孙”的地名[①]，至今像乌兰哈达（赤峰）、乌兰察布（红色垭口）、乌兰巴托（红色英雄）等为我们详熟的城市，也都属于此种情况。这说明蒙古人自古就对红色情有独钟，因此当时由漠北至中亚名为 Hula’an daba’an（意即红色山岭）的地方不止一处。（一）1220 年，长春真人丘处机应诏经漠北至西域觐见成吉思汗，次年八月行至阿尔泰山东北临时驻营休息。李志常《长春真人西游记》于此记载：“复南行，其山高大，深谷长坂，车不可行。三太子（窝阔台）出军，始辟其路。乃命百骑挽绳县辕以上，缚轮以下。约行四程，连度三岭，南出山（阿尔泰山）前，临河（乌伦古河）止泊。”[②] 关于“深谷长坂”，张星烺先生注释说，“长春经乌兰达坂关度金山者也”，并谓“程同文、丁谦及白莱脱胥乃窦皆同此主张”。[③] 地理学家陈正祥注《西游记》，其注九八云：“Potanin 的《蒙古游记》中，曾说有俄国驼商二队，在 1877 年由科布多经乌兰达坂山口，过布尔根河前往古城子。”[④]

---

① “忽兰兀孙”见《元史》卷一三五《明安传》，即蒙古语 Hula’an usun，意为“红水”，刘迎胜先生认为即清代马纳斯河以西的乌兰乌苏，参见刘迎胜：《察合台汗国史研究》，上海：上海古籍出版社，2006 年，第 283—284 页。

② 李志常著，尚衍斌、黄太勇校注：《长春真人西游记校注》卷上，北京：中央民族大学出版社，2016 年，第 108 页。

③ 张星烺编注：《中西交通史料汇编》，朱杰勤校订，北京：中华书局，2003 年，第 1699 页；周清澍：《蒙元时期的中西陆路交通》，《周清澍文集》（中），桂林：广西师范大学出版社，2020 年，第 71—72 页。

④ 陈正祥：《中国游记选注》第一集，香港：商务印书馆，1979 年，第 75 页；此承周清澍先生见告，特此致谢。波塔宁的游记今已被译成中文，其中陈正祥注中出现的“乌兰达坂”被译为“乌栾达坂”，参见［俄］格·尼·波塔宁著，［苏联］B. B. 奥布鲁切夫编：《蒙古纪行》，吴吉康、吴立珺译，兰州：兰州大学出版社，2013 年，第 78 页。

波塔宁（Potanin）是近代俄国旅行家，他从蒙古高原西部的科布多经“乌兰达坂山口”逾阿尔泰山，与长春真人走的是同一路线，证明李志常记载的“深谷长坂”称为 Hula’an daba’an。此地名当时或已有之，唯李志常等人不知耳。（二）元代归德路儒学教授张德翥撰于皇庆二年（1313）的《季家林墓碑》，记载了季氏后代季庭璋于至元十五年（1278）、十六年随伯木儿大王平定漠北失里吉、药木忽儿叛乱[①]之事，其中亦提及 Hula’an daba’an：“十五年四月，赴北出征。次年二月，受敕、枢密院札付，充汉军都元帅府都镇抚，管领军马。到于和林（成）〔城〕濶濶地面，先行出哨，根赶不拜户，至忽拦塔班口子擒捉回还，蒙伯木儿大王赏羊十四、牛一只，及蒙枢密院定夺升迁。”[②]关于此事，元人黄溍为刘国杰所撰神道碑中也有提及：“〔至元〕十六年夏四月，至和林，叛王脱脱木犯边，公（刘国杰）曰：‘彼全军而来，巢穴必虚。’乃出其不意袭击之，俘其生口、畜牧万计，脱脱木以骑兵来追，至谦河，溺死者过半。”[③]脱脱木即脱脱木儿，为拖雷子岁

① 对此，参见刘迎胜：《察合台汗国史研究》，上海：上海古籍出版社，2006 年，第 263—268 页。

② 许绍锦编修：嘉庆《莒州志》卷五《古迹》，嘉庆元年（1796）刻本，叶 6a。“〔 〕”内为引者改正文字。季庭璋，《元史》无传，《新元史》和《蒙兀儿史记》为其所立传记中，皆未提到“根赶不拜户，至忽拦塔班口子擒捉回还”一事，故此条记载可补二书之阙。另据《元史》，成宗时钦察大将床兀儿随海山在漠北抵御西北诸王，“〔大德〕四年秋，叛王秃麦、斡鲁思等犯边，床兀儿迎敌于阔客之地”，“阔客之地”应即季庭璋所到达的“濶濶地面”（阔客、濶濶系蒙古文 Kökö 异译，意为“青色的”），参见《元史》卷一二八《土土哈传》附《床兀儿传》，北京：中华书局，1976 年，第 3136 页。

③ 黄溍：《湖广等处行中书省平章政事赠推恩效力定远功臣光禄大夫大司徒柱国追封齐国公谥武宣刘公神道碑》，参见王颋点校：《黄溍全集》，天津：天津古籍出版社，2008 年，第 661 页。

哥都之子，至元十三年（1276）煽动失里吉叛元。张德翥和黄溍所记实为同一背景，将两条记载联系起来看，季庭璋所追袭的“不拜户”，很可能就是依附于脱脱木儿等诸王者。元军平叛后占据了忽拦塔班口子，该地是一个山口，处于交通要道，因此首先设置了驿站。关于该地地望，据刘迎胜先生研究，脱脱木儿是从欠州“领兵南下，进袭杭海山东”[①]，所以此地应大致在杭海山西北至谦州（亦作“欠州”，今叶尼塞河上游乌鲁克穆河与克穆齐克河流域）之间。（三）明初出使西域的陈诚，有《过忽兰打班》一诗[②]，忽兰打班显然是Hula'an daba'an的另一种译法。从地理上判断，波塔宁（及丘处机）和陈诚所经Hula'an daba'an，位置均更加偏西，与季庭璋所至忽拦塔班并非一地，但可以证明Hula'an daba'an为蒙古语中比较习见的地名。通过以上详细论述，至此自然就会得出认识：《元史·兵志三》中的“忽兰若班”应该就是“忽兰荅班”之误。那么，《季家林墓碑》中的“忽拦塔班”与《元史·兵志三》中的“忽兰荅班”，是否可勘同为一地呢？值得注意的是，月儿鲁官人建言改置驿传的“赤纳赤”在今内蒙古赤峰翁牛特旗东南[③]；“高州”在辽阳行省大宁路[④]，今赤峰东北。因

---

① 刘迎胜：《察合台汗国史研究》，上海：上海古籍出版社，2006年，第266页。

② 参见陈诚：《陈竹山先生文集》，《内篇》卷二，《四库全书存目丛书》影印江西省图书馆藏雍正七年（1729）刻本，叶19b—20a。关于陈诚出使西域的路线，参见王继光：《陈诚及其西使记研究》，北京：中华书局，2014年，第103—151页。

③ 参见邱树森主编：《元史辞典》，济南：山东教育出版社，2002年，第331页。

④ 参见李治安、薛磊：《中国行政区划通史》（元代卷），上海：复旦大学出版社，2017年，第81页。

此，忽兰苔班也应在这一带。[①] 陈得芝先生将辽朝皇帝的秋猎地庆州“赤山”，定位在今赤峰巴林右旗东北二百五里。[②] 此“赤山”亦见于《元史》，应即“忽兰苔班”之意译[③]，故与“忽拦塔班”并非一地。

除了《元史》，翁先生对其他蒙元史汉文史料的整理与搜集也提出了切实性的建议。

（一）《元典章》的整理与《经世大典》的辑佚。此二书与《元史》是翁先生最为看重的三部汉文史料，其整理工作目前均已完成。此外，蒙元史领域还有一些重要史料，亦值得整理以飨学界。笔者对《平宋录》与《北巡私记》的研究，就是在这方面的尝试。对《北巡私记》的笺注，充分参照了德文译注本，从而进一步启发笔者：在当今蒙元史研究国际化的时代背景下，即使是汉文史料的整理，也需时刻关注、参考、吸收国际学界的优秀成果。比如，就《元史》中的显要人物而言，灭宋功臣八邻人伯颜的传记，就绕不过柯立夫的精深研究；顺帝朝宰相篾儿乞人伯颜

① 此处将这几个地名联系起来考察地望，系受内蒙古大学蒙古历史学系宝音德力根老师教示。另承宝音老师提示，“灭捏怯土”（Meneketü）即有青蛙的地方，今东乌珠穆沁旗与陈巴尔虎旗均有 Menegen Tala（即 Menegen 草原）。特此致谢！按，Meneketü 又作 Melegetü，参见斯钦朝克图：《蒙古语词根词典》（蒙古文），呼和浩特：内蒙古人民出版社，1988 年，第 1388 页。就与赤纳赤、高州、忽兰苔班的距离来看，“灭捏怯土”更可能位于东乌珠穆沁旗。

② 中国历史大辞典·辽、夏、金、元史卷编纂委员会编：《中国历史大辞典·辽、夏、金、元史卷》，陈得芝所撰“赤山”词条，上海：上海辞书出版社，1986 年，第 196 页。

③ 《元史》卷一一八《特薛禅传》，北京：中华书局，1976 年，第 2919 页；参见白拉都格其：《元代东道诸王勋臣封地概述》，《成吉思汗的遗产》，呼和浩特：内蒙古人民出版社，2009 年，第 100 页。

的传记，也无法回避韩百诗的优秀成果。① 再如《庚申外史》的整理，似乎就有必要对其德文译注本予以充分参考。② 类似的情况，实则不一而足。

（二）专题性的史料辑录。在这方面，翁先生对《元代画家史料》与《元代农民起义史料》予以肯定，进而认为“其他类似的史料辑录工作还应该继续做下去”。此后，《元代法律资料辑存》《元代奏议辑录》等书的出现③，无疑是对翁先生这一倡议的有力践行。当今学界获取资料的便捷，显然更有助于类似工作的开展，如《元代蒙古人 / 色目人汉文碑传材料汇校》《波斯文、阿拉伯文文献所见蒙古西征纪事辑译》等专题性史料辑录与研究④，似乎就很值得一试。

（三）《元碑集成》与《元代文物图谱》。对于《元碑集成》，翁先生的规划是将元代多语种的碑刻材料“有计划地进行搜集，然后加以考释，分门别类地把碑辑出来”。目前畏吾体蒙古文与八

① Cleaves, “The Biography of Bayan of the Bārin in The *Yüan Shih*”, *Harvard Journal of Asiatic Studies*, Vol. 19, No. 3/4, 1956, pp.185-303; Hambis, “Notes préliminaires à une biographie de Bayan le Märkit” , *Journal asiatique*, Tome 241, 1953, pp.215-248.

② Helmut Schulte-Uffelage, *Das Keng-shen Wai-Shih: Eine Quelle zur Späten Mongolenzeit*, Berlin: Akademie-Verlag GmbH, 1963. 关于对此书的学术评价，参见 Hambis, “*Das Keng-shen Wai-Shih: Eine Quelle zur Späten Mongolenzeit* by Helmut Schulte-Uffelage”, *T'oung Pao*, Vol. 52, Livr. 1/3, 1965, pp.219-222.

③ 皆收入由浙江古籍出版社所出黄时鉴先生（1935—2013）主编的《元代史料丛刊》。

④ 据邱树森先生（1937—2019）回忆，韩儒林先生在 20 世纪 60 年代初曾指导他编纂《元蒙古色目人碑传集》，但后来一直未见面世，不知当时是否已经完成。参见邱树森：《韩儒林先生的成功之道：勤奋、博学和科学方法》，陈得芝等编：《朔漠情思——历史学家韩儒林》，南京：南京大学出版社，2000 年，第 178 页。

思巴字蒙古文的相关碑文，在国内外均有辑录[①]，而且关于某一具体蒙古文碑文的研究也产生了一些经典的代表性成果。[②]回鹘文碑刻亦然。[③]在汉文碑文的整理方面，成绩更加斐然，既有全国性的石刻汇编[④]，亦有地域性与专题性的资料辑录[⑤]。近来，李治安先生主编的《元代北方金石碑刻集成》在逐卷出版，大大推进了汉文碑文的整理进度，是佳惠学界的功德无量之作。以发掘、整理、考释汉文碑刻为中心对元史进行专题考察，早已被视为蒙元史研究的全新动态。[⑥]本书以那海家族碑文为中心对元朝契丹人的再

---

① 呼格吉勒图、萨如拉编著:《八思巴字蒙古语文献汇编》，呼和浩特：内蒙古教育出版社，2004 年。Tumurtogoo and Cecegdari, *Mongolian Monuments in Uighur-Mongolian Script (XIII-XVI Centuries)*, Taipei: Institute of Linguistics, Academia Sinica, 2006; Tumurtogoo and Cecegdari, *Mongolian Monuments in 'Phags-pa Script*, Taipei: Institute of Linguistics, Academia Sinica, 2010.

② 例如，Cleaves, "The Sino-Mongolian Inscription of 1362 in Memory of Prince Hindu", *Harvard Journal of Asiatic Studies*, Vol. 12, No. 1/2, 1949; Cleaves, "The Sino-Mongolian Inscription of 1335 in Memory of Chang Ying-Jui", *Harvard Journal of Asiatic Studies*, Vol. 13, No. 1/2, 1950; Cleaves, "The Sino-Mongolian Inscription of 1338 in Memory of Jigüntei", *Harvard Journal of Asiatic Studies*, Vol. 14, No. 1/2, 1951; 亦邻真:《读 1276 年龙门禹王庙八思巴字令旨碑——兼评尼古拉·鲍培的译注》《至正二十二年蒙古文追封西宁王忻都碑》，乌云毕力格、乌兰编:《般若至宝：亦邻真教授学术论文集》，上海：上海古籍出版社，2019 年。

③ 例如，耿世民:《回鹘文亦都护高昌王世勋碑研究》,《考古学报》1980 年第 4 期；耿世民、张宝玺:《元回鹘文〈重修文殊寺碑〉初释》,《考古学报》1986 年第 2 期；卡哈尔·把拉提、刘迎胜:《亦都护高昌王世勋碑回鹘碑文之校勘与研究》,《元史及北方民族史研究集刊》1984 年第 8 期。

④ 例如，国家图书馆善本金石组编:《辽金元石刻文献全编》(元代部分)，北京：北京图书馆出版社，2003 年；洪金富:《元代石刻拓本目录》，台北："中央"研究院，2017 年。

⑤ 例如，王大方、张文芳编著:《草原金石录》，北京：文物出版社，2013 年；樊波主编:《陕西出土蒙元时期墓志》，西安：陕西人民美术出版社，2021 年；赵卫东、陈法永主编:《金元全真道碑刻集萃》，济南：山东大学出版社，2020 年。

⑥ [日] 杉山正明:《蒙古时代史研究的现状及课题》,[日] 近藤一成主编:《宋元史学的基本问题》，北京：中华书局，2010 年，第 298—300 页。

认识，就是在这方面的一大尝试。可以肯定，利用汉文金石与碑刻从事蒙元史的研究，既是当下国内学界的一大热点，也必将是今后的一大趋势。关于《元代文物图谱》的编写，翁先生提供了切实的方案，即将各博物馆收藏的以及其他来源的文物（包括印章、钱币、瓷器等）图片汇集成册。其中，将传世文物与纸上遗文互相释证的治学理路已昭昭可见。目前这方面已积累了较多的成果[①]，为研究蒙元史提供了很大便利。

在民族语文史料方面，翁先生首推畏吾体蒙古文《元朝秘史》，指出："我们的工作做得还不够，真正有价值的著作还不多。"不过，此后亦邻真先生复原本《元朝秘史（畏吾体蒙古文）》与札奇斯钦、阿尔达扎布、余大钧等先生汉文译注本《元朝秘史》的问世[②]，极大提升了国内蒙元史学界在这一领域的学术研究水平。本书对忽图剌汗即位仪式、札木合十三部以及扯儿必与哨马的研究，就是立足于前人成果，对《元朝秘史》史文的深层次考索。窃以为，对《元朝秘史》等蒙古文史料，当下仍有一些问题有待

① 专题性的成果例如，马希桂等:《元代瓷器》，北京：北京美术摄影出版社，2005 年；罗卫:《元代至正年铸币》，北京：文物出版社，2010 年；照那斯图、薛磊:《元国书官印汇释》，沈阳：辽宁民族出版社，2011 年。全国性的成果例如，石守谦、葛婉章主编:《大汗的世纪：蒙元时代的多元文化与艺术》，台北：故宫博物院，2001 年；党宝海、刘晓编著:《中国古代历史图谱》（元代卷），长沙：湖南人民出版社，2016 年。地域性的成果例如，鄂尔多斯青铜器博物馆编:《回望元朝：内蒙古元代丝绸之路文物图珍》，北京：故宫出版社，2023 年。

② 参见亦邻真:《元朝秘史（畏吾体蒙古文）》，呼和浩特：内蒙古大学出版社，1987 年；札奇斯钦:《〈蒙古秘史〉新译并注释》，台北：联经出版事业公司，1979 年；阿尔达扎布译注:《新译集注〈蒙古秘史〉》，呼和浩特：内蒙古大学出版社，2005 年；余大钧译注:《蒙古秘史》，石家庄：河北人民出版社，2007 年。

进一步研讨。比如对亦邻真先生研究成果的系统总结、深入反思与推陈出新[①]；再如罗桑丹津《黄金史》亦移录了大量《元朝秘史》的内容，虽然此书已有汉译本[②]，但质量难称上乘，在重新汉译的基础上将其与《元朝秘史》进行对勘与研究，似乎也很有必要；又如元代蒙古文史料的全面汉译、校注与研究等课题，亦有助于对相关学术议题的深入认识。此外，本书对《雅隆尊者教法史》的考辨则是对藏文史料所记蒙元史事的专题探察。关于藏文文献中的蒙元史料，也值得进一步挖掘、整理、译注与研究。

在域外史料方面，翁先生就当时国内的蒙元史研究现状指出："作为过渡时期，只能通过英、俄、法等文字的译本，间接地把这些穆斯林史料译成中文，先用起来。将来我们培养了人才，可以再出从波斯文、阿拉伯文原文翻译过来的本子。"然而，当下蒙元史学界对波斯文、阿拉伯文史料原文的直接汉译，主要为《史集》《瓦萨甫史》《完者都史》等波斯文文献的摘译[③]，较翁先生的期望只能说是前进了一小步。本书对《纳昔儿史话》的研究，尤其是

① 尤其是亦邻真先生研究《元朝秘史》手稿的刊布，愈发为这一学术工作的展开提供了充分便利。参见亦邻真:《般若宝藏：亦邻真教授蒙古文学术论著全集及手迹选》（蒙古文），沈阳：辽宁民族出版社，2019 年。

② 参见札奇斯钦:《蒙古黄金史译注》，台北：联经出版事业公司，1979 年；色道尔吉:《蒙古黄金史》，呼和浩特：内蒙古大学出版社，2016 年。

③ 例如，刘正寅:《〈史集·部族志·斡亦剌传〉译注》，达力扎布编:《中国边疆民族研究》第 6 辑，北京：中央民族大学出版社，2012 年；邱轶皓:《〈完者都史〉"七〇五年纪事"译注》，马建春主编:《暨南史学》第 21 辑，广州：暨南大学出版社，2020 年；邱轶皓:《〈瓦萨甫史〉"海山合罕的登基"译注》，余太山、李锦绣主编:《欧亚学刊》新 12 辑，北京：商务印书馆，2023 年。还需指出的是，近来有学者将《蒙古消息》全文从波斯文直接译成汉文，参见马海若:《伊利汗国早期史料〈蒙古消息〉译注》，朱玉麒主编:《西域文史》第 17 辑，北京：科学出版社，2023 年。

其中所记成吉思汗的生年，愈发表明对域外史料的参考，不能仅仅依靠现代语言的译本，而更应该直接利用其波斯文原文，这样才能避免因译文讹误而导致的错误解读。至于《也里史志》《全史》《札兰丁传》等波斯文、阿拉伯文文献以及其他域外文献中蒙古史料的汉译，仍有待今后的努力。[①]

当然，对蒙元史多语种文献的研究，离不开审音勘同法的具体运用。自韩儒林先生在20世纪70年代末从历史语言学的角度对这一治史方法进行较为系统的阐释后，蒙元史学界亦多有补充与完善，从而发现并总结出多语种文献之间审音勘同的一些语音规则。[②]今再补充一例。《高丽史》辛禑四年（1378）七月丁丑条云："北元使来，告其主豆叱仇帖木儿即位。""豆叱仇帖木儿"，即同书辛禑五年八月所出现的"胡主帖古思台帖木儿"[③]。《高丽史》为古代朝鲜李氏王朝官修汉文史书，虽成书于15世纪中叶，但以上两条记载无疑是对14世纪下半叶高丽与北元交往的真实记录。对于这一位北元大汗，更常见的汉译名称是脱古思帖木儿（Tögüs

① 值得一提的是，关于《札兰丁传》的汉译，已有学者在逐步开展，并取得了初步成果，参见刘开古、华涛：《奈撒维〈札兰丁传·序〉及花剌子模与蒙古和战初期史事部分译注》，刘迎胜主编：《中西元史》第2辑，北京：商务印书馆，2023年。

② 参见韩儒林：《关于西北民族史中的审音与勘同》，《穹庐集——元史及西北民族史研究》，上海：上海人民出版社，1982年，第214—220页；陈得芝：《蒙元史研究中的历史语言学问题》，《蒙元史与中华多元文化论集》，上海：上海古籍出版社，2013年，第283—292页；屈文军：《审音与勘同之法》，《元史研究：方法与问题》，北京：中国社会科学出版社，2017年，第20—33页。

③ ［朝］郑麟趾：《高丽史》卷一三三《辛禑传一》，韩国奎章阁藏光海君覆刻乙亥（1455）刻本，叶36a；卷一三四《辛禑传二》，叶6b。参见孙晓主编：《高丽史》（标点校勘本），重庆：西南师范大学出版社；北京：人民出版社，2014年，第4017、4028页。

Temür)。“豆叱仇帖木儿”与“帖古思台帖木儿”皆为史官对其不同的汉文音译，前者中“叱”的首辅音 č-，对应的正是后者中“古”的首辅音 g-，而 g- 与 k- 因音近而互转的例证在 14 世纪并不罕见（如成吉思汗母亲的养子“古出”[Güčü]又作“曲出”[Küčü]；又如，“古儿汗”[Gür qan]又作“菊儿汗”[Kür qan]），故就出现了 č- 与 g-/k- 勘同的情况。[①] 有学者在研究 8 世纪蒙古高原部族鞠族时，指出前辈学者森安孝夫与芮传明皆将其勘同为突厥鲁尼文所见 čik 族，但又鉴于目前未见 č- 与 k-（“鞠”之词头辅音的中古音）可互相勘同的例证，从而审慎地说：“笔者尚无把握断言 č- 音与 k- 音节间可以互转。”[②] 此处所述蒙元时期的语音现象，或可为唐代鞠与 čik 的勘同补充一个湮远的间接例证。

另外，若从多语种文献的阅读来看，蒙元史研究的审音勘同可大致分为以下三个层次。一是同一文献内的审音勘同。以《元史》为例，太师木华黎家族所出的札剌亦儿（Jalayir）部，在卷一《太祖纪》中又作“押剌伊而”（Yalayir）；成吉思汗的祖先有名纳真（Naǰin）者，在卷一二〇《朮赤台传》作“剌真”（Laǰin）；阿速人杭忽思（Hangqus），在卷一三五《阿答赤传》作“昂和思”

① 同样的例证还见于克鲁伦河的元代写法。在元代汉文文献中，此河既写作“驴驹河”（贾敬颜：《张德辉〈岭北纪行〉疏证稿》，《五代宋金元人边疆行记十三种疏证稿》，北京：中华书局，2004 年，第 343 页），又记作“龙池河”（王克敬：《忽失歹碑》，山西省考古研究所编：《山西碑碣》，太原：山西人民出版社，1997 年，第 311 页），“驹”与“池”在读音上的互转，恰恰证明 k- 与 č- 的勘同。

② 白玉冬：《九姓达靼游牧王国史研究（8—11 世纪）》，北京：中国社会科学出版社，2017 年，第 24 页。

（Angqos）。这种同一文献内同一人物姓名不同译写的情况，首先就需要从语音的审读上进行甄别认定。二是平行文献之间的审音勘同。在此，为便于阐述，暂将在基本叙事脉络与主要纪事内容上高度相仿的两部（或多部）文献称为平行文献，反之则为异行文献。在蒙元史领域，集中记载成吉思汗事迹的汉文《圣武亲征录》与波斯文《史集》第一卷第二分册，无疑是最为典型的平行文献。亦邻真先生即敏锐地发现《史集》中存在用波斯文拼读的汉文地名，进而推断其所据之蒙古文《金册》系《圣武亲征录》的蒙古文译本，体现了审音勘同中以小见大的治学格局。[①] 三是异行文献之间的审音勘同。如胡祇遹撰《扬珠台公神道碑铭》云："考曰图尔哈彻尔巴图尔，相承为太祖、太宗图尔哈，饮水于班珠尔纳苏图，开创同艰苦。事定酬勋，因其所居之山川，蒙赐氏曰扬珠台。"此文已遭四库馆臣改译，其中"扬珠台"可复原为元代的额勒只斤，"图尔哈"即秃鲁花，"班珠尔纳苏图"即班朱尼脑儿，但"图尔哈彻尔巴图尔"的复原则较为困难。陈得芝先生在波斯文《史集》额勒只斤部条找到如下记载："在成吉思汗时代，上述秃鲁合札儿把阿秃儿和撒里塔黑把阿秃儿两兄弟［都很有名］。"从而将"图尔哈彻尔巴图尔"合理地复原为秃鲁合札儿把阿秃儿（Tūrūqajār Bahādur），并为相关研究所认可。[②] 对异行

① 参见亦邻真：《莫那察山与〈金册〉》，乌云毕力格、乌兰编：《般若至宝：亦邻真教授学术论文集》，上海：上海古籍出版社，2019年，第345—349页。

② 参见陈得芝：《蒙元史研究中的历史语言学问题》，《蒙元史与中华多元文化论集》，上海：上海古籍出版社，2013年，第290—291页；于月：《蒙元时期燕只吉部帖速家族小考》，《北大史学》第19辑，北京：北京大学出版社，2014年，第77—78页。

文献中同一读音的审定与同一名物的勘同，在蒙元史研究中极其常见，也是对学者治学功力的一大考验。

在蒙元史多语种文献的研究中运用审音勘同，将其“与其他各方面的历史证据密切结合，才能有助于辨析事实”[①]，应是最值得注意的一大事项。上引陈得芝先生的研究，已透露出审音勘同中对史事的关注与引证，以下再举一例作进一步阐发。《通鉴续编》窝阔台汗二年（1230）云：“金移剌蒲阿败蒙古赤老温于潞州。”又,《元史》卷一一九《木华黎传》庚寅（1230）云：“叛将武仙围潞州，太宗命塔思救之。仙闻之，退军十余里。大兵未至，塔思率十余骑觇贼形势，仙恐有伏，不敢犯。塔思曰：‘日暮矣，待明旦击之。’是夜五鼓，金将移剌蒲瓦来袭，我师与战不利，退守沁南。”赤老温为蒙古语“石头”之义，对应的突厥语正为塔思，故可推断赤老温（Čila’un）与塔思（Tas）为一人。此外，从这两处文献中时间、地点与事件的重合，亦可推测此二名为一人，从而为审音勘同提供了史事上的确证。[②] 因此，在进行审音勘同的学术实践中，在读音或释义勘同的同时，若能获得史事的勘同，则将进一步坐实所作推断。审音的勘同与史事的勘同正如一体之两面，相辅相成，相得益彰，在蒙元史多语种文献研究中将二者结合运用，才能收到更加切实的学术成效。

---

① 姚大力：《马札尔人是西迁的鞑靼部后人吗？——评〈中国北方诸族的源流〉》,《北方民族史十论》，桂林：广西师范大学出版社，2007年，第253页。

② 曹金成：《史事与史源：〈通鉴续编〉中的蒙元王朝》，北京：社会科学文献出版社，2020年，第69—70页。

陈寅恪先生曾说："凡解释一字即是做一部文化史。"[①] 季羡林先生从"浮屠"与"佛"的古代拟音入手，进而据以推断佛教并非直接从印度传入中国，"浮屠"一称表明它是从印度经大夏传入中国，而"佛"一词则暗示其是从印度经其他西域小国传入汉地。[②] 虽是在进行单个字、词的审音勘同，但所洋溢的对文化交流等宏大议题探讨的旨趣，体现出非同寻常的治学格局与学术境界。在蒙元史多语种文献的研究中运用审音勘同，除了借以深入理解具体的史文外，亦需怀抱更高的治学诉求。邵循正先生说："从语言的转借上，我们可以看出或想象到各民族文化接触的情形。"并指出"突厥对初期蒙古的影响，比中国远为重要，这是应该注意的"，而成吉思汗时代蒙古各部中的突厥成分实有专精研讨的必要。[③] 可谓一代大家的金针度人之言。具体来说，蒙元史领域在这方面已产出了诸多经典性的研究成果，如黄时鉴先生在研究中国古代的烧酒时，发现汉文文献所见烧酒"阿剌吉"（又作轧赖机、阿里乞、哈剌基）是阿拉伯语＞波斯语'araq的音译，在元代传入中国时先为汉语和蒙古语借用，后又为维吾尔语、藏语和满语借用，而藏语、满语借用它则又可能经由蒙古语的中介。[④] 在研

① 俞大维：《怀念陈寅恪先生》，张杰、杨燕丽选编：《追忆陈寅恪》，北京：社会科学文献出版社，1999年，第3—4页；陈寅恪：《致沈兼士》（写于1936年），《陈寅恪集·书信集》，北京：生活·读书·新知三联书店，2001年，第172页。

② 参见季羡林：《"浮屠"与"佛"》《再谈"浮屠"与"佛"》，《佛教十五题》，北京：中华书局，2007年，第83—110页。

③ 参见邵循正：《语言与历史——附论〈马可波罗游记〉的史料价值》，《邵循正历史论文集》，北京：北京大学出版社，1985年，第113、114页。

④ 参见黄时鉴：《阿剌吉与中国烧酒的起始》，《东西交流史论稿》，上海：上海古籍出版社，1998年，第81—101页。

读蒙元史多语种文献时，如何运用审音勘同考证史文、以小见大、见微知著，黄先生的研究无疑提供了绝佳示范。

蒙元史多语种文献的研究，除了借助审音勘同对史料进行深翻与精研外，还需要进一步拓宽史料搜寻的范围。就历史学研究而言，针对某一具体选题，尽可能全面地穷尽史料从事研究，是每一位学者学术实践的应有之义，对此自可不必详述。需要指出的是：（一）针对蒙元史领域某类常见材料，若尝试转换视角重新解读，亦可将其作为全新史料从事相关研究，即可化腐朽为神奇，达到拓宽史料运用范围的学术效果。如关于拂菻人爱薛，经陈垣、伯希和与翁独健等先生的研究后，几乎已题无剩义，然韩儒林先生则另辟蹊径，解读未受重视的爱薛家族的追封制文，大大推动了对这一色目人家族的研究。[①] 后来周清澍先生受到启发，在研究汪古部统治家族时从柳贯为丘邻察、术忽难、术安所撰《赵王封赠三代制》入手，指出这几篇制词作于赵王马札罕在位时，除追封其父阿剌忽都外（另一制词），由于术忽难、术安是前任赵王，尚未加谥，应予封赠，而丘邻察被封，只能解释为他是阿剌忽都的生父，亦即马札罕祖父[②]，从而为考察汪古部统治家族世系提供了全新的线索。（二）对元代杂剧与诗词的发掘与解读。陈寅恪先生曾就唐史的研究说，“小说亦可作参考，因其虽无个性的真实，

① 参见韩儒林：《爱薛之再探讨》，《穹庐集——元史及西北民族史研究》，上海：上海人民出版社，1982 年，第 93—108 页。

② 参见周清澍：《汪古部统治家族——汪古部事辑之一》，《周清澍文集》（上），桂林：广西师范大学出版社，2020 年，第 93—94 页。

但有通性的真实”[①]。同样，元代文学中独具特色的杂剧以及元人的诗词，对于研究元史也具有重要的参考价值，对此目前学界虽积累了一定成果[②]，但仍值得进一步全面深入的考察。（三）明清文献中关于元史的独家记载。如明代官修《大明一统志》（景泰）、《寰宇通志》（天顺），以及刘基《大明清类天文分野之书》、薛应旂《宋元资治通鉴》、王宗沐《续资治通鉴》等文献，其中的元代部分是否含有一手史料？清人重修元史诸书甚至屠寄《蒙兀儿史记》与柯劭忞《新元史》，以及清代关于元史的考据学成果中，能否提供今已难见的珍贵史料甚或学术议题？对此，似乎均有必要进行辨析与考察。

以上只是笔者关于蒙元史多语种文献整理与研究的初步思考。蒙元史是一门世界性的学问，具体的研究，既可采用中国古代中原王朝史与北方民族史的视角，也可从 12—14 世纪的欧亚大陆史切入。不论是从历时、纵向，还是从共时、横向视角展开蒙元史的研究，都不可避免地会涉及对多语种文献的参考与利用，如何进行阅读方法与研究路径的总结，本书仅仅进行了个人粗浅的尝试，以上所举成果也并非全面得当，难免挂一漏万，衷心希望能够抛砖引玉，引起学界在这方面更多的切实批评与有益探讨。

---

① 石泉、李涵：《听寅恪师唐史课笔记一则》，北京大学中国古代史研究中心编：《纪念陈寅恪先生诞辰百年学术论文集》，北京：北京大学出版社，1989 年，第 33 页。

② 例如，颜天佑：《元杂剧所反映之元代社会》，台北：华正书局，1984 年；郭英德：《元杂剧与元代社会》，北京：北京师范大学出版社，1996 年；罗斯宁：《元杂剧与元代民俗文化》，广州：广东高等教育出版社，2011 年。

·附录一·

元文宗的蒙古名*

李盖提（Louis Ligeti）撰，曹金成 译

武宗的儿子、明宗的弟弟文宗，作为元朝最后诸位皇帝中的一位，于1328—1332年在位。这一统治在1329年因明宗的即位而中断，后者于同一年的八月遭到杀害。

文宗的蒙古文称号是 Jiyaγatu qaγan 或 Jayaγatu，甚至 Jayatu qa'an，蒙古、中原和西藏的所有史家，对此都予以赞同。这是一个美好的蒙古名字，谁都不会在语义学的视角和语音学的观点上提出异议。

他的蒙古文名字则与此不同。《元史》卷三二写作“图帖睦尔”，乾隆时负责辽金元史专有名词校改的馆臣，则在《钦定元史语解》卷一中改译成“图卜特穆尔”，音写为 Tub Temür。后一名字颇受欢迎，欧洲大多数的历史学家皆采用了这一名称。其实，此名只能追溯到《钦定元史语解》这一著名的官方著作，而后者在语言解释上的价值，只会让人更加质疑。在这一情况下，目前

---

* 按，此文原系法文，题为“Les noms mongols de Wen-tsong des Yuan”，《通报》（*T'oung Pao*）第27卷1号，1930年，第57—61页。

有些学者信从的 Tub temür、Tob temür，是非常值得商榷的。这一形式完全不为藏族的史家所熟知，我们在乾隆馆臣改译行为之前的蒙古文文献中也没有发现。

在查阅一些蒙古文和藏文的历史文献时，我们看到了其他恰当的文句。

萨囊彻辰并不知道这个名字。[1]《蒙古秘史》也被排除在这一时代之外。贡布耶夫（Galsang Gomboev）刊布的《黄金史》（*Altan Tobči*），以及编订在波兹德涅耶夫（Pozdněev）《古典名著选》（*Chrestomathie*）内的另一部《黄金史》残卷，目前我都看不到。*Yuwan Ulus-un Teüke*，更准确的书名为 *Yeke Yuwan Ulus-un Manduγsan Törü-yin Köke Sudur*，共十二卷，由 Mongγol bičig-ün qoriy-a（译者按，即出版社名，直译为“蒙古文书局”）在北京刊行，只延伸到关于蒙古史最古老的时代以及成吉思汗时期。

另外一部精心创作的历史著作 *Boγda Činggis qaγan-u čedig*，也经 Mongγol bičig-ün qoriy-a 发行，实际上包括两部不同的文献。在第一部的结尾我们读到以下内容：Mongγol-un qad-un yabudal-i bariǰu qad-un ündüsün qoriyangγui altan tobči neretü sudur tegüsbe（译者按，此句蒙古文汉译为“根据蒙古诸汗行迹，命名《诸汗源流黄金史纲》之书终了”）。当前，我无法判定它是否与已知的两部《黄金史》中的一部有关。此外，我们的《黄金史纲》作者在回顾

① 在北京的京师图书馆（la Metropolitan Library），我见过萨囊彻辰书的一部满文译本。田清波说这位鄂尔多斯史家是以萨冈彻辰一名为世所知。对此，同样可参见 P. van Oost, *Notes sur le T'oemet*, Variétés sinologiques n. 53, 1922, p.7。

直到 17 世纪的所有蒙古史时，大量征引了汉文史料。饶有兴趣的是，在第 30 页及以下各页，明朝皇帝的名录并不完整，而结束于 1621 至 1627 年在位的天启皇帝。因此，最初的文稿可追溯到这几年左右。但它在后来的某个夏季修改时，并非没有掺杂一些错误和伪造的文字。不过，在第 26 页我们首次读到 Jayaγatu qaγan 及其后的 Tüb temür。在我看来，后一名字似乎是正字法（元音的腭化）上所显示的一个后来的推测。① *Boγda Činggis qaγan-u čedig* 的第 63 页上开始出现没有清晰标题的其他论述，有下面一句：Čінggis qaγan-eče inaγsida mongγol γučin tabun üy-e qaγan saγuba（译者按，此句蒙古文汉译为："从成吉思汗以来的蒙古第三十五代大汗即位了"）。这是在完全致力于成吉思汗传奇历史的循环。

现在，我还没有蒙古文的其他证据。

藏文文献中的证据似乎更为重要。在 *Hor čhos byuṅ* 一书中我们读到：De'i rjes po-yan-th(w)o rgyal po'i sras čun ba thug the-mur mchan čan jī-ya-ga-th(w)o rgyal po（t. I, p.24）。Huth 在其译本（t. II, p.36）中音写为 Thog the-mur 而不是 Thug the-mur。

受惠于劳费尔（M. Laufer）的详细阐释（"Ueber ein Geschichtswerk der Bonpo", *T'oung Pao*, 1911, pp.34-35），我们可以得知苯教的史书 *Rgyal rabs bon gyi 'byuṅ gnas*，曾两次提到懿璘质班（Rin čhen dpal）的父名 Thog thi-mur。但文宗的父亲是武宗，在此，我们很

---

①　这与 Mongγol bičig-ün qoriy-a 出版的包括元朝帝后肖像的画册中的 Tub temur 一名，具有相同的类别。此工作的可靠性虽极富争议，但仍为珍品爱好者提供了英文标题。在 *l'Asia Major* 的最新一卷，我们对照肖像长廊进行了重新编制。

难想到 Thog thi-mur 指代的是蒙古名为 Toγan Temür 的顺帝；他其实是明宗的儿子。原因应向 *Rgyal rabs bon gyi 'byuṅ gnas* 的系谱中探寻，不巧，它似乎并不是非常可靠。

在年代上完全是最近的另一部历史文献 *Čhen po hor gyi yul du dam pa'i čhos ǰi ltar dar ba'i chul gsal bar brǰod pa padma dkar po'i phreṅ pa žes bya ba*，由潘克拉托夫（M. Pankratov）加以译注，其中同样保留着 Thug thi-mur 这一名字：Bō-yan-thu'i sras čuṅ ba rgyal po bču bži pa čē-ya-thu 'am thug thi-mur（p.45b）。

《北斗七星经》在 1328 年被翻译成回鹘文和蒙古文，于 1337 年被译成藏文。回鹘文和蒙古文的翻译，在文宗统治时或即位前不久就在筹备，根据尾跋可知，这一工作确实受到了文宗的鼓励。[①] 藏文本（劳费尔刊布了三册，其中两册完全相同，第三册仅仅包含几处图片顺序的差异）极其简单地署名为 The-mur。劳费尔理所当然地将其与名为 Tob temur 的文宗等同起来。不过，虽然《北斗七星经》不见于 Csoma、Schmidt-Canstadt 和 B. Nanjiō 的目录[②]，但它应该来自《甘珠尔》。因此，M. Beckh 的目录显示在柏林的藏文版《甘珠尔》中，伯希和的目录则从他的角度指明应在

---

① 劳费尔发表了藏文经文的尾跋及其译注（"Zur buddhistischen Literatur der Uiguren", *T'oung Pao*, Vol. 8, No. 3, 1907, pp.391-409），错误地认为藏文本是在 1336 年翻译的。伯希和已对此加以修正，参见 Pelliot, "Notes à propos d'un catalogue du kanjur", *Journal asiatique*, XI, 1914, p.146。劳费尔针对回鹘文本和蒙古文本的翻译时间，给出了 1330 年，也不正确，这并未照顾到尾跋的两处细节。即使按照藏历计算的错误体系，寅年也不能超过 1330 年，此外，天历（藏文尾跋为 then-li）元年对应的一定是 1328 年。

② Sylvain Lévi, "L'original chinois du sūtra tibétain sur la la Grande Ourse", *T'oung Pao*, Vol. 9, No. 3, 1908, pp.453-454.

法国国家图书馆（la Bibliothèque Nationale）的藏文本《甘珠尔》的一份红色字体印刷版中。这一版本似乎与北京雍和宫的108卷的皇家印本藏文《甘珠尔》也是相同的，根据它的索引，其分类则与这三部已知目录完全不同。在后两部《甘珠尔》中，我发现我们的经文在尾跋中有劳费尔所看到的：The-mur rgyal bu yun du che riṅ žiṅ。在其前面，有Thog这一非常明确的写形。如众所见，藏文《甘珠尔》或尾跋的文本似乎保持得更好①，故而在劳费尔所查阅的三册中，同样也支持Thog the-mur之写形。

藏文音写的Thog the-mur所代表的蒙古名Tuγ temür，似乎是其原始的形式。

译者补注：清代雍正年间罗密所撰蒙古文典籍《蒙古博尔济吉忒氏族谱》卷上，亦出现了文宗的蒙古名，记作To Temür/Tu Temür。②这是图帖木儿在蒙古文文献中的另一种写法，但已是元朝以后的事了。在李盖提所举的藏文材料中，只有《北斗七星经》的藏文译本完成于元代，将图帖木儿音写为Thog the-mur。其实，元代还有另外一部藏文史籍亦可对此加以佐证。搽里巴万户公哥朵儿只所撰《红史》，成书于至正二十三年（1363），在“蒙古简述”一章中留下了元文宗蒙古文名字的藏文写法：Thog-thi-

① 例如，我们两次读到了Urug Boga。

② 参见罗密：《蒙古博尔济吉忒氏族谱》，呼和浩特：内蒙古大学出版社，2014年，第115—116页，35r、36r、36v。——译者注

mur。[1]可见，李盖提的论据并非孤证。考虑到元代藏文译写蒙古文名字时一般会如实记写出入声字（b、d、g），如成吉思汗先祖伯升豁儿多黑申，蒙古文作 Baišingqordoqšin，元代对应的藏文为 Ba'i-shing-khor-dog-shing；再如武宗海山蒙古文称号为曲律皇帝，即 Külüg，藏文作 Gu-lug[2]，因此李盖提这篇文章的结论是值得信从的。

① 参见蔡巴·贡嘎多吉:《红史》(藏文版)，东噶·洛桑赤列校注，北京：民族出版社，1981年，第31页。——译者注

② 参见蔡巴·贡嘎多吉:《红史》(藏文版)，东噶·洛桑赤列校注，北京：民族出版社，1981年，第29、30页。——译者注

·附录二·

朮兹札尼《纳昔儿史话》所记阿富汗和印度的蒙古将领 *

波伊勒（John Andrew Boyle）撰，曹金成 译

一

在蒙古入侵时期的穆斯林史家中，只有三位记录了当时的历史事件：伊本·阿昔儿（Ibn al-Athīr）、奈撒维（Nasawī）和朮兹札尼（Jūzjānī）。① 令人不解的一大事实是，多桑（d'Ohsson）非常自然地注意到前两个史家的史书，却全然没有参考到第三位史家。考虑到在多桑的时代朮兹札尼在欧洲并非毫不知名，实

---

* 按，此文原系英文，题为 "The Mongol Commanders in Afghanistan and India According to the *Ṭabaqāt-i Nāṣiri* of Jūzjānī"，《伊斯兰研究》（*Islamic Studies*）第 2 卷 2 号，1963 年，第 235—247 页。后收入作者论文集《蒙古世界帝国：1206—1370 年》（*The Mongol World Empire: 1206-1370*），London：Variorum Reprints，1977。汉译文即据后者而来。

① 关于朮兹札尼（Minhāj al-Dīn Abū 'Umar 'Uthmān b. Sirāj al-Dīn Muḥammad al-Jūzjānī），参见巴托尔德（Barthold）《蒙古入侵时期的突厥斯坦》（*Turkestan down to the Mongol Invasion*），第 39 页；斯托雷（Storey）《波斯文献》（*Persian Literature*），Section II，Fasciculus I，第 68—70 页；巴兹米·安萨里（A. S. Bazmee Ansari）在《伊斯兰百科全书》（*Encyclopaedia of Islam*）最新版中的 "朮兹札尼"（*al-Djūzdjānī*）这一词条。

际上其史书的抄本在欧洲比在印度更为繁多，因此多桑的忽视就更令人吃惊了[①]；多桑的上一代安克特·得·佩龙（Anquetil du Perron）在提到《纳昔儿史话》时，就已将其视作一部“珍贵的著作”（“precious work”）[②]。艾略特（Elliot）和道森（Dowson）在其《印度史》（*History of India*）第二卷中，大量摘译了《纳昔儿史话》的内容，不过，正如雷沃蒂（Raverty）所说[③]，他们丝毫没有参考《纳昔儿史话》的第二十三（XXIII）章，这一章明确记载了蒙古的入侵，用雷沃蒂的话说，“这也许是我们作者的著作中最令人瞩目的一部分”，“包括迄今尚未为人所知的诸多信息”。[④] 雷沃蒂本人所译《纳昔儿史话》出现得太晚，以致并未被霍渥斯（Howorth）在其《蒙古人史》（*History of the Mongols*）的第一部分（Part I，*The Mongols Proper*）所参考，尽管他在筹备第三部分（Part III，*The Mongols of Persia*）时能够参考到此书。[⑤] 因此，在对蒙古入侵的叙述中，多桑和霍渥斯这两位在某种程度上迄今或

---

① 参见《印度史》（*History of India*），III，第 265 页。亨利（Sir Henry）说：“除了我自己的外，我只知道一部抄本，尽管还没有一部让我检索得如此频繁的著作。虽然我的诸多通讯员都宣称在那里不会找到，但正是在勒克瑙（Lucknow）的一个皇家图书馆中，我最后凭借攀登的梯子读到了这个图书馆每本书的书名，并找到了它。在几乎过了三个小时后，它的书名才映入眼帘。”

② 《印度史》，III，第 264 页。

③ 《纳昔儿史话》（*Ṭabaḳāt-i-Nāṣirī*），第 869 页，注释 1。

④ 我正在筹备雷沃蒂译本中这一部分的一个新版本，其中专有名词的拼写会被改正，根据当前我们的知识所能理解的程度重新撰写注释。

⑤ 无疑，在雷沃蒂对第一部分（*The Mongols Proper*）指摘的愤慨下，霍渥斯还针对书中第 X 页指出：“雷沃蒂少校（Major Raverty）版的《纳昔儿史话》，在注释中通过憎恶和怨恨损毁人物形象，也缺乏参考文献。”

许仍被视作标准权威（the standard authorities）的史家，都没有参考这部重要的基本史料。

雷沃蒂的译文说，《纳昔儿史话》是伊斯兰历史（Islamic History）的学生最易得见的著作。能够阅读波斯文的人，或可参考拿骚·李斯（Nassau Lees）版（Calcutta，1864）和哈比比（Ḥabībī）版（Vol. I，Quetta，1949；Vol. II，Lahore，1954）的原始文本，但是后一版本已经绝版甚至比拿骚·李斯版更为罕见。[①]因此，在审阅雷沃蒂译文的基础上，在必要的时候参考波斯文的两大版本，似乎是较为合宜的。

雷沃蒂译文的缺点是众所周知的，已被巴托尔德（Barthold）在其《蒙古入侵时期的突厥斯坦》中进行了详细讨论[②]：除了一个例外，它们只是影响了他的评注而非译文本身，如果有误的话，这是在文字方面的完全确凿的错误。这个例外存在于雷沃蒂关于人名拼读的反常性的错误观点中。在巴托尔德所给出的例证（将 K͟hazar 误作 Khurz、'Amr 误作 'Umro）上，或可再增加如下纰缪：德里的算端赡思丁（S͟hams al-Dīn）的突厥语名，很可能是 El-Etmish 而非 El-Tutmïsh[③]，然而，不论在突厥语还是塔吉克语

① 在英国，我仅仅知道大英博物馆藏有一部完整的文本。我要感谢印度办事处图书馆（India Office Library）给予借阅他们所有的第 I 卷的抄本，特别感谢大英博物馆东方印本与写本部（Department of Oriental Printed Books and Manuscripts）的麦勒迪斯·欧文斯（G. M. Meredith-Owens）先生为我提供第 II 卷文本作为参考。（卡拉奇［Karachi］的伊斯兰研究中央研究所图书馆［Library of the Central Institute of Islamic Research］藏有此书的完整文本。我也获取了第 II 卷，但第 I 卷已被我遗失了。——笔者）

② 第 60—61 页。

③ Hikmet Bayur, "Sultan Iletmiș, in Adi Hakkinda", *Belleten*, xiv, 56, Ankara, 1950, pp.567-588.

中，后者肯定从未被读作 I-yal-timish；巴鲁湾（Parwān）的蒙古将领的名字忽秃忽（Qutuqu），雷沃蒂盲目因循了讹误的文本读作 Fīḳū，从而出现了一个完全不可能的形式，因为对于蒙古语来说辅音 *f* 是外来的。

正是在这一屡次误导读者的文本中（首先是阿拉伯字母①的写本，其次是雷沃蒂的音译），我按照字母顺序（in alphabetical order）再现（reproduce）了以下朮兹札尼记载的活跃在阿富汗和印度的十八位将领的名字。在这些标题下，我汇集了关于每一位单独将领（each individual general）的所有信息，增补了在伊斯兰或远东的其他史料中可资利用的关于他的补充性的所有信息，去建立或试图建立他的身份。

二

1. ابكه نو ين "the Nū-īn② Abkah"，是"成吉思汗私属的弩炮工匠的总管（Manjanīḳī）……在他的军队中有 10000 名蒙古弩炮手（Manjanīḳīs）"；他被窝阔台从他在古尔（Ghūr）的总部派出，去

① 即用阿拉伯字母记写的波斯文。——译者注

② 关于蒙古语词 noyan，参见伯希和（Pelliot）和韩百诗（Hambis）《圣武亲征录》（*Histoire des campagnes de Gengis Khan*），第 178 页；柯立夫（Cleaves）《格里哥尔·阿堪赤〈引弓民族史〉中的蒙古语名称和术语》（"The Mongolian Names and Terms in the *History of the Nation of Archers* by Grigor of Akanc'"），《哈佛亚洲研究杂志》（*Harvard Journal of Asiatic Studies*），XII，第 400—443 页（405）。此词意为"贵族"（lord）或"首领"（chief），作为称号仅仅被正式用于最高职位的人。志费尼将其等同为波斯－阿拉伯语 amīr；K. A. Melik Ohanchanyan 所编乞剌可斯（Kirakos）的史书，埃里温（Erevan），1961 年，第 275 页，将此词译作"*baron*"。

围攻加尔吉斯坦（Gharchistān）的阿施亚尔（Ashyār）堡垒。（第1047—1048、1073—1076页）

雷沃蒂的ابكه，拿骚·李斯在其第一例中写作ايكه（第356页），第二例中则写作ايله（第371页）。后一形式使人想到了《元朝秘史》（*Secret History of the Mongols*）中的亦列（Ile，第251节），即金朝皇帝为了抵抗蒙古入侵者而派至潼关防御的将领中的一位。普哈（Poucha）的《作为历史与文学的〈元朝秘史〉》（*Die Geheime Geschichte der Mongolen als Geschichtsquelle und Literaturdenkmal*）第65页，将此名比定为蒙古语ile（"明显的"）；但它更可能应该被勘同为移剌（I-la），即契丹姓耶律（Yeh-lü）的替换形式（alternative form）。① 如果ايله的读法能够接受，那么成吉思汗的"私属的弩炮工匠的总管"可能就是耶律秃花，即参与班朮尼盟誓的两位契丹人之一。②这一特种部队在任何情况下都不会是蒙古人。三十年后，砲手军精英（mangonel experts）被从北部中国征募，去协助旭烈兀远征亦思马因（Ismā'īlīs）和哈里发（Caliph）。③

---

① 据说女真人忌讳使用"耶律"一称，因为它很像他们自己的一位君主的名字。因此，在金朝初年它被移剌取代。参见魏特夫（Wittfogel）和冯家昇的《中国社会史：辽（907—1125）》（*History of Chinese Society: Liao*［*907-1125*］），第59页，注释1；也可参见柯立夫：《十三和十四世纪蒙古人的宰相行政》（"A Chancellery Practice of the Mongols in the Thirteenth and Fourteenth Centuries"），《哈佛亚洲研究杂志》，XIV，第493—496页（502，注释27）。

② 参见柯立夫《班朮尼盟誓的真实性》（"The Historicity of the Baljuna Covenant"），《哈佛亚洲研究杂志》，XVIII，第357—421页（401）。他是耶律阿海的兄长（同上，第401—402页），作为撒马尔罕的民政长官，他在1221年12月3日接待了道教徒长春真人丘处机。参见亚瑟·韦利（Arthur Waley）：《一位炼金术士的行纪》（*The Travels of an Alchemist*），第92页。

③ 参见志费尼：《世界征服者史》（*The History of the World-Conqueror*），波伊勒（Boyle）译，第608页。

2. آتسز نو ين "the Nū-īn Utsuz"，与 "Nū-īn Mangūtah"（参见下文第 17 条）和 "Nū-īn Karāchah"（参见下文第 14 条）一起，在 618/1221 年围攻古尔的撒亦夫·鲁特（Sayf-Rūd）城堡（第 1063 页）。

雷沃蒂在上引注释 1 说："这一名字在文本中非常令人生疑，没有两个抄本是相同的，但它至少是突厥语，在一个抄本中被明确写作 اتسز。其他写法可能是 Albar、Alsar、Absar、Atar、Asaz、Albasar 或 Alburz，而且，在三个抄本中第二个字母是 *t*，在其他三个抄本中最后一个字母是 *z*。"

雷沃蒂脑海中想到的很可能是著名的突厥语名字 Atsïz（无名），但拿骚·李斯（第 365 页）和哈比比（第 671 页）的 البر 也可作突厥语的词源学解释：Alp-Er，来自 alp（英雄）和 er（男子），亦见于志费尼的《世界征服者史》。[①] 雷沃蒂所引用的一个替换形式 Albasar 也是如此，应被读作 El-Basar，后来金帐汗国君主脱脱（1291—1313）之子也取了这一名字。[②]

3. آقلان جز بى "Uḳlān，the Juzbī"[③]，与 "Sa'dī，the Juzbī"（参见下文第 9 条）、"Fīḳū，the Nū-īn"（参见下文第 13 条）在 617/1220—1221 年被派往"侵袭古尔和呼罗珊诸地"（第 1006 页）；

---

① 志费尼：《世界征服者史》，波伊勒译，第 118 页，注释 10。

② 参见伯希和：《金帐汗国史札记》（*Notes sur l'histoire de la Horde d'Or*），巴黎，1949 年，第 71—72 页。

③ 巴托尔德已经指出了雷沃蒂对扯儿必（cherbī）的误读，参见《蒙古入侵时期的突厥斯坦》，第 382 页，注释 8。这一称号（"侍从"）在成吉思汗时期似乎只为《元朝秘史》第 191 节所提到的六个人所享有。参见下文注释。

同年，他出现在古尔王朝（Ghurid）的首府非鲁思·苦黑（Fīrūz-Kūh）[①]，但在围攻21天后撤军（第1007、1056页）。朮兹札尼借用目击者的话，提到塔里寒（Ṭālaqān）的这位蒙古将领如何对戍防时陷入沉睡的两个士兵进行了简单的审判（第1078—1081页）。

此人就是《元朝秘史》中的斡歌连·扯儿必（Ögelen/Ögelei Cherbi）[②]，拉施特记作Ogelei Cherbi[③]；根据《元朝秘史》，他属于阿鲁剌惕部，拉施特则认为是雪你惕部。《纳昔儿史话》中的这一名字的形式，显然是因为受到突厥语oghlan（男孩、少年）的同化。拉施特丝毫没有告知我们他的历史：他是《元朝秘史》第191节所提到的六大扯儿必[④]之一,《元朝秘史》在其他地方仅仅记载他是成吉思汗与札木合关系破裂后效忠成吉思汗的少数侍从之一。

4. الجی نو ین "the Nū-īn Iljī"，被窝阔台从他在普里·阿痕葛兰（Pul-i Āhangarān）[⑤]的总部派至古尔与也里（Herat）的群山中（第1048页）。

---

① 非鲁思·苦黑在很长时间内都被定位为塔伊瓦剌（Taywara），关于其城址的最新发现，参见马里克（A. Maricq）、维特（G. Wiet）:《贾穆宣礼塔：古尔算端王朝首都的发现（12—13世纪）》（*Le minaret de Djam. La dêcouverte de la capitale des Sultans Ghorides*［*XIIe-XIIIe siècles*］），巴黎，1959年。

② 参见第120、124、191、226节。

③ 他在赫塔古罗夫（Khetagurov）译本作Uklai-Khudbi（第101页），在斯米尔诺娃（Smirnova）译本作Okele-Cherbi（第273页），后者更加精确。

④ 他们是朵歹·扯儿必、朵豁勒忽·扯儿必、斡歌连·扯儿必、脱仑·扯儿必、不察阑·扯儿必、雪亦客秃·扯儿必。

⑤ "铁匠的边界"，即今哈勒阿昔·阿汗噶兰（Qal'ah-i Āhangarān）：它是古尔王朝的主要堡垒之一。参见博斯沃斯（C. E. Bosworth）:《古尔的早期伊斯兰史》（"The Early Islamic History of Ghūr"），《中亚杂志》（*Central Asiatic Journal*），VI，第116—133页（120）。

此人一定是《元朝秘史》中的阿勒赤·古列坚（Alchi Güregen）[①]，拉施特写作 Alchi Noyan[②]。他是成吉思汗的内弟，即其长妻孛儿帖（Börte）的弟弟；在《元朝秘史》中他享有古列坚（güregen/küregen）这一称号[③]，暗示他还是女婿。这两份权威史料都没提到他参与了西征，但皆记载他在成吉思汗弟弟合撒儿（Qasar）麾下对金朝作战。

5. ا لبا ن نو ين “the Nū-īn Anbān”，与“Nū-īn Nikū-dar”（参见下文第 18 条）一起统领驻扎在呼罗珊和古尔的军队，他们在 636/1238—1239 年从这里进发去攻打哈剌鲁（Qarluq）的柯散（Ḥasan）城[④]（第 1128—1129 页）。

雷沃蒂在上引注释 7 说："这个名字是稍微令人怀疑的。"他征引了许多变体，包括拿骚·李斯的 Īnān（第 392 页），并补充说："Anbān 也是一种官称。"他很可能想到的是清朝驻藏大臣的称号 *amban*。[⑤]这位首领或许是女真人。显然，可将他与瓦萨甫

① 参见第 202、253 节。

② 赫塔古罗夫译本，第 162 页；斯米尔诺娃译本，第 169、271 页。

③ 关于这一蒙古语词的不同形式，参见田清波（Mostaert）、柯立夫：《梵蒂冈秘密档案馆中的三件蒙古文文书》（"Trois documents mongols des Archives secrètes vaticanes"），《哈佛亚洲研究杂志》，XV，第 419—506 页（474）。此名作为成吉思汗家族公主丈夫的称号，后来为跛子帖木儿（Tīmūr Gūrakān）所享有。

④ 关于哈剌鲁的柯散（Ḥasan Qarlugh），参见哈比布拉赫（A. B. M. Habibullah）：《印度穆斯林统治的基础》（*The Foundation of Muslim Rule in India*），第 208—216 页。

⑤ 我要感谢好友和同事曼彻斯特大学从事伊斯兰研究的白金汉姆（C. F. Beckingham）教授所提供的建议。满语 amban 传入蒙古语，意为"大的、巨大的"，还有"大臣、长官、显位"的含义。参见莱星（Ferdinand Lessing）：《蒙英词典》（*Mongolian-English Dictionary*），*s.v.*。

（Waṣṣāf）提到的 ا نبا ن 勘同（参见哈默尔本，第 23 页），此人即察合台兀鲁思统治者阿鲁忽（Alughu）派至印度前线诸将中的一位。

6. تر تی نو ین مغل “Turtī，the Mughal Nū-īn”①，围攻穆勒坦（Multān）长达 42 天（第 534—536 页）；多年以后，他在花剌子模的算端札阑丁沙（Sulṭān Jalāl al-Dīn Khwārazm-Shāh）与鲁木（Rūm）和叙利亚（Shām）的统治者和解后逃至札阑丁处，成为伊斯兰教的皈依者（第 297 页）。

雷沃蒂的 Turti 相当于艾略特和道森的 Túrtái②：前者的误读再现于《印度帝国地名索引》（*Imperial Gazetteer of India*）③，后者见于哈比布拉赫（A. B. M. Habibullah）《印度穆斯林统治的基础》（*The Foundation of Muslim Rule in India*）一书的新版中④。在有关上述两段的第一段中，哈比比的文本（第 492 页）有着正确的读音，即 تر بی。这当然就是志费尼笔下的朵儿伯・多黑申（Törbei Toqshin），即 Dörbei Doqshin，朵儿边部“残忍的 Dörbei”，对此可参见我的论文《〈元朝秘史〉中的 *Iru* 和 *Maru*》（“*Iru* and *Maru* in the *Secret History of the Mongols*”，*Harvard Journal of Asiatic Studies*，Vol. 17）第 403—410 页，尤其是第 405—410 页。

7. خینا نو ین “the Nū-īn Khaynā”，是绰儿马罕（Chormaghun）

---

① “Turtī，the Nū-īn，the Mughal”更好。

② 卷 II，第 391、395 页，在《世界征服者史》的摘录中。

③ 1908 年，XVIII，第 349 页。

④ 第 209 页。

麾下的一位将领，曾围攻亦思法杭（Iṣfahān）长达十五年，直到最终将其攻陷（第 1227 页）。

خينا 似乎是 چينا 的讹误，在后一情况下，它几乎肯定就可以勘同为志费尼[①]和拉施特[②]记载的月帖古·赤那（Otegü Chīnā）。作为“呼罗珊军队的首领”，这位长官大约在 1256 年负责对库希斯坦（Quhistān）的 12000 名亦思马因教徒进行了屠杀；约在 1262 年，他“随从”（followed）[③]捏古迭儿（Neküder，参见下文第 18 条）征伐阿富汗和印度。

8. نو ين (سا ر ى) سا لين “the Nū-īn Sālīn(Sārī)”，在伊斯兰历（Dhu’l Ḥijjah）655 年，即公元 1257 年 12 月至 1258 年 1 月，他率领一支蒙古军队进入倭赤（Uch）[④]和穆勒坦地区，在此，他与灭里·伊兹·阿勒·丁·八剌班·屈出律（Malik ‘Izz al-Dīn Balaban Küshlü）[⑤]汗交战（第 711、844 页）；他的军队受到旭烈兀严令，不得侵犯德里算端（Sulṭān of Dehli）的辖境（第 862 页）。

---

① 志费尼:《世界征服者史》，波伊勒译，第 724 页。

② 伯劳舍（Blochet）本，第 139 页，附有 انكوچيه 这一读音；维尔霍夫斯基（Verkhovsky）本，第 82 页，作 Unkujene。此即多桑书，III，第 380 页中的 Ongoudjia、玉尔（Yule）《马可波罗行纪》（*The Book of Ser Marco Polo*），I，第 103 页中的 Onguja，对此还可参见伯希和《马可波罗行纪注释》（*Notes on Marco Polo*），第 193—194 页。

③ 这一文本按照字面的翻译，应是：“Ötegü-China 与……旭烈兀汗的异密追随他们（即秃答儿和忽里的军队）。”我据此认为 Ötegü-China 是被派去追随捏古迭儿，但多桑显然将其理解为他加入了捏古迭儿征伐阿富汗斯坦的军队中。

④ 切勿与他的同名者即德里的算端（1265—1287）相混淆。关于此名的这一形式，参见上引伯希和书，第 52 页。

⑤ Küchlüg 的一种方言变体：*küchlüg* 来自 *küch*（“力量”），意为“强大的、强壮的”。

若给出他的正确的名字的话，应是撒里那颜（Sali Noyan），他是塔塔儿人哈剌·蒙哥都·兀赫（Qara-Menggetü Uha）之子，作为孩童的哈剌·蒙哥都·兀赫，在其部众的大屠杀中被拯救出来。① 他继承蒙哥都（Möngedü，参见下文第17条“the Nū-īn，Mangūtah”）和斡豁秃儿（Oqotur），统领驻扎在巴格兰·昆都士·巴达赫尚（Baghlān-Qunduz-Badakhshān）地区的军队。在644/1246—1247年，他入侵印度，围攻穆勒坦和拉合尔（Lahore）。② 在蒙哥汗统治时期（1251—1259），他偶尔也率军在迦叶弥儿（Kashmīr）作战。③

9. سعدى جز بى “Sa‘dī，the Juzbī”，与“Uḳlān，the Juzbī”（参见上文第3条）、“Fīḳū，the Nū-īn”（参见下文第13条）一起在古尔和呼罗珊一带展开军事活动后（第1006页），他于1221—1222年冬被窝阔台派至塞斯坦（Sīstān），同行的还有“the Juzbi，

---

① 拉施特:《史集》，维尔霍夫斯基译本，第109—110页。（译者按，此注有文无目，具体条目的序号系译者所补）

② 撒亦夫（Sayfī）:《也里史志》（*Ta'rīkh-Nāna-yi-Harāt*），昔底奇（M. Z. Siddiqi）编，第156—157页。也可参见上引哈比布拉赫书，第214—215页。

③ 参见卡尔·雅恩（Karl Jahn）:《关于喀什米尔与蒙古人的一则札记》（“A Note on Kashmīr and the Mongols”），《中亚杂志》，II，第176—180页（179）。根据《瓦萨甫史》，哈默尔（Ḥammer）编，第23—24页，察合台汗阿鲁浑（1261—1266）派了一位长官到印度去逮捕被控告实施暴政和压迫的撒里，将他捆绑后送回。如果此事属实，那么上引伯希和书，第189页，在将其比定为哈剌兀纳（Qarauna）的撒里这一点上，是非常正确的，后者在1270年八剌（Baraq）被阿八哈（Abaqā）击败后将其战马送给了八剌，从而使他得以越过阿姆河逃脱。据《元史》，撒里在1253年被派往印度和喀什米尔。参见布润珠（Bretschneider）:《据东亚史料之中世纪研究》（*Mediaeval Researches from Eastern Asiatic Sources*），Vol. I，伦敦，1967年，第138页，注释368。

Mankadhu”（参见下文第 16 条）以及其他那颜（第 1047、1051 页）；在他返回时，他再次包围并占领了卡里云（Kālyūn）[①]（第 1053 页）。

雷沃蒂并未评注 سعدى 这一明显荒谬的形式。它肯定是 د و د ى 或与其近似的《元朝秘史》第 191 节所提六大扯儿必之一朵歹（Dödei）的讹误。作为成吉思汗早期的侍从，他参加了 1204 年对乃蛮的战争，并提供了一种战术从而使得敌人被蒙古军队的规模所蒙蔽。[②] 他似乎不为拉施特所知。

10. شا ؤر بها د ر “the Bahādur，Shā’ūr”，在忻都思（Indus）之战后被成吉思汗派去袭击并摧毁了哥疾宁（Ghaznah），同行者还有窝阔台（第 1042—1043 页）。

关于 شاور，拿骚・李斯（第 355 页）和哈比比（第 664 页）都写作 ساور，显系 يسا ؤر（Yasā’ūr）的讹误，若干蒙古将领皆有此名，但此处所指几乎可以肯定就是撒马尔干（Samarqand）陷落后被派至巴达赫尚（Badakhshān）和今塔吉克斯坦（Tājikistān）一带的那位将领。[③]

11. طا ير بها د ر “the Bahādur，Ṭā-īr”，“被从突厥斯坦派遣进军到也里地区”；在 625/1227—1228 年，他入侵塞斯坦并围攻了“兀

① 关于卡里云，参见米诺尔斯基（Minorsky）:《世界境域志》（*Ḥudūd al-‘Ālam*），第 327 页。“费瓦尔（Fīwār）和卡里云之间大约有十法尔桑（farsangs）的距离，这样非常明智，因为两个堡垒都在相互能看到的范围内。”（雷沃蒂书，第 1055 页）。关于哈的司（Qādis）和费瓦尔，参见下文注释。

② 《元朝秘史》，第 193 节。

③ 《世界征服者史》，第 47、118 页。

克（Ūk）和塞吉斯坦（Sijistān）的堡垒”[①]，在此遭到抵抗长达 19 个月（第 1119—1125 页）。在 639/1241—1242 年，他从也里和巴德吉斯（Bādghīs）的总部出发，与占领古尔、哥疾宁、噶尔姆昔尔（Garmsīr）和吐火罗斯坦（Ṭukhāristān）的那颜们一起，抵达了印度河畔（第 1132—1133 页）；他投入了拉合尔城前的战争中（第 1135 页）。

塔亦儿·把阿都儿（Tayir/Dayir Bahadur）属于晃豁坛（Qonqotan）部。[②]在进军不花剌（Bokhara）时，他接受了努尔（Nūr，今乌兹别克斯坦的 Nurata）的投降。[③]志费尼[④]和拉施特[⑤]也提到他在塞斯坦的活动。根据拉施特的记载[⑥]，他在蒙哥都（参见下文第 17 条“the Nū-īn，Mangūtah”）之前，曾统领指派的军队进攻印度。

12. طو لان جز بى “Ṭūlān，the Juzbī”，早在 1221 年就与阿尔斯兰汗（Arslān-Khān）一起被派去进攻吐火罗斯坦的瓦里黑（Valkh，第 1004、1023—1026 页）。在瓦里黑陷落后，他们进军包围了费

① 按照雷沃蒂书第 1120—1123 页（1122—1123），注释 1，此地实际上必定是泽伦只（Zaranj）堡垒（*arg*），就像“塞吉斯坦的兀克堡垒”，位于沙赫里斯坦（*shahristān*）即塞斯坦城镇本土（即泽伦只）东北。参见斯特朗格（le Strange）:《东部哈里发王国的领地》（*The Lands of the Eastern Caliphate*），第 36 页。

② 《史集》，赫塔古罗夫译本，第 168 页；斯米尔诺娃译本，第 276 页。

③ 《世界征服者史》，第 100—101 页。

④ 第 479、485 页。

⑤ 伯劳舍本，第 38 页；维尔霍夫斯基译本，第 33 页。

⑥ 卡特麦尔（Quatremère）本，第 128、130 页；阿里札德（Alizade）本，第 21 页。

瓦尔的哈的司（Qādis）①，在此遭到长达10个月的抵抗，最终在619/1222—1223年的下半年攻陷此城（第1026、1054—1055页）。

脱仑（Tolan，此名更为常用的形式是Tolun）是六大扯儿必中最为著名的那一位。他属于晃豁坛部，是雪亦客秃·扯儿必（Sögetü Cherbi，参见下文第16条）和萨满帖卜·腾格里（Teb-Tengri）的兄弟。②他参加了对金朝的战争③，在远征瓦里黑之前，还参加了对玉龙杰赤（Gurgānj）和你沙不儿（Nīshāpūr）的围攻④。志费尼⑤提到他大约在619/1222—1223年曾进军中部波斯（Central Persia），这显系哈的司陷落之后的事。根据拉施特⑥和《元朝秘史》⑦的记载，他在对西夏的最后一战中扮演了关键的角色（1225—1227）。

13. فيقو نو ين“the Nū-īn，Fīḳū”，在参加了与“Uḳlān，the Juzbī”（参见上文第3条）、“Sa‘dī，the Juzbī”（参见上文第9条）在古尔

---

① 或者Kādis。在41/661年，Nāfi b. Khālid被任命为Qādis min Īwārān的长官，Īwārān（*Evārān）显然相当于Fīvār（Févār）。参见米诺尔斯基：《〈世界境域志〉附录》（“Addenda to the *Ḥudūd al-‘Alam*”），*BSOAS*，XVII，第250—270页（264—265）。

② 《史集》，赫塔古罗夫译本，第168页。

③ 《元朝秘史》，第253节；《史集》，斯米尔诺娃译本，第175—176页。

④ 据奈撒维书，乌达（Houdas）译，第92、154页。不过，这里还存在若干疑难。尽管进击玉龙杰赤显然稍早于你沙不儿，但对这两座城市的围攻似乎是或多或少同时进行的，脱仑不可能整个期间都在现场。其实，据奈撒维的记载，他很可能是从花剌子模出发，带着援军进入呼罗珊。随后，在618年末即公元1222年2月，对你沙不儿进行围攻。618年一定是617年之误，因为此城陷落于1220年4月，但这一讹误出自奈撒维本人而非编者，毕竟他强调说围攻是在札阑丁算端逃往印度（很可能在1221—1222年冬）后进行的。

⑤ 第476页。

⑥ 斯米尔诺娃译本，第233页。

⑦ 第265、267节。

和呼罗珊的联合行动后（第1006页），在巴鲁湾之战中被札阑丁算端击败（第287—288、1020—1022页）。在618/1221—1222年，他出现在土剌克（Tūlak）城堡前，此城的长官哈八失·你拶瓦儿（Ḥabashī Nīzawar）同意向其缴纳贡赋。

فيقو 显然就是 قتقو（Ḳutuḳū）即Qutuqu（Shigī-qutuqu）的简单讹误。正如朮兹札尼所说，这位著名的将领并非成吉思汗的女婿，而是他的养子（或养兄弟）。根据《元朝秘史》的记载，他作为塔塔儿遗弃的营地内的幼童被发现，为成吉思汗的母亲收养[①]，然据拉施特的说法，收养人则是成吉思汗的妻子[②]。在1206年斡难河源头的大忽里勒台上，他被任命为大断事官。[③]在中都陷落后，他是成吉思汗派去接管金朝皇帝财产的三位委员之一。[④]奈撒维提到他与脱仑·扯儿必一起被派去攻打你沙不儿（参见上文第12条）。[⑤]在1221年冬，很明显也就是在他出现在土剌克之前，他被敕令留守哥疾宁，负责将选定的所俘工匠运至蒙古。[⑥]正是他给予麻里兀（Merv）不幸的军民以致命一击（*coup de grâce*）。[⑦]他比他的继父（或兄弟）以及后者的儿子和继承者窝阔台都活得长久，死于阿里不哥（Arigh Böke）叛乱时期

① 第135、138节。

② 赫塔古罗夫译本，第107页；斯米尔诺娃译本，第269页。

③ 《元朝秘史》，第203节。

④ 《元朝秘史》，第251节。

⑤ 第92页。

⑥ 《世界征服者史》，第135—136页。

⑦ 《世界征服者史》，第168页。

（1260—1264）。①

14. قراچه نوین "the Nū-īn Ḳarāchah"，与"the Nū-īn Mangūtah"（参见下文第 17 条）、"the Nū-īn Utsuz"（参见上文第 2 条）一起，围攻古尔的撒亦夫·鲁特堡（第 1063 页）。

志费尼提到过哈剌察儿·那颜（Qaracha Noyan）。② 在 1222 年，他从他在塔里寒的总部进军马鲁，平息了阔赤·的斤·八黑剌完（Küch-Tegin Pahlawān）的叛乱。他很可能就是跛子帖木儿（Tamerlane）的祖先所出部族八鲁剌思（Barulas）中的哈剌察儿（Qarachar）。③

15. قزل منجق "Ḳazil Manjuḳ"，"注释中出现的一个蒙古人"（"a Mughal of note"），在大约 1223 年他统率一支军队蹂躏了呼罗珊：他们占领了土剌克堡垒，击败了灭里·忽忒不·阿勒·丁·忽赛因（Malik Quṭb al-Dīn Ḥusayn）在阿甘德（Arghand）河畔的军队。

Qïzïl-Monchuq 一名本身是突厥语，qïzïl 是"红色的"，根据喀什噶里（Kāshgharī），monchuq 是"一块珍贵的石头、狮子的爪

① 《史集》，赫塔古罗夫译本，第 107 页；斯米尔诺娃译本，第 269 页。海尼士在《元朝秘史》（*Die Geheime Geschichte de Mongolen*）第二版（第 iii 页）指出，失吉忽秃忽可能就是《元朝秘史》的作者，最近普哈（Poucha）亦有同样的观点（上引书，第 187—192 页）。然而，洪煨莲（William Hung）在《〈蒙古秘史〉源流考》（"The Transmission of the Book known as the *Secret History of the Mongols*"），《哈佛亚洲研究杂志》，XIV，第 433—492 页（484—486），认为"不当，因失吉忽秃忽曾随成吉思西征，他何以写远地历时七载的战争与外交，简略呆滞，一至于此，几乎不能与是书前部相匹配"。译者按，此处所引洪煨莲文，系据黄时鉴先生《〈蒙古秘史〉源流考》汉译文而来，参见《黄时鉴文集》I《大漠孤烟——蒙古史 元史》，上海：中西书局，2011 年，第 304 页。

② 第 165—166、168 页。

③ 根据《元朝秘史》第 243 节，他是朮赤的将领；根据《史集》，他是察合台的部下，参见斯米尔诺娃译本，第 275 页。二书皆未提及他参加西征一事。

子或挂在马颈上的护身符”。[1]至于此名的所有者，在其他史料中皆未被提及。

16. منكدهو جزبى “Mankadhu，the Juzbī”，被窝阔台与“the Juzbī，Sa’dī”一起派至塞斯坦（第1047页）。

雷沃蒂的 منكدهو 是一种不可能的形式；拿骚·李斯（第356页）和哈比比（第665页）的 منكده 一定是 سكده 即 Sögetü/Sögedü 一名的替代形式 Sögede(i) 的讹误。实际上，此人就是脱仑·扯儿必（参见上文第12条）的兄弟雪亦客秃·扯儿必，在1219年秋围攻讹答剌（Otrar）时，他被派去越过昔儿·答里牙（Sir-Daryā）远征费纳客忒（Fanākat）和忽毡（Khujand）。[2]

17. منگوته نو ين“the Nū-īn，Mangūtah”，与“the Nū-īn Utsuz”（参见上文第2条）和“the Nū-īn Ḳarāchah”（参见上文第14条）一起，在618/1221年围攻撒亦夫·鲁特的堡垒（第1063页）。在626/1230—1231年，他被窝阔台派至哥疾宁地区，在其领导下攻占了吐火罗斯坦地区的昆都士（Qunduz）和塔里寒（第1109页）。在643/1234—1236年，他入侵印度但没有成功围困倭赤城（第809—813、1152—1156页）。他被描述成“一位年长的男人，非常高，有着狗一样的眼睛，是成吉思汗最爱的将领之一”。

此人就是《元朝秘史》中的蒙格秃（Mönggetei）[3]，拉施

① 它作为一个借词（monchugh）出现在蒙古语中，在某种意义上是一种“大红，用于装饰悬挂于马颈和（或）胸部的流苏”。（上引莱星《蒙汉词典》，*s. v.*）

② 《世界征服者史》，第91页。

③ 《元朝秘史》，第270节。

特记作 مو نكد و（Möngedü）[①]。前辈学者仅仅提到他与斡豁秃儿（Oqotur）[②]一起作为绰儿马罕军队预备队的首领被派至西方。拉施特的记载在某种程度上更加详细。他被委派去统领位于印度边界巴格兰·昆都士·巴达赫尚地区的两万（two *tümens*）军队，在其死后军权先是归斡豁秃儿所有，在后者死后又转至撒邻（Sālin）手中（参见上文第8条）。

18. نكو د ر نو ين “the Nū-īn，Nikū-dar”，与“the Nū-īn，Anbān”（参见上文第5条）一起统领驻扎在呼罗珊和古尔的军队，在636/1238—1239年对哈剌鲁的柯散发起进攻（第1128—1129页）。

根据撒亦夫（Sayfī）的记载[③]，捏古迭儿（Niküder）——这是此名的正确形式——是大汗窝阔台所派至印度前线军队中拔都分

---

① 贝勒津本，VII，第79页。赫塔古罗夫译本，第109页作Mengetu，显然与撒里之父哈剌·蒙格秃·兀赫（Qara-Menggetü Uha）混淆了。道森实际上将其勘同为蒙哥汗（Mangú Khán），即蒙哥合罕（the great Khan Möngke）。参见上引艾略特、道森《印度史》，III，第344、363页。关于这一错误的评论，参见雷沃蒂书，第1152—1153页，注释8：“蒙哥汗在其有生之年从未到过兴都库什（Hindū Kush），但有些人避免了被谈论的这种错误，将其略作修正，以免‘伤害’（*injuring*）某些人‘脆弱的感情’（*the susceptibilities*），从而使他们的观点得以成立，继续误导学界！”考虑到道森的错误后来被莱恩·普勒（Stanley Lane-Poole）所承袭（参见《中世纪的印度》[*Mediaeval India*]，第78页），雷沃蒂的爆发并非毫无道理。术兹札尼的 منكوته 或 منكوتى 其实受到大汗名字的影响。众所周知，突厥人称呼Möngke Mengü时，通过错误的类比（false analogy），很可能会将Mönggetei转音为*Mengütei。

② 这是此名在《元朝秘史》中的形式。《史集》作 هو قتو（贝勒津本，VII，第62页，注释12）、هو قا تو（伯劳舍本，第42页），显然分别表示的是*Hoqotur和*Hoqatur，最后的r存在于 كتو ر 这一讹误形式中，对此参见上引卡尔·雅恩文，第177页，注释4。

③ 第174页。

队的首领豁鲁剌真（Qorulajin）的裨将。[①]他们渡过阿姆河（Oxus）逼近沙不儿汗（Shaburghān）[②]时豁鲁剌真去世，捏古迭儿继承了主将一职。1262年旭烈兀（Hülegü）与别儿哥（Berke）爆发冲突时，率领忽里（Qulī）和秃答儿（Tutar）[③]前线部队中的一支经呼罗珊进入阿富汗斯坦的那位将领，无疑就是他，他们在那里自立为哥疾宁和印度边疆之间地区的主人[④]。正是从这位将军而非察合台的孙子那里，捏古迭儿家族（Nigudaris，*Nīkūdariyān*）得到了他们的名字。[⑤]

---

① قور لجين, "豁鲁剌思的男子"。关于词尾的"jīn"，参见上引田清波、柯立夫文，第462页，注释49。关于蒙古部众的豁鲁剌思，参见上引伯希和、韩百诗书，第59—60页。

② 今阿富汗斯坦西北的失八儿汗（Shibarghān）。

③ 忽里是术赤之孙，秃答儿是术赤的曾孙。他们在拔都分队的麾下，与旭烈兀一起西征。据说他们是被毒死的，成为旭烈兀与别儿哥失和的一大原因。参见《世界征服者史》，第608页，注释2和3;《史集》，伯劳舍本，第138—139页，维尔霍夫斯基，第82页。

④ 参见上引《史集》。

⑤ 他是《马可波罗行纪》中的Negodar。参见上引玉尔书，第103页；上引伯希和书，第193—194页。经常与捏古迭儿家族联系在一起的那位察合台诸王（参见施普勒[Bertold Spuler]《伊朗的蒙古人》[*Die Mongolen in Iran*]，第69页；舒尔曼[H. F. Schurmann]《阿富汗的蒙古人》[*The Mongols of Afghanistan*]，第18页注释16），其实不是被称为Niküder，而是Tegüder，正如他的近亲伊利汗那样，参见上引柯立夫《格里哥尔·阿堪赤〈引弓民族史〉中的蒙古语名称和术语》，第427—428页；上引伯希和文，第193页。关于捏古迭儿将军和捏古迭儿家族之间的联系，还有其他证据。上引《史集》提到一个地名Bīnī-yi-Gāv（牛鼻子），在捏古迭儿及其军队的占领区内。在另一段（阿里札德本，第330页），拉施特提到1229年一个哈剌兀纳思（Qaraunas）的千人队如何从塔伦（Tārum）地区东逃，穿越中部波斯（Central Persia）的亚兹德（Yazd）和起儿漫（Kirman），到达了捏古迭儿家族的Bīnī-yi-Gāv地区。（在1962年12月10日的一封信中，米诺尔斯基教授建议可将此地勘同为Ghanī和Fayyāḍ编*Ta'rīkh-i Bayhaqī*第225页[参见上引文，注释1]和第425—426页的 شجگاو，据*Ta'rīkh-i Bayhaqī*一书更早的编者Adīb-i Pīshāwarī的说法，此地就是现在哥疾宁到喀布尔东北大约15英里的 ششگاو [Shashgāo]。）

·附录三·

蒙古时代的畏吾儿农民与佛教教团

——U 5330（USp 77）文书的再研究[*]

松井太 撰，曹金成 译

序　言

本文副标题所说的U 5330文书，20世纪初由德国吐鲁番探险队发掘出来，现在是柏林科学院（Berlin-Brandenburgische Akademie der Wissenschaften，以下简称BBAW）所藏古回鹘文文献中的一件。此文书由俄国突厥学家拉德洛夫（W. W. Radloff）校订并译成德文，作为其回鹘文文书资料集 *Uigurische Sprachdenkmäler*（= USp）的第77号文书而公开出版。从那以后，对于13—14世纪蒙古时代畏吾儿地区（波斯语 Ūīγūristān，以吐鲁番盆地为中心的天山山脉东部地区）的税制和佛教社会来说，此文书作为重要资料被提及和引用。然而，过去的研究者依据的都是USp的校订，或者只是部分引用和研究，对文书全部内容及

---

*　此文原系日文，题为《モンゴル時代のウイグル農民と佛教教團——U 5330（USp 77）文書の再検討から——》，《東洋史研究》2004年63卷1號，第171—202頁。

其作用的侧面把握和说明，甚至对文书历史背景的再构成和分析，都是不充分的。

本文首先对 U 5330 文书进行再校订，以此为基础，订正过去诸位前辈学者对该文书作用和性质的误解。此外，围绕该文书作成的历史背景，即蒙古时代的畏吾儿农民和佛教教团，尝试指出其诸种面相。

一、U 5330 文书的再研究

（一）校订、汉译和注释

U 5330 文书的出土地编号为 T II Čiqtim 4，因为它是由 1904—1905 年所派遣的德国第二次探险队在吐鲁番盆地的主城高昌以东约 100 千米的七克台（Čiqtim）遗址所获之物。笔者亲眼所见的部分，原文书纸张的尺寸是 30.7 厘米 ×43.4 厘米，纸色介于浅灰色至浅褐色之间（Grisâtre~Beige Clair），是具有细小抄纸条纹（每厘米 9—10 条）的中上质~上质纸。根据图片（图 1）亦知，此文书显然是用草书体书写的，所用印记也是印鉴（tamγa）以及略花押（nišan），而且，qalan 税的用语证明（attest）的确可将其背景年代比定为蒙古时代。① 森安孝夫进一步论证，U 5330 文书与七克台出土的其他三件文书（U 5243 = SUK WP01；Mannerheim No. 2 = WP02；Mannerheim No. 4）具有共同的历史背景，故将

① IUCD，第 104 页。此外，关于书法、特定词汇等判定回鹘文文书时代的相关指标，参见森安 1994，第 63—69 页。

它们统称为 Ikiči 文书群（Ikiči group）[Moriyasu 2002，第 156—162 页]。其中，SUK WP01 和 WP02 两件，梅村坦 [1977a，第 16—18、24—26 页] 将年代比定为蒙古时代，尤其是蒙古皇帝进一步强化对吐鲁番地域控制的 13 世纪。因此，U 5330 文书也是同一时代的，即可将其比定为 13 世纪之物。

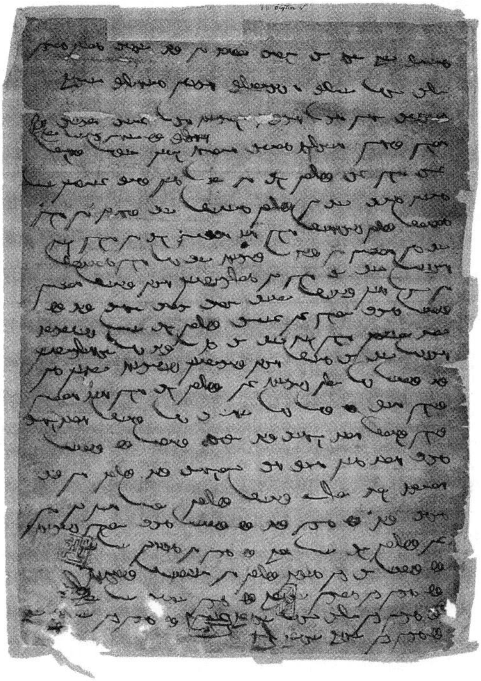

图 1　U 5330（T II Čiqtim 4）

Depositum der Berlin-Brandenburgischen Akademie der Wissenschaften, in der Staatsbibliothek zu Berlin-Preussischer Kulturbesitz, Orientabteilung.

拉德洛夫 [USp] 和李经纬 [1996，第 227—230 页] 给出了 U 5330 文书的校订和译注。但李经纬的文本和汉译文大致上沿袭了拉德洛夫的方案，实际上可以说拉德洛夫的文本是唯一的校订。以下，笔者以对文书原文的调查为基础，进行校订、翻译、注释。本文中回鹘文的转写，基本依据了 SUK 2 的折中方式，其他诸种语言则遵从了常用形式。校订中，[abč] 是对原文书破损缺落处的推测补充，(abč) 是据文字残画进行的推测补充，‹abč› 是原文误脱，{abč} 则是原文抹消。

【校订】

1 tqïγu yïl aram ay altï otuz-qa biz ikiči toyïn tuγma

2 aḍay yanga ïndu (.) kimqo'du šamič tayšïdu ingäl

3 mingiči äsän qy-a samb[o](q) altmïš qy-a čqïr umïčï

4 sisidu bu nišan mäning ol

5 qulan basana qïngdam torčï aṭaš lačïn yipäk bašlap

6 č‹i›γay qalan-čï bodun-lar-qa oza-tïn bärü Čïqtïn-nïng

7 tarïγ tar‹i›r yir-in bodun tarïnïp yir baš-ïn-γa qalaṅ

8 tutup bodun kingäšip qalan-sïz quvraγ-lar-qa qalan-lïγ

9 yir-tä quvraγ-qa birẓä birmiš yir-kä qalan tuḍup

10 sanggik yir-ni qalan-ïn tuḍmatïn sngïn birip quvraγ

11 -qa yaq-a-sïn birip yorïr ärti a̤mtï ärsär biz bu

12 bitig-täki atlγ-ča čïγay bodun-lar-nïng küčümüz

13 yoq üčün qalan-lïγ yir-ni m-ä biz-kä ärksidmätin

14 sanggik yir-ni tarïp sngïn birmätin küčämiš yolïn-ta

15 biz bitig-kä aḍ kirmiš-čä bodun-lar qalan-sïz quvraγ

16 birlä qayu {P’} bäg-kä iš-i-kä barïp sözläsär

17 birlä bolup sözläšir biz apam birök bu bitig-

18 -täki söz-tin qayu-sï yatlasar biz bodun-qa b*i*r

19 soqum-luq ud birip bodun-nung qïn-ïn-γa

20 tägär biz · bu tamγa biz bu bitig-täki atlγ kirmiš-

21 -čä bodun-lar-nïng ol bu tamγa män toyïn-nïng ol

22 bu bitig-ni män tigin bodun-qa ayïtïp bitimiš

23 bu tamγa män tuγma-nïng’ol bu tamγa ikiči-ning ol

24 bu tamγa män aḍay yanga-nïng’ol bu tamγa män ïn(d)u-nïng’ol

25 bu tamγa män ingäl-ning’ol

v26 bičin

v27 bodun bitigi ol

【翻译】

在鸡年正月二十六日。对于以我们İkiči、Toyïn、Tuγma、Aḍay Yanga、Ïndu、Kimqo’du、Šamič、Tayšïdu、İngäl、Mingiči、Äsän qy-a、Samboq、Altmïš qy-a、Č(a)qïr、Umïčï、Qulan、Basana、Qïngdam、Torčï、Aṭaš、Lačïn、Yipäk为首的贫穷的qalan税负担者们，从过去一直以来，（我们）众人在七克台种植谷物的田地上耕耘，按照地面缴纳qalan税。人们协商，对于免除qalan税的僧众来说，可将具有qalan税的田地（的一部分）捐献给僧众，根据耕地支付（不必支付？）qalan税，（耕种）寺院的田地不用缴纳qalan税，而要支付地税，向僧众缴纳地租为生。现今，我们（即）在此文书中具名的穷人们，因为失去了气力（财力），所以具有 qalan 税的田地，我们也不再经营；所耕种的寺院田地，我们也不缴纳地税。免除 qalan 税的僧众联合去向任何官吏控告（我们）使用暴力时，我们这些在文书中写下姓名的人，会联合起来商讨。如果我们（中的谁）违背了这一文书中的任何言辞，就要向（我们）众人交出一（头）屠杀用的牛，要面对众人的惩罚。这个印鉴是我们（即）在此文书上写下姓名的人们的。这个印鉴是我 Toyïn 的。这一文书是我 Tigin 按照众人口述书写的。这一印鉴是我 Tuɣma 的。这一印鉴是我 Ikiči 的。这一印鉴是我 Aḍay Yanga 的。这一印鉴是我 Ïndu 的。这一印鉴是我 Ingäl 的。这一略花押是我 Sisidu 的。

［背面］猴［年］　（这是）众人的文书。

【注释】

1—5 行：此文书开头部分所见的人名，拉德洛夫［USp］和 Arat［ETHV］认为是 17 人，后来 Zieme［1980，第 215 页］订正为 21 人。森安根据与 Ikiči 文书群的比较，进一步订正拉德洛夫的人名转写方案时，计算并修订为 22 人［Moriyasu 2002，第 160 页］。根据下面的注释 1，笔者更改为 23 人，并就几个人名的转写提出了替代方案。

1. ikiči toyïn：过去认为，这两个人名要素构成了一个人的人名，从第 21、23 行分别署名盖章来看，应该视作两个人的人名。

2a. ïndu：相当于蒙古语中的 Indu ~ Hindu（“印度”），在汉文

文献中记作“忻都”“欣都”“印突”等。

2b. kimqo’du：~ Kimqodu，来自汉语“金刚奴”这一人名。拉德洛夫读作 Kimättü，森安改作 Kimvurdu［Moriyasu 2002，第 160 页］，对比第 1 行的 tqïγu 和第 19 行 soqum，第四个字母应辨读为 -X-。

2c. ingäl：森安指出，SUK WP01 第 21 行中读作 Ingä 的人名，与此处的 Ingäl，被视为同一人物，这理应得到订正［Moriyasu 2002，第 161 页及注释 20］。但在 WP01 中，森安看到了词尾字母 -L 的残缺部分，我亲见此处有纸的纤维屑，而不是文字。

3. samboq：来自汉语“三宝（*sâm-pâu）”这一人名［Kara 1991，第 130—131 页］。

4. 这一署名和盖章本来应该被置于第 20 行下，因为没有足够的空白，所以就写在了此处［USp，第 132 页］。

5a. qïngdam：森安［Moriyasu 2002］转写为 Qïčïdam，笔者赞同拉德洛夫的解读方案。这大概是汉语人名的音译。

5b. aṭaš、lačïn、yipäk：拉德洛夫没有译写这三个人名。

6a. qalan-čï：众所周知，qalan 税是由蒙古汗国引入统治下各地域的税目。[①]qalan 与表示职掌的后缀 -čï［ATG，§ 47；OTWF，§ 2.75］构成了叫作 qalančï 的术语，SUK Sa09（第 3 行）以及 Mi20（= USp 14，第 8、10 行）也可为证。小田寿典将这些实例

① 也可参见本文第二章（三）。另外，Schurmann［1956，第 337—339 页］推测 qalan 来自契丹语，在西辽统治下又渗透进回鹘语中，不能信从。参见本田 1961 = 本田 1991，第 297 页；IUCD，第 149—151 页。

解释为“qalan tax collector”［Oda 1992a，第 39 页］，SUK 的编者也对此加以采纳，给出了“qalan 收税官”的翻译。而本文书的 qalančï 从语境上显然秉持承担 qalan 税的立场，笔者支持“qalan 税承担者”这一过去的说法［USp；Тихонов 1966，第 198 页；小田 1990，第 24 页］。①

6b. oza-tïn bärü：“从过去一直以来”。拉德洛夫把 oza 当作地名，已由克劳森（Clauson）予以订正［ED，第 356 页］。

6c. Čïqtïn：回鹘语 Čïqtïn 对应的是现在的地名 Čiqtim。拉德洛夫将此处的 Čïqtïn 转写为 Čirtin，李经纬也从此说，Zieme［1982，第 266 页］已予以订正。笔者已经确认，Čïqtïn 这一地名也可由 SPF 所藏的 SI O.39（第 12、20 行）加以证明。②

作为城市的 Čiqtim 来自唐代所设立的赤亭（**tś'i̯äk-d'ieng*，GSR 739a + 833h）镇。982—984 年，访问高昌王国的宋使王延德，将 Čiqtim 音译为泽田（**ḓɒk-d'ien*，GSR 790o + 362a）［Moriyasu 2002，第 169 页］。回鹘文 čïqtïn 这一形式，在缺少词末鼻音这一点上，可以说对应的是王延德所传下来的泽田这一形式。③ 现在的 Čiqtim 这一形式大概是从 Čïqtïn 变化而来的。

---

① 此外，Erdal 将 qalančï 解释为“为了取代支付 qalan 税而为国家从事农业之人”（somebody who does agricultural work for the state instead of paying the *kalan* tax）［OTWF，第 112 页］，对本文书中作为 qalančï 的农民所处的特殊状况（参见本章第二节、本文第二章）缺乏历史学的考察，故不从。

② 参见 Moriyasu 2002，第 158 页。Malov 将此地名误读作 Čïnatun［URD，第 140—141 页］。

③ 但明初陈诚把 Čiqtim 称作赤亭，也应予以留意。参见《西域行程记·西域番国志》，中华书局，1991 年，第 36 页。

7a. tarïr：< tarï-（“种植、耕作”）。据 Zieme［1982，第 266 页］的转写。

7b. yir baš-ïn-γa qalaṅ tutup：此处的 baš 作“头、源、开始”之解释具有困难。拉德洛夫将此处译为“zahlt für jedes Stück Land dem Kalan”；Zieme［1982，第 266 页］作“hat dem Oberhaupt(?) des Bodens die Bodensteuer gezahlt(?)”，把 yir baš 尝试翻译为“地主”。另一方面，小田［1990，注释 16］提出应该解释为“根据土地而承担的 qalan 税”，也可以说是支持拉德洛夫的旧译。由于 qalan 税最初不是交给地主而是上缴政府的，所以笔者也支持拉德洛夫和小田。

8. quvraγ：回鹘语 quvraγ（“集体、众人”）作为梵语 saṃgha（“a monastic community”）的对译，被频繁使用［ED，第 585 页］。本文译作“僧众”。拉德洛夫将本文书中所见的 quvraγ 全都误读为 quvaq ~ qubaq ~ quwaq，将此词解释为“承担赋役劳动的田地（Land, auf dem Frohnsdienste liegen）”。提霍诺夫（Тихонов）基于拉德洛夫的这一说法，针对 qubaq 写了专篇论文［Тихонов 1964］，已被克拉克（Clark）彻底驳倒［IUCD，第 104 页］，迄今仍然以拉德洛夫方案为据的李经纬［1996，第 228 页］的解释也就毫无意义了。

9a. birmiš yir-kä qalan tuḍup：若直译则为“就所交（捐献给佛教寺院）的田地而支付 qalan 税”，于是捐献者过去的 qalan 税增加，还要承担向佛教寺院所征收的地税（sang）［参看注释 10b］和向佛教寺院缴纳地租（yaqa）的义务。这样，向免除 qalan 税的寺院捐献田地就没有意义。这是完全的猜测，此处的 qalan tuḍup 可能是 qalan tuḍmatïn（“不用支付 qalan 税”）的笔误。

10a. sanggik yir-ni：sanggik（~ sangik）< Sogd. snk'yk < Skt. saṃghika（“belonging to saṃgha”）[Laut 1986，第 145 页]。在本文书中译作“寺产”。而且在此处，我推测后面误脱了 tarïnïp（“耕作”）一句。

10b. sngïn：第 14 行也可为证。拉德洛夫转写为 säkin 的同时认为语义不明 [USp，第 131—132、291 页]。DTS [第 494 页] 采纳了拉德洛夫的转写，同时从语境上推测是一种赋税，李经纬 [1996，第 227—230 页] 也遵从此说。但笔者确信，此词为 sng ~ s‹a›ng ~ sang 接续了宾格词尾 -ïn 而来。回鹘语 sang（~ tsang）是汉语仓 **tsang* 的借用词，意为“仓、仓库”[ED，第 555 页]，也可引申为“仓库所收藏的谷粮物品、仓粮”的意思。笔者曾据 BBAW 所藏回鹘文残片 Ch/U 7327 的实例：[...] küri birlä bir šïγ iki küri sang-nï qočo-ta sang-qa quḍzun（“……把用斗 [计算的] 1 石 2 斗的 sang 注入 [= 缴纳给] 高昌的仓库”），指出过这一点 [松井 1997，第 30—31 页及注释 5]。甚至在此 U 5330 文书中，向佛教教团缴纳的 yaqa（“地租”）[山田 IV，第 141—143 页；森安 1991，第 82—83 页] 和 sang 显然是有区别的。另一方面，由于在元代蒙汉合璧命令文书中，蒙古语 sang（八思巴文记作 caṅ；回鹘语 sang ~ tsang 的借词）被汉译为“仓粮”甚至“地税”的例子频繁出现，所以本文书中的 sang 应该也可解释为针对向佛教教团捐献的田地而由政府征收的“地税”。亦邻真早就以 sang

的原义“仓”和汉译“地税”在意思上的差别为问题，注意到意为税粮的 sang 不见于蒙古政权发行的命令文书以外的一般蒙古文资料中［亦邻真 1963 = 亦邻真 2001，第 147—148 页］。这一点在回鹘文文献中也存在，本文书以及上揭 Ch/U 7327 都是难得的例证。

11. ärti a̤mtï：拉德洛夫读作 ärti matï，并与吉尔吉斯语 аты маты 联系起来，这是错误的。此处的 ärti（v. är-）表示前面的 yorïr（< v. yorï-，“通过”）是过去的习惯［ATG，§ § 242.1, 243.2］，与表示现在状况的后续 a̤mtï ärsär（“于今、至今”）相对应。

13. ärksidmätin：拉德洛夫解读为 äksidmätin（“不减少”。< v. äksid- ~ ägsüt-，“to diminish, curtail, reduce”。ED，第 117 页），第二个字母确实能够被辨读为 -R-。迄今的古回鹘语辞典中都未采用 ärksid- 的形式，而其另一方面则以 ärksin-（“维持权力、控制、统治、管理；自由、自在”）的形式为人所知［ED，第 227；UW 6，第 441—443 页］。我推测这里的 v. ärksin- 是从回鹘语 ärk（“力”）所派生出的 v. *ärksi- 的反身领属形式，毕竟佛教教团管理作为寺产的田地的语境也一再能够作证［土都木萨里修寺碑 = 耿世民 1981，第 19—20 行；U 5317 = Zieme 1981，Text A，第 25—33 行；U 5319 = Zieme 1981，Text B，第 9—12 行］。恐怕此处的 ärksid- 也要解释为 *ärksi- 的使役形为好，可姑且译作“管理”。

14. küčämiš yolïn-ta：küčämiš < v. küčä-（“压迫、施暴”）［ED，第 695 页］。拉德洛夫将此处译为“auf gezwungenem Wege” =

“zwangweise”［USp，第 132 页］，应该订正。回鹘语 yol（“道”）接续三人称位格语尾为 yolïn-ta（~ yol-ïnta），意为“就……，关于……”［USp，第 212 页；護 1960，第 37—38 页；Arat 1965，第 267—268 页；梅村 1990，第 429 页；SUK 2，第 304 页］。

15. aḍ：此处的 aḍ（~at，“名字”），最初作 T，在写完后末尾的字母 -T 又被改写为 -D。因此，拉德洛夫误读作 uda（< v. ud-，“to follow”）。

15—17，拉德洛夫将本处翻译为“mögen sie frei vom Kalan mit dem Kuvak zu den verschiedenen Begen an die Arbeit sich begeben. Dass es derartig geschehe, ist unsere Rede”，理应订正。拉德洛夫译作 Arbeit 的 iš-i ~ iši 与 bäg 属于二词一意（hendiadys），所以都是“官吏”的意思［参见 SUK 2，第 247 页］。而且，拉德洛夫将第 17 行的 sözläšir（v. sözläš- 的中立形，“相谈”）视为 sözlä-（“说话”）的假定形 sözläsär，并注释说，“Dies beweist, dass noch spät die Verbalform auf -sär als Participium verwendet wurde, wörtlich heisst es hier: ‘der Rede gemäss seiend reden wir’”［USp，第 132 页］，这也应该订正。①

18. yatlasar：关于从 yat（“外”）派生出的 v. yatla-，克劳森给出了“to treat as a stranger”的翻译，并将此处的实例译为“拒绝、否决（repudiate）”［ED，第 890 页］，笔者则遵从拉德洛夫的旧译“违背，偏离（abweichen）”。

---

① 无疑，李经纬［1996，第 227 页］也转写为句尾的 sözläšär，误解了彼处的语境。

19a. soqum-luq ud：soqum 是“屠畜（Schlachtvieh）”的意思［Wb IV，第 522 页；ED，第 811 页］。拉德洛夫转写为 suqumluq äbäḍ 的同时，止步于推测为一种刑罚［USp，第 132 页］，从字形上显然应该订正。SPF 所藏的 SI Kr IV 638（第 162 行）中也可见到买卖“屠杀用的牛（soqum-luq ud）”的例子［Clauson 1971，第 190、194 页；梅村 1987，第 51 页］。

19b. qïn：这里的 qïn ~ qïyn 尤其可意为“刑、肉刑”，与所谓的 qïzγut（“罚、罚物、罚金”）相区别［森安 1991，第 88 页］。

21. män toyïn：森安把此处的人名读作 Qan Toyïn，认为是出现在 SUK WP01（第 22 行）中的同一个人［Moriyasu 2002］。但此处的 Toyïn 肯定与第 1 行中的是同一个人。当然，也可看出 män 的词首字母像 X-，这应视作误记。

26. bičin：本文书的记录者 Tigin（第 22 行），虽然一度在其背面开始书写，但误把应该书写鸡年的地方记成了前年的猴（bičin）年，所以可能又重新在反面即现在的正面重新书写。

（二）文书内容的分析

正如上一节所看到的那样，在由拉德洛夫所校订的文本中，看上去有不少误读和误解。那么多的错误，在当时的学术水平下也是无可奈何之举。现在已不能全部依据拉德洛夫的校订文本了。

不过，由于拉德洛夫以后的研究者不同，他们在提及 U 5330 文书时，也对此文书的内容给出了各种各样的解释。

首先，阿拉特（Arat）将此文书定义为“关于众人、共同体的文书”，其内容可解释为“对共同体来说，由于承担两种赋税变得困难，所以他们聚集在17位首领的周围，约定向官府缴纳一种贡赋。他们因为贫穷而无法维持同时支付两种赋税的状况”［ETHV，第16页］。但是，这里阿拉特对文书的理解，显然继承了拉德洛夫对其校订本尤其是对第15—17行的误解，所以现在已不能遵从了。

另一方面，克拉克就此文书叙述道，“（它是）由‘贫穷的qalančï人群’所制作的没有明确种类的契约，他们就不承担qalan税的宗教教团与他们之间所引起的纠纷进行起诉。此文书中所记载的生效过程，在本质上有别于畏吾儿法律文书，而且与给政府的一般请愿书的语句也不同。US 77［= U 5330文书：笔者］与US 88［= U 5317 = Zieme 1981，Text A：笔者］即使在畏吾儿文献中，也是具有独特形式的文书”［IUCD，第198页］。这里克拉克所谓的“一般请愿书”，我想恐怕是指给察合台汗国统治者秃忽鲁帖木儿（Tuγluγ Temür）的免税请愿书（U 5282 = Arat 1937）以及男奴斌通的请愿书［小田1992b］之类的文书。尽管这样，克拉克一方面将此文书定义为“人群就纷争进行诉讼”的文书①，另一方面却又在如何处理他们的诉讼这一点上，没有给出任何具体说明，不得不说他对文书的整体解释是不够充分的。

---

① Zieme［1980，第215页］和森安［Moriyasu 2002，第158页］也将此文书称作“Čiqtim村落居民的请愿书（Klageschrift; Petition）”，可能是对克拉克分析的详述。

此外，提霍诺夫认为，虽然此文书（第 19 行）表现了“众人的刑罚（bodun-nung qïn）”，并着眼于其法律制度的实行，但仍可称作“共同体的宣誓书（обязательство общины）”。然而提霍诺夫的解释也还是完全依据了拉德洛夫的转写文本，尤其是在文书中若干术语以及文书年代的比定上，犯了根本性的错误［IUCD，第 103—104 页］。杨富学［1990，第 20 页］将本文书定义为“税役协议书”，对此“协议”的内容和结果则缺少说明。如上所述，大体上全部踵袭拉德洛夫校订本的李经纬［1996，第 227—230 页］，将其概括为“有关捐税与劳役的协议书”，这与杨富学一样不够充分。

但是笔者的再校订，特别是根据对过去不清楚的部分“地税（s‹a›ng）”（第 10、14 行）、“屠杀用的牛（soqum-luq ud）”（第 19 行）的解读，已给出了 U 5330 文书大致完整的文本。基于此，本文书的内容应作如下概括。

第 1 行：年月日。

第 1—6 行：列举本文书制作者的名字。他们在第 6 行被总称为“贫穷的 qalan 税负担者们”，其后所加的与格词尾 -qa，显示出此文书的内容对他们制作者本身来说应该是众所周知的。

第 6—11 行：对他们这些 qalan 税承担者过去状况的说明。他们把自己农耕地的一部分捐献给“免除 qalan 税的僧众（qalan-sïz quvraγ）”。所捐献的耕地一如既往地由他们耕种，而且所捐献田地上征收的地税（sang）也由他们承担。甚至他们还要向佛教教团支付地租（yaqa）。

第 11—14 行：但现在状况发生了变化，这些 qalan 税承担者失去了气力（küč），不堪承受额外的经济负担。因此，他们放弃所有承担 qalan 税的耕地，只耕种捐献给佛教教团的耕地，甚至也拒绝向教团的代理缴纳地税。

第 15—17 行：在使用武力上，即使佛教教团向权力机关提出诉讼，他们这些文书的制作者也要共同应对。

第 17—20 行：所商定的违反这份文书内容时所罚物品的数量与刑罚。

第 20—25 行：签名、盖章以及书记署名。

第 27 行（背面）：文书的“标题”。

从这一概述中可以判断出，本文书是此前把耕地捐献给佛教教团的“贫穷的 qalan 税负担者”的农民，出于经济上的穷困，又将那些耕地强力夺回，针对会同佛教教团或权力机关产生纠纷这一预想结果加以防备而结成的“盟约”。对于违背者和退出者也有明确的惩罚记载（第 17—20 行），这应该是为了强化盟约。从这一含义来看，尽管提霍诺夫称作“誓书”的说法，并没有与文书内容的正确理解相对应，但这一解释本身，可以说相较于仅仅称为“请愿书”或“协议书”的说法更为恰当。

二、以畏吾儿农民与佛教教团为中心的诸般情形

本文所给出的 U 5330 盟约文书的再校订文本，对于蒙古时代

畏吾儿地区社会史的再构成，提供了全新的材料。下面，笔者将对 U 5330 盟约文书的内容与既刊、未刊的回鹘文、蒙古文文书加以比较研究，尤其是以畏吾儿农民和佛教教团所承担的税役作为问题的中心，以期对这一历史的背景加以考察。

（一）佛教教团的免税特权

漠北时代接受摩尼教的游牧的回鹘帝国的统治者，在 9 世纪后半叶西迁到东部天山地区，建立高昌回鹘后不久仍维持着摩尼教的信仰。他们改宗、转向佛教，是 10 世纪初至 11 世纪初之事。这一时期，高昌回鹘统治者也展现出破坏过去的摩尼教寺院而改筑佛教寺院的态度［森安 1991，第 147—158 页］。在 1019 年高昌回鹘统治者所制作的回鹘文木杵文书（MIK III 7279，第 10—11 行）中可以看到“čandradas varxar sängräm etgäli unandïmïz”（“我们同意建立 Candradāsa 寺院一事”）的语句［Moriyasu 2001，第 183—190、193 页］，而且，在 BBAW 所藏的 U 5320 文书（= USp 92 = Sertkaya 1999, Mektup 1）中，也有高昌回鹘公主（Qunčuy）向佛教寺院发布经济援助的命令[①]，可知高昌回鹘的统治者在积极地建设、经营佛寺。甚至在高昌回鹘时期赐给“木头沟阿兰若（Murutluq aryadan）”的两件回鹘文特许状（U 5317, U

---

① 此外，Sertkaya［1999，第 240—241 页］对文书内容说明的背面 1 行作：utčï ulaγïnta uḍ alγu b[itig]（“sığırtmaç atındaki sığır alma mektubu”），笔者改为 otčï uluγïnta ot alγu bitig（“从草匠的首领处领取草料的文书”）。因为在文书正面提到向佛教寺院缴纳麦秸（saman）。此文书是用半楷体书写的，显然属于高昌回鹘时代。

5319 = Zieme 1981, Texts A, B）[①]中，更直接揭示了高昌回鹘政权赐予吐鲁番地区佛教教团免税的特权。

13 世纪初，高昌回鹘王国臣服于成吉思汗（Čінggis qan）统治下的蒙古国家。众所周知，成吉思汗以来的历代蒙古皇帝和蒙古政权，多次赐予以佛教为首的道教、基督教、伊斯兰教、儒教等宗教教团免税和免役的特权。这一成吉思汗以来的宗教教团优遇政策，也适用于 14 世纪初期以降的畏吾儿佛教教团，这从察合台汗国发行的蒙古文免税特许状中（Mz 653 = BTT XVI, Nr. 69；参见松川 1995，第 115—116 页）就可知道。[②]甚至在属于 13 世纪即察合台汗国统治前的我们这里所说的 U 5330 盟约文书中，也把佛教教团称为“免除 qalan 税的僧众（qalan-sïz quvraγ）”。若将上述诸例联系起来加以考察，可以确证，从 11 世纪直到 14 世纪，畏吾儿和蒙古诸政权都给予佛教教团免税特权这一优待。

---

① 克拉克把 U 5317（= Zieme 1981, Text A）第 47—48 行表现出的 tuta turγu bitig yrlq（“应该继续持有的诏书”），视为蒙古语的 barij̆u yabuγayi ǰarliγ 的直译（calque），将此文书比定为蒙古时代［IUCD，第 197—198 页］。Zieme［1981，第 238—240 页］也对此详述，提出了 1259 年这一绝对年代的比定意见。但是，U 5317 第 41 行中可以看到具有相对古老时代标志的 quanpu（“官布”）一词［森安 1991，第 52—54 页；森安 1994，第 69、82—83 页］。而且，从 U 5319（= Zieme 1981, Text B）的字体和官印铭文来看，确实可以比定为高昌回鹘时代［森安 1991，第 134 页，注释 17］，其第 16 行中体现的 tuta turγu bitig（“应该继续持有的诏书”）也可为证。据此，把这一表现作为从蒙古语中的直译，将 U 5317 比定为蒙古时代的克拉克的那种说法是不能接受的。的确，U 5317 是属于相对较近的时代用半草书体 ~ 草书体书写的文书［森安 1991，第 135 页］，由于没有见到像 U 5319 这样的官印，所以笔者猜测，它大概是后来对高昌回鹘时期的文书加以摹写的复制品、副本之类的文书［参见松井 1998a，注释 12］。

② BTT XVI, Nr. 69 文书的发布者和绝对年代不明，可以看到文书所盖的圆印就是所谓的“察合台徽章”，确实是由察合台汗国发布的［Franke 1962，第 409 页；Franke 1977，第 34—36 页］。关于察合台汗国对畏吾儿地区有效统治的开始，可以划定为 1320 年代后半期到 1330 年前后，参见拙稿［松井 1998b，第 9—10 页；松井 2003，第 57 页］。

（二）佛教教团和地税

但是，蒙古政权对如上节所述宗教教团免税特权的承认，并非是不受限制的。第五代皇帝世祖忽必烈统治的中统五年（1264）正月，中书省奏准："已前成吉思皇帝时，不以是何诸色人等，但种田者俱各出纳地税外，据僧、道、也里可温（erke'ün）、答失蛮（dašman < Pers. dānišmand），种田出纳地税，买卖出纳商税，其余差役蠲免有来。在后哈罕皇帝（＝太宗窝阔台）圣旨（ǰarliγ）里，也教这般行来。自谷由（＝定宗贵由）皇帝至今，僧、道、也里可温、达失蛮地税、商税不曾出纳，合无依旧征纳事。"忽必烈发布诏令，"照依成吉思汗皇帝、哈罕皇帝圣旨体例，僧、道、也里可温、达失蛮、儒人种田者，依例出纳地税，白田每亩三升，水田每亩五升，买卖者出纳商税"（《通制条格》卷二九，9a-9b，No. 631；《元典章》卷二四《户部十·租税·纳税》"种田纳税"条大致相同）。此后元朝政权一边继续免除宗教教团的差发、差役，一边也采取了征收农耕地上的地税以及在经商场所缴纳商税（tamγa）的方针。①至元十三年（1276），在所接管的原南宋统治下的江南地区，虽然也对宋代以来就有的或蒙古政权

① 《元史》卷五《世祖纪二》，中统四年（1263）十二月，"也里可温、答失蛮、僧、道种田入租，贸易输税"；同书同卷至元元年（1264）正月癸卯，"儒、释、道、也里可温、达失蛮等户，旧免租税，今并征之"；同书卷九三《食货志》"税粮"条，"（中统）五年，诏僧、道、也里可温、答失蛮、儒人凡种田者，白地每亩输税三升，水地每亩五升"；《通制条格》卷二，2a-19b，No. 2，"至元八年（1271）……一，答失蛮、迭里威失（< Pers. darvīš）户，若在回回寺内住坐并无事产，合行开除外，据有营运事产户数，依回回户例收差。……一，随路诸色不当差人户，除军站户限地外，照依累降圣旨，种田纳地税，买卖纳商税"。

新赐的田地免除赋税，但就其他以全新方式所获得的田地，仍要缴纳地税。[①] 蒙古皇帝和统治阶层反复强调，向宗教教团征收的地税和商税，是遵从了成吉思汗和窝阔台以来的原则[②]，陈高华［1981 = 1987，第 375 页］已经看到了这一点，大概是因为中统五年当时的阿合马（Aḥmad）等财政官员，为了支持增加政府收入的政策，将开始向宗教教团征税追溯到成吉思汗和窝阔台时代。成宗铁穆耳（Temür）时期的元贞元年乙未（1295）闰四月，又再次确认向宗教教团征收地税和商税的原则，后来称为"羊儿年体例"(《元典章》卷二四《户部十・租税・僧道税》"僧道租税体例"条;《通制条格》卷二九，5b-6b，No. 625)。在那里还陈述道："西番（Töbüd)、汉儿（Qitay)、畏兀儿（Uyγur)、云南田地里和尚、也里可温、先生、答失蛮，拟自元贞元年正月已前，应有已未纳税地土，尽行除免税石。今后续置或影占地土，依例随地征税。"可以判明的是，规定宗教教团必须缴纳地税这一元朝的方针，也适用于畏吾儿地。

而且，我们这里的 U 5330 盟约文书确实证明，畏吾儿的佛教教团实际上要承担由捐献所获得田地的地税（sang)。同样，作为

---

① 《元史》卷九三《食货志一》"税粮"条："至元二十八年（1291）又命，江淮寺观田，宋旧有者免租，续置者输税。"

② 亦邻真 1963 = 亦邻真 2001，第 147—148 页;《通制条格》卷二九，8a-9a，No. 630（己丑年 = 至元二十六年［1289］)；同上，9b-10b, No. 632（至元二十九年［1292］十二月十八日)；同上，11a-13b，No. 634（大德八年［1304］四月初五日)；同上，13b-14b，No. 635（皇庆元年［1312］四月十七日)。此外，大藪正哉［1972 = 1983，第 13 页］错误地把上揭《通制条格》No. 630 的"己丑年"比定为窝阔台元年（1229)。岡本敬二編:《通制條格の研究訳註》第 3 卷，國書刊行會，1976 年，第 224 頁；方龄贵:《通制条格校注》，中华书局，2001 年，第 717 页。

揭示畏吾儿佛教教团承担地税的回鹘文文书，以下对 SPF 所藏主谷（小麦）[1] 缴纳命令文书 SI Kr I 149 加以研究。此文书大体上是粘连了同质（纸色为 Chamois α，有抄纸条纹［每厘米 7—8 条］的中质米纸）的三份文书，粘连状态下纸张的尺寸为 16.5 厘米 × 18.0 厘米。从照片也可以明显看出，此文书用草书体书写，大体上的确可以比定为蒙古时代（见图 2）。

图 2　SI Kr I 149

（财）东洋文库提供

① 回鹘语 tarïγ 是“谷物”普遍的总称，狭义上意为“主谷、小麦”［森安 1991，第 58 页］。

【校订·汉译】

[missing] [前缺]

A 1[ ](⋯)tarïγ[ ]	⋯⋯主谷（= 小麦）⋯⋯
⋯⋯⋯⋯⋯⋯⋯⋯⋯	⋯⋯⋯⋯⋯⋯⋯⋯⋯⋯
B 2 taqïγu [yïl]	鸡［年第□月□日］
3 [čïn]quγ tngri burxan-ta [ ]	在［镇］国圣佛⋯⋯⋯⋯⋯
4 tayšï(..)[ ](...)[ ]	大师⋯⋯⋯⋯⋯⋯⋯⋯⋯
5 tarïγ-ta · qošiγ kši P[ ]	在小麦中，光硕导师
6 [bi]rip s(a)[n]g s[a]n-ïnḍ[a tutzun]	缴纳，使充当地税的份额。
⋯⋯⋯⋯⋯⋯⋯⋯⋯⋯⋯⋯⋯⋯⋯⋯⋯⋯⋯⋯	
C 7 taqïγu yïl säkizinč ay[ ]	［在］鸡年第八月□日
8 čïnquγ vaxar-ta tayšïdu tayšï alγu	镇国寺的大士奴大师，阿鲁
9 (..)r tayšï [ ](⋯)turmïš (bašlap)	⋯大师，以⋯秃儿迷失大师为首，
10 tayšï-lar-qa üč ay-qï ṭarmačug tar[ïγ]	给大师们三个月份的 ṭarmačug 小麦
11 -ta · quḍčuγ ačari iki šïγ tarïγ H	之中，忽都出阿阇梨以 2 石小麦，
12 birip sang san-ïnta tuḍzun	缴纳，使充当地税的份额。

此 SI Kr I 149 文书的 B · C 部分，都有“缴纳（需上缴的物品），使充当地税（sang）份额（san）”的命令语句。在 BBAW

所藏的 tüḍün 税代纳文书 U 5284 中，命令缴纳肉和葡萄酒“充当 tüḍün 税的份额（tüḍün san-qa tuḍup）”［松井 2002，第 97、108—109 页］，与 SI Kr I 149 文书的命令语句大致并行。在 U 5284 文书中，由于 san（“额”）前面的 tütün（~ tüḍün）是众所周知的税目名称，所以在 SI Kr I 149 文书中，san（“额”）前面的 sang 也并非单指“仓、仓库”，它与 U 5330 盟约文书一样指的都是“地税”，这是确实可靠的。换言之，文书 C 部分命令向隶属于“镇国寺（Čïnquγ vaxar）”的“大师”（> Uig. tayšï）即高级佛僧，上缴小麦，以此充当地税的一部分。

由于 B 部分的上下文破损缺落，并不明晰，“镇国圣佛（Čïnquγ tngri burxan）”多半与 C 部分的镇国寺有关，而且从文书格式上，可以推测第 4 行的大师（tayšï）为物品（主谷 = 小麦）的提供者［参见松井 2002，第 95—97 页］，这仍然与 C 部分一样，一定是使缴纳给镇国寺相关高级佛僧的主谷（= 小麦），充当一部分地税纳入额之类的命令文书。①

---

①　此 SI Kr I 149 文书中所见的镇国寺，可能是在大都城西高良河岸所建的大护国仁王寺。大护国仁王寺别称西镇国寺，已由中村［1993，第 70—71 页］指出，而且至元十年（1273）从高丽派遣到忽必烈宫廷的李承休在其见闻录《宾王录》中也提到，“大都城西镇国寺北，高梁之墟”有皇太子真金（Činkim）的营帐（此点得自森平雅彦氏指教，特此致谢）。《元史》卷三〇《泰定帝纪二》致和元年（1328）三月“己卯，帝御兴圣殿，受无量寿佛戒于帝师。庚辰，命僧千人修佛事于镇国寺”中的镇国寺，以及《元史》卷七七《祭祀志六》“国俗旧礼”条在叙述白伞盖法事的情形时“于西镇国寺迎太子游西门，舁高塑像，具仪仗入城”中的西镇国寺，显然指的都是大护国仁王寺。大护国仁王寺是 1270 年为所任命的帝师吐蕃的佛僧八思巴（’Phags-pa）所建立的，也成为八思巴以后历代帝师的居所，与西藏佛教有着很深的关系。另一方面，忽必烈时代的畏吾儿人理财官员桑哥（Sangga）还利用大护国仁王寺的白伞盖法会蓄财［中村 1993，第 72—75 页］。此外，现在位于北京西郊，也靠近曾经大护国仁王寺所在地的魏公村，元明两代被叫作（转下页注）

那么，B部分中的光硕（Qošiγ）导师（kši < Toch. käṣṣi, “master, preceptor”）与C部分中的忽都出（Quḍčuγ）阿阇梨（ačari < Skt. ācārya），都是居于高位的佛僧，成为上缴税粮的承担者，仍然反映出蒙古时代的畏吾儿地区在现实中实行向佛僧和佛教教团征收地税（sang）的政策。① 这里，以窝阔台和蒙哥时代蒙古的统治制度为基础，也将税役制度引进畏吾儿地区，甚至在忽必烈时代的中期，检地、地税征收以及驿站制度的管理运营也都一并出现了强化的情形［松井 2002，第89—91页；松井 2004，第164、160页］。而且，如上所述，若向佛教教团缴纳地税是中统五年（1264）以后由忽必烈政权所引进的新的规定，那么就可将后来13世纪的U 5330盟约文书的年代进一步缩短，限定在13世纪后半叶也是有可能的。

还有一种观点指出，在历代蒙古皇帝、皇族向吐蕃和汉地的

（接上页注①）“畏吾（Uyγur）村”，成为畏吾儿人集中居住之地［党宝海 2000］。可以推测，大护国仁王寺及其周边地区，是居住在大都的畏吾儿人和畏吾儿佛僧的活动据点之一。甚至还有从藏文原典译成回鹘文的《白伞盖陀罗尼》印刷本［Elverskog 1997，第108—110页］，透露出蒙古时代吐鲁番地区的畏吾儿佛教和大都的西藏佛教在文化和经济上的联系。在SI Kr I 149文书的C部分中，被作为主谷（=小麦）缴纳对象的大师们（tayšï-lar），从镇国寺=大护国仁王寺来访吐鲁番地区，或者也存在把特殊种类的小麦（ṭarmačug tarïγ）从吐鲁番地区送来的可能性。B部分的“镇国圣佛”，可能与诸文献中所述交纳给大护国仁王寺的“金身大佛”“梵天佛像”或摩睺罗（< Mahā-kāla）佛像［中村1993，第69—71页；中村1999，第67页］有关。尤其与最后的摩睺罗佛有关，从吐鲁番地区屡次发现的蒙古语摩睺罗赞歌印刷品断片［BTT XVI, Nrn. 29-32］，也是值得注意的。

① 即使在察合台汗国发布的蒙古文免税特许状BTT XVI, Nr. 69（第9—10行）中，作为佛教寺院所免除的税役名称，地税（sang）和商税（tamγa）也没有被提到过。但是，关于这一文书中所列举的alba(n)税、ǰasaγ税、qismad税、saliγ税、ünin税和qaγalγa税等税的实际情况，不明之处还有很多［参见松井 2002，第92—94页］，并不能完全否定其中存有相当于地税和商税的税役的可能性。

寺院、道观、儒学颁发的大多数免税特许状（大多为碑刻）中，差发（Mong. alba qubčiri）、铺马（ulaγ-a）、祗应（šigüsü > 首思）与地税（sang）、商税（tamγa）并列，也都是免除的对象，认为向宗教教团征收地税仅仅停留在原则上的规定［例如：愛宕 1961 = 愛宕 1988，第 348 页；大藪 1972 = 大藪 1983，第 9、15、17—18、21 页］。但是，至元五年（1268）的少林寺忽必烈圣旨碑［中村・松川 1993，第 41—46、77 页］、至元十四年（1277）的龙门禹王庙安西王忙哥剌（Mangγala）令旨碑［亦邻真 1963 = 亦邻真 2001；照那斯图 1991，No. 22］、至元二十五年（1288）的无锡免秀才杂泛差役诏碑［蔡美彪 1955，No. 32］以及元贞二年（1296）的彰德上清正一宫铁穆耳圣旨碑［蔡美彪 1955，No. 37］等，都是明言不免除地税（Mong. sui / sang）和商税的特许状的例子①，而且，虽然提到了免除差发、铺马和祗应，但没有提到地税和商税的例子②也处处可见。陈高描写元代佛僧的诗《感兴》

① 尤其是龙门禹王庙安西王忙哥剌令旨碑中的蒙古文原文 caṅ tamqa-dača buši aliba alba qubčiri ülü üjen（“除地税、商税外，不看［＝不负担］各种差发”），汉译为“地税商税不拣甚么差发休着”，在不将其作为地税和商税免税对象这一点上是不明确的［亦邻真 1963 = 亦邻真 2001，第 147—148 页］。这一汉译文和立碑的时间，不能反映令旨的领受者作为道观的立场。

② 杉山 1991，第 43 页，元统三年（1335）的邹县峄山仙人宫顺帝妥懽贴睦尔（Toγon Temür）圣旨碑。还有例如：至元十四年（1277；或至元二十六年，1289）泾州水泉寺世祖忽必烈圣旨碑［照那斯图 1991，No. 3］、至元十九年（1282）的东岳庙令旨碑［蔡美彪 1955, No. 28］、元贞三年（＝大德元年，1297）的彰德上清正一宫成宗铁穆耳圣旨碑［蔡美彪 1955, No. 39］、大德五年（1301）以五台山大寿宁寺为对象的帝师吃剌斯巴斡节儿（Grags pa ’od zer）法旨碑［蔡美彪 1955, No. 47］、元统二年（1334）淇县文庙顺帝妥懽贴睦尔圣旨碑［蔡美彪 1955, No. 80］。

中有“秋来入租税，鞭扑耕田夫”，实际上也是佛僧承担地税的旁证［陈高华 1981 = 陈高华 1987，第 378 页］。在远离元朝中央的畏吾儿地区，甚至也要向佛教教团征收地税，显示其实施情况的 U 5330 和 SI Kr I 149 两份文书的例子，都值得充分考虑，在忽必烈时代以后元朝统治地区，向宗教教团征收地税和商税的规定并非徒具空文；获准免除包括地税和商税的全部税役的宗教教团，无疑应被视为特权的、例外的存在。①

（三）qalan 税

蒙古政权在统治地区引入了各种税役制度，而且，关于蒙古时代畏吾儿文书中所见到的大多数税目的实际情况，不明之处还有很多［松井 2002，第 92—94 页］。但是，从我们这里的 U 5330 盟约文书来看，关于蒙古政权引入畏吾儿地区的 qalan 税的实际情形，大概以下三点确实应该予以指出。

（1）qalan 税是按照居民的所有农耕地征收的。这一点，在回鹘文借贷契约 SUK RH04 和 RH12 中，提到与葡萄园（borluq）和田地（yir）相关的 qalan 税，而且一定程度上可以推测，在手实（户籍原簿）U 5298（= Zieme 1982，第 18—19 行）中也有 uyur tarïr yirin tarïp qalan tutup qayu-qa köčüp barmatïn turur（“耕种［耕

---

① 甚至可追溯到高昌回鹘时代，在土地租赁借贷契约 SUK RH01 中，作为佛僧的阿阇梨（ačari），其所有的物品（大概是土地）要征收 irt birt 税。这一点，上述给木头沟阿兰若的免税特许状 U 5317（= Zieme 1981，Text A，第 41—42 行），则承认对 irt birt 税的免除，形成了鲜明的对照。关于 SUK RH01 的年代比定，参见森安［1994，第 72—73 页］。

地上的］黍，承担 qalan 税，不能迁徙到任何地方居留”）的申告中也可以看到。甚至在 U 5330 盟约文书中，作为 qalan 税的承担者农民，以 qalan 税的减免为目的，从而向佛教教团捐献田地，征收 qalan 税时，以农耕地作为计算基准，这大体是可以确定的。

（2）qalan 税对应蒙古文 alba（~ alban）或汉文史料中的差发（~科敛・差役）的可能性很大。在给察合台汗国统治者秃忽鲁帖木儿的免税请愿书（U 5282 = Arat 1937）中，封地（inčü）的畏吾儿园丁（baγčï），在历代察合台汗国君主的统治下被免除 qalan 税一事，作为论据被屡次陈述，最后请求免除的不是 qalan 税而是 alban 税（alban < Mong. alban），可见 qalan 和 alban 可以互相替换［Raschmann 1992，第 156 页］。而且，蒙古语 alban 的原义为“夫役、力役、强制劳动”，qubčiri（> Tü. qupčïr）原来是向游牧民征收的家畜税，在蒙汉合璧碑文中，alba qubčiri 成为总称税役的一个术语［亦邻真 1963 = 亦邻真 2001，第 150—151 页］。另一方面，在伊利汗国统治下的伊朗，qalān 税和 qūpčūr 税固定作 qalān va qūpčūr 这样一个术语，在有些场合也包括从蒙古引入的一般税役［本田 1961 = 本田 1991，第 299 页］。由于这里蒙古语 alba qubčiri 和波斯语 qalān va qūpčūr 的用法类似，同样可以推测蒙古语 alba 和波斯语 qalān（< Tü. qalan）存在相互置换的对应关系。①

进一步来看，在我们这里的 U 5330 盟约文书中，畏吾儿佛教教团承担赋税，另一方面则免除 qalan 税。如第（二）节所述，

---

① 关于以上这点，也可参见 Schurmann［1956，第 332—335、340 页］。但 Schurmann 在分析回鹘文文书时，利用的是 USp 的不完整的校订本，很多地方需要修订。

中统五年（1264）以后，元朝除地税和商税外，在原则上免除了宗教教团的“差发、科敛”（蒙古语 alba[n] qubčiri）。考虑到回鹘语、蒙古语 sang 与汉语“地税”的对应关系，可以推测 qalan 税也可指与蒙古语 alba[n] qubčiri、汉语“差发·科敛”相同的诸多税役的总称，或是其中所包括的税役之一。但在伊朗地区，qalān 税（夫役和军役）区别于 qūpčūr 税（为了维持军队、使者、驿站的经费而以现金缴纳的人头税）[本田 1959，本田 1961 = 本田 1991，第 243、247、287—290、297—299 页]，而且，在回鹘文诸文书中，qūpčūr 税和 qalan 税分别单独出现的情况也处处可见[松井 1998a，第 035—037 页；松井 2002，第 92—99 页]。因此，见于回鹘文文书中的 qalan 税，单独来看的话，可认为指的是与伊朗地区相同的夫役和军役，这与蒙古语 alba[n] 的原义也是相符的。

（3）qalan 税对于畏吾儿农民来说，是相当沉重的负担。若据 U 5330 盟约文书，作为 qalan 税承担者的农民向佛教教团所捐献的田地，按照从前的做法要由农民耕种，在这些田地上征收的地税（sang）其实也由这些农民负担。而且，在耕种佛教教团所有的田地这一点上，可以说农民成了佛教教团的佃农，必然也要向佛教教团缴纳地租（yaqa）。甚至没有捐献而在手头安置的田地，则要像过去那样征收 qalan 税。换言之，关于耕地上农民的负担，捐献给佛教教团以前为 qalan 税一种，捐献后则变成了地税、地租（yaqa）和 qalan 税（但减少税额）三种。但自称为“贫穷的（čïγay）”农民，特意选择增加负担一事是很难想象的。捐献给佛教教团的田地要征收 qalan 税的负担，捐献后的田地则要征收地税和给佛教教团的地租加起来的负担，相较之下，前者确实是过重的。财产委托契约 SUK Mi19 第 2—5 行记载其制作原因时，也叙述道："不能忍受 qalan 税，负债（birim alïm）累累，我的债权人也变多，我现在再也活不下去了。"可以推测，qalan 税也单指极其繁重的税役。

（四）佛教教团寺产的扩大

若据第（一）至（三）节所叙述的状况来看，见于 U 5330 盟约文书中的向佛教教团捐献田地，是以农民和佛教教团双方的利害为基础，这很容易理解。农民要减轻赋税负担，但另一方面，由于佛教教团实际上让农民负担所捐献田地的地税，进一步向农民征收地租来净增收益，因此能够强化寺院经营。与 U 5330 文书相同，也属于 Ikiči 文书群［Moriyasu 2002，第 156—162 页］的遗嘱文书 SUK WP01，在将这一遗嘱文书交付给立遗嘱之人的妻子时记载，以首座（šutza）的 Käd-Qya tutung（Käd-Qya 都统）、Tükälä、金藏（Kimtso）为首的僧众（quvraγ），与以 Tavγač-Yanga、Ikiči 为首领的村民（bodun）即俗人都在场。可以确定的是，作为村民代表被提到的 Ikiči，无疑与我们所见到的作为 U 5330 盟约文书发起人中的 Ikiči 是同一人，在 U 5330 盟约文书中，敌对佛教教团的俗人和农民，在此 WP01 文书作成之时，与佛教教团还处于友好、亲密的关系。

农民为了躲避税役向佛教教团捐献田地的趋势，也见于蒙古统治下的原南宋统领的江南地区。[1] 大德三年（1299），杭州省（＝江浙行省）辖下佛教寺院的佃户就达到了近五十万户（《通制条格》卷三，7a-7b，No.10，“寺院佃户”条）。据此，虽然一般民户向佛僧捐献的田地是理所当然的，但也会成为地税和商税的征收对象，佛教教团方面往往隐匿地税和商税，元朝政府也是忙于应对。尽管那样，但向佛教教团捐献田地以及农民的佃户化本身是难以禁止的，以蒙古皇帝为首的统治阶层甚至有时也赐田给宗教教团［陈高华 1981＝陈高华 1987，第 377 页］。

即使在畏吾儿地区，统治阶层同样也期望佛教教团寺产的扩大。但值得注意的是，察合台汗国发布的蒙古文免税特许状（BTT XVI，Nr. 69，第 4—8 行），针对以大天四洲寺（Uluγ tngri-lig tört dib süme）的教义总统（šas-in aiγuči < Uig. šazïn ayγučï）为首的师僧（baγši < Uig. baxšï），命令 süm-e-ṯür qariatan yaγu keṯi anu medeǰü γaǰar usun baγ borluγ-i kükegülgeǰü küǰi tosun bolγaǰu ǰul-a X(⋯)D(.)ČW [...]-i (.)[...]ČW bida bürün aq-a-nar degüner-ün emüne buyan irgür ögün atuγai（“管理属于寺院的一切东西，增加田地和葡萄园，制作香和油，以佛灯………为我们以及兄弟们，赐予福德和祝福吧”），而且回鹘文免税特许状 U 5317（＝Zieme 1981, Text A，第 25—29 行）中也可见到 sanggik borluq yir-lär-i

---

① 《元典章》卷二四《户部十 · 租税 · 僧道税》“僧道避差田粮”条：“蛮子田地里，每年军、站的气力，不拣甚么用的办济呵，多率是百姓每的纳税粮里成就有。如今，那百姓每，系官差发根底躲避着，在前合纳钱粮的田土根底，和尚、先生每底寺院里布施与了、卖与了、典与了。”

bilä · vaptso šilavanti bašlap murut-luq-ta turγučï šilavanti-lar šäli-lär ärksinip kirmiš tüši üzä aryadanïγ idip sapïp artmïš-ïn kingäšip išlätzüṅ-lär（“将寺产的葡萄园和诸多田地，交由法藏［vaptso］律师为首的在木头沟常住的律师和佛僧管理，所入利润用来增修阿兰若，共同商量经营所增加的利润”）的语句。与这两份文书相同，统治权力直接期望扩大寺产的语句，不见于蒙古政权赐予中原地区宗教教团的免税特许状。[①] 换言之，高昌回鹘政权以及察合台汗国政权相较于统治中原地区的元朝政权，更积极地期望佛教教团扩大寺产。在这一点上，以规避税役和捐献田地为媒介的畏吾儿农民与佛教教团相互串通，也未必会与统治权力的政策背道而驰。

（五）僧俗的对立

那么，如第（四）节所述，U 5330 文书显示出畏吾儿农民和佛教教团在经济上串通、协力的关系，随着情况的变化也可转变为对立关系。作为如此传达畏吾儿居民和佛教教团间纷争的资料，SPF 所藏公元 1339 年察合台汗国统治者也孙帖木儿（Yisün-Temür）发布的蒙古文命令文书 G 120（= Kara 2003，第 28—30、33 页；参见 Clark 1975，第 137 页）也值得注意。由于高昌或

---

① 这可能反映出，在受到可耕地面积物理上限制（在唐代均田制下，也可称作“狭乡”）的吐鲁番地区，与中原地区相比，掌握宗教教团所有田地并以此为基础征收地税，会比较容易。顺便说一下，出土汉文文书的例子显示出，在麴氏高昌时代的吐鲁番地区，俗人所有的田地有“俗役”，佛僧的田地则征收“道役”，僧俗之间在买卖田地时，所征收的土地上的税役也要得到变化［町田 2002，第 40 页］。

位于其附近的 Yogačari süme（“瑜伽行者寺”）的田地和葡萄园被非法占据，因此将此文书颁发给高昌王亦都护（Iduqud < Uig. Ïduq-qut）、蒙古行政官（noyad < noyan）以及当地的畏吾儿官员（tüsimed < tüsimen ~ Uig. bäg），命令他们保护、返还寺产。从公元 1339 年的 G 120 文书中可以看到，对佛教寺院的压制和迫害，应该与察合台汗国和吐鲁番地区所进行的伊斯兰化有关，不能排除这种可能性。但在经过半个多世纪的 15 世纪初期，吐鲁番地区仍存在不少佛教寺院，佛教徒的社会影响力应该并未完全衰退。① 此外，见于 G 120 文书中反佛寺一方人物的名字值得注意，Taibodu（< Uig. Taypodu < Chin. 大宝奴）为佛教人名，而且 Tölemiš（< Uig. Tölämiš）和 Bolmiš（< Uig. Bolmïš）都是一般的畏吾儿人名，仍然不是穆斯林人名。在此笔者认为，此 G 120 文书中所记佛寺与 Taibodu、Tölemiš、Bolmiš 的纠纷，与 U 5330 盟约文书相同，都是农民围绕所捐献的田地和葡萄园与佛教教团进行的纷争。

U 5330 盟约文书和 G 120 命令文书中所见的佛教教团与俗人、农民的纷争，最终如何解决，遗憾的是不得而知。但是为了巩固盟约关系而制作 U 5330 文书的畏吾儿农民，在与佛教教团纠纷时，表现出毫不推辞地与官吏（bäg iši）政权对抗的强硬态势（第 15—17 行），而且，从 G 120 文书第 8—10 行也可知，反对佛寺一方的 Bolmiš，甚至还强夺察合台汗国政权为了保护寺产而颁布

① 陈诚:《西域行程记 · 西域番国志》，北京：中华书局，1991 年，第 106、108 页；BTT XVI，第 9 页；松川 1995，第 106 页；参见濱田 1998，第 98—103 页；堀 1975，第 13—22 页。

的证书。应该予以指出的是，两份文书中所见的僧俗纷争，是蒙古政权不容易调停和解决的严重问题。顺带说一下，G 120 文书第 14—15 行虽然被称作“带有印章的证书（nišatu bičig）”，但在原文书中并没有见到印章。而且，文书里面还记载了伊斯兰占卜书的回鹘文抄译以及将藏文所译金刚乘论书翻译成回鹘文的后记［Kara 2003，第 30—34 页］。G 120 文书可能是害怕命令文书原件再次遭到抢劫而在瑜伽行者寺附近制作的复制品和副本，它的背面后来被再次使用。可以说，此事也反映了 G120 文书中所见纷争的激化。

在 11 世纪以后的畏吾儿社会中，佛教获得坚定的信仰，世俗权力阶层和一般居民给予佛教教团殷勤的保护以及经济上的援助，这在过去已被指出，在本文中又得到再次确认。但另一方面，世俗居民、农民与佛教教团的关系，不只是在宗教信仰方面，还建立在经济方面，根据场合不同将权力机关卷入而引起激烈的紧张和对立，也有必要加以注意。此外，《通制条格》（卷四，22b-23b，No. 125）中所引用的至元十三年（1276）七月二日所附忽必烈的圣旨，基于哈儿沙沙津爱忽赤（< Qarša šazïn ayγučï）和旭烈（< Hülägü）都统的上奏，下令禁止畏吾儿居民溺婴的惯例。可以肯定，向忽必烈上奏的两人属于畏吾儿佛教教团的领导层［参见梅村 1977b，第 5—6 页］。在此溺婴问题被提交到元朝宫廷的背景中应该可以看出，畏吾儿当地的社会传统风俗与佛教信仰存在着深刻的矛盾。

三、结论

本文第一节对 U 5330 文书进行了文献学上的再校订，此文书的性质是敌对佛教教团的畏吾儿农民为了巩固同盟关系的盟约文书。

其次，在第二节，尝试把 U 5330 文书的内容确定为具有蒙古时代的历史背景。结果，就蒙古时代的畏吾儿农民和佛教教团的关系指出：（一）佛教教团在高昌回鹘时期继续享有免税特权，（二）但忽必烈时代以后征收地税的原则也适用于畏吾儿地区，（三）佛教寺院可以免除 qalan 税，但另一方面农民则按照所有的田地缴纳 qalan 税，其负担是相当沉重的，（四）意图减免 qalan 税而向佛教教团捐献田地，这基于农民和佛教教团双方的利害，同时也得到蒙古统治阶层的公认，（五）但农民和佛教教团的利害时有激烈的冲突。其中（一）至（四）的诸点，与在大元王朝统治下中原地区的情况也是共通的，作为蒙古时代在欧亚东部同时产生的现象，是值得注意的。

而且，上述历史的诸种情形，是对蒙古时代畏吾儿佛教教团社会和经济的经营基础进行考察的出发点。在各国所藏的回鹘文社会经济文书中，存在大量关于佛教教团经营的各种文书，相较于未刊文书，就已刊文书来说，在基于历史学背景的同时，还有不少也值得再次校订和重新解释。的确，佛教典籍以及吐鲁番地区各处美丽的佛教遗迹和遗物占出土回鹘文文献的绝大多数，表明高昌回鹘到蒙古时代畏吾儿佛教的繁荣。尽管如此，但对产生这一繁荣的社会和经济方面进行考察仍是历史学领域内不可缺少的。希望以本文所指出的诸种现象为基础，对“畏吾儿佛教社会”进行总体把握会成为今后的课题。

缩略语和文献目录

愛宕松男（Otagi Matsuo）1961：《元朝における佛教寺觀の稅糧優免について》，《塚本博士頌壽記念佛教史學論集》，京都大學人文科學研究所。

—— 1988：《愛宕松男東洋史學論集》第4卷，三一書房。

AoF: *Altorientalische Forschungen*.

Arat, R. R. 1937: Uygurca yazılar arasında. *Türk Tarih*, *Arkeologya ve Etnografya Dergisi* 3 (1936), pp. 101-112, +1 pl. (Rpt. in *Makaleler* I, Ankara, 1987, pp. 574-585)

—— 1965: Among the Uighur Documents II. *Ural-Altaische Jahrbücher* 36, pp. 263-272, +2 pls.

ATG: A. Von Gabain, *Alttürkische Grammatik* (3. Auflage). Wiesbaden, 1974.

BBAW: Berlin-Brandenburgische Akademie der Wissenschaften.

本田実信（Honda Minobu）1959：《イルカン國における Iqtā 制について》，《北海道大學文學部紀要》7。

—— 1961：《ガザン・カンの稅制改革》，《北海道大學文學部紀要》10。

—— 1961：《モンゴル時代史研究》，東京大学出版会。

濱田正美（HAMADA Masami）1998：《モグール·ウルスから新疆へ》，《東アジア·東南アジア傳統社會の形成》（岩波講座世界歷史 13）岩波書店，pp. 97-119.

BTT XVI: D. Cerensodnom / M. Taube, *Die Mongolica der Berliner Turfansammlung* (*Berliner Turfantexte* XVI). Berlin, 1993.

蔡美彪 1955：《元代白话碑集录》，科学出版社。

陈高华 1981：《元代佛教与元代社会》，《中国古代史论丛》1981-1。

—— 1987：《元史研究论稿》，中华书局。

Clark, L. V. 1975: On a Mongol Decree of Yisün Temür (1339). *Central Asiatic Journal* 19-3, pp. 194-198.

Clauson, G. 1971: A Late Uyğur Family Archive. In: C. E. Bosworth (ed.), *Iran and Islam*, Edinburgh, pp. 167-196.

党宝海 2000：《魏公村考》，《北京文博》2000-4, pp. 22-28.

大藪正哉（Ōyabu Masaya）1972：《元代の法制と佛教——税糧·訴訟·民間信仰關係の規定——》，《史學研究》86.

—— 1983：《元代の法制と宗教》，秀英出版。

DTS: V. M. Наделяев et al. (eds.), *Древнемюркский Словарь*. Ленинград, 1969.

ED: G. Clauson, *An Etymological Dictionary of Pre-Thirteenth Century Turkish*. Oxford, 1972.

Elverskog, J. 1997: *Uygur Buddhist Literature*. Turnhout (Belgium).

ETHV: R. R. Arat, Eski Türk hukuk vesikaları. *Türk Kültürü Araştırmaları* 1, 1964, pp. 1-53.

Franke, H. 1962: Zur Datierung der mongolischen Schreiben aus Turfan. *Oriens* 15, pp. 399-410.

—— 1987: Additional Remarks on the Mongolian Turfan Document TM 92. *Canada Mongolia Review* 3-1, pp. 33-39.

耿世民 1981:《回鹘文土都木萨里修寺碑考释》,《世界宗教研究》1981-1，pp. 77-83.

GSR: B. Karlgen, *Grammata Serica Recensa*. Stockholm, 1957.

護雅夫（MORI Masao）1960:《ウイグル文葡萄園賣渡文書》,《東洋學報》42-4, pp. 22-50.

亦邻真（Irinčin）1963:《读 1276 年龙门禹王庙八思巴字令旨碑》,《内蒙古大学学报》1961-1。

—— 2001：加藤雄三（译）《1276 年龍門禹王廟パスパ字令旨碑を読む》,《内陸アジア言語の研究》16, pp. 133-154.

IUCD: L. V. Clark, *Introduction to the Uyghur Civil Documents of East Turkestan(13th-14th cc.)*. Dissertation of Indiana Univ. (Bloomington) Ph. D., 1975.

照那斯图（Junast）1991:《八思巴字和蒙古语文献 II・文献汇集》,東京外國語大學アジア・アフリカ言語文化研究所。

Kara, G. 1991: Mittelchinesisch im Spätuigurischen. In: H. Klengel / W. Sundermann (eds.), *Ägypten-Vorderasien-Turfan*, Berlin, pp. 141-149, +Taf. XVIII-XIX.

—— 2003: Mediaeval Mongol Documents from Khara Khoto and East Turkstan in the St. Petersburg Branch of the Institute of Oriental

Studies. *Manuscripta Orientalia* 9-2, pp. 3-40.

堀直（Hori Sunao）1975:《明代のトゥルファーンについて》,《待兼山論叢》史學篇 8, pp. 13-27.

Laut, J. -P. 1986: *Der frühe türkische Buddhismus und seine literarischen Denkmäler*. Wiesbaden.

李经纬 1996:《吐鲁番回鹘文社会经济文书研究》，乌鲁木齐。

梅村坦（Umemura Hiroshi）1977a:《違約罰納官文言のあるウイグル文書》,《東洋學報》58-3/4, pp. 01-040.

—— 1977b:《13 世紀ウイグリスタンの公權力》,《東洋學報》59-1/2, pp. 01-031.

—— 1987:《ウイグル文書 "SJ Kr.4/638"》,《立正大學教養部紀要》20, pp. 35-87.

—— 1990:《ウイグル文家產分割文書の一例》,《東アジア古文書の史的研究》，刀水書房，pp. 420-446.

Moriyasu, T. 2001: Uighur Buddhist Stake Inscriptions from Turfan. In: L. Bazin / P. Zieme(eds.), *De Dunhuang à Istanbul. Hommage à James Russel Hamilton*, Turnhout (Belgium), pp. 149-223.

—— 2002: On the Uighur Buddhist Society at Čiqtim in Turfan during the Mongol Period. In: M. Ölmez/S. -Ch. Raschmann(eds.), *Splitter aus der Gegend von Turfan. Festschrift für Peter Zieme anläßlich seines 60. Geburtstags*, Istanbul / Berlin, pp. 153-177.

Oda, J. 1992a: *On baš bitig, 'ydyš bitig and čïn bitig*. Notes of the Uighur Documents Related to a Person Named Turï. *Türk Dilleri*

Araştırmaları 1 (1991), pp. 37-46.

OTWF: M. Erdal, *Old Turkic Word Formation*, I-II. Wiesbaden, 1991.

Raschmann, S.-Chr. 1992: Einige Bemerkungen zu Steuern, Abgaben und Dienstpflicht im uigurischen Königreich von Qočo (13.-14. Jh.). AoF 19, pp. 155-159.

Schurmann, H. 1956: Mongolian Tributary Practices of the Thirteenth Century. *Harvard Journal of Asiatic Studies* 19, pp. 304-389.

森安孝夫（Moriyasu Takao）1991:《ウイグル＝マニ教史の研究》(《大阪大學文學部紀要》31/32)。

—— 1994:《ウイグル文書劄記（その四）》,《内陸アジア言語の研究》9, pp. 63-94.

Sertkaya, A. G. 1999: *Uigurische Sprachdenkmäler*'den beş mektup. *Türk Dili Araştırmaları Yıllığı* (Belleten 1996), pp. 237-264.

山田信夫（Yamada Nobuo）IV:《ウイグル文貸借契約書の書式》,《大阪大學文學部紀要》11, 1965, pp. 87-216, +pls. 1-6.

杉山正明（Sugiyama Masa'aki）1991:《元代蒙漢合璧命令文の研究（2）》,《内陸アジア言語の研究》6 (1990), pp. 35-55.

松川節（Matsukawa Takashi）1995：Review on BTT XVI.《東洋史研究》54-1, pp. 105-122.

松井太（Matsui Dai）1997:《カラホト出土蒙漢合璧税糧納入簿斷簡》,《待兼山論叢》史學篇 31, pp. 24-49.

—— 1998a:《モンゴル時代ウイグリスタン税役制度とその淵源》,《東洋學報》79-4, pp. 026-055.

—— 1998b:《ウイグル文クトルグ印文書》,《内陸アジア言語の研究》13, pp. 1-62, +15 pls.

—— 2002:《モンゴル時代ウイグリスタンの税役制度と徵税システム》,《碑刻等史料の總和的分析によるモンゴル帝國·元朝の政治·經濟システム基礎的研究》,科研費報告書(No. 12410096), pp. 87-127.

—— 2003:《ヤリン文書》,《人文社會論叢》,人文科學篇 10, pp. 51-72.

—— 2003:《モンゴル時代の度量衡》,《東方學》107, pp. 166-153.

SPF: Санкт-Петербургский Филиал Института Востоковедения Российской Академии Наук.

SUK:山田信夫(著)小田壽典、P. Zieme、梅村坦、森安孝夫(編)《ウイグル文契約文書集成(*Sammlung uigurischer Kontrakte*)》1—3,大阪大學出版會,1993.

Тихонов, Д. И. 1964: К вопросу о термине *quvaq* в древнеуйгурских текстах. *Народы Азии и Африки* 4, pp. 104-106.

—— 1966: *Хозяйство и общественный строй уйгурского государство X-XIV вв*. Москва / Ленинград.

町田隆吉(Machida Takayoshi)2002:《吐魯番出土佛教寺院經濟關係漢語文書の整理と研究》,科研費報告書(No. 12610376)。

URD: С. Е. Малов. Уйгурские рукописные документы экспедиции С. Ф. Ольденбурга. *Эаписки Института Востоковедения Академии Наук СССР* 1, 1932, pp. 129-149, +6 pls.

USp: W. W. Radloff, *Uigurische Sprachdenkmäler*. Ed. By S. E.

Malov. Leninggrad, 1928.

UW: K. Röhrborn, *Uigurische Wörterbuch*, 1-6+. Wiesbaden, 1977-1998+.

Wb: W. W. Radloff, *Versuch eines Wörterbuches der Türk-Dialecte*, I-IV. St. Pertersburg, 1893-1911.

小田壽典（ODA Juten）1990：《ウイグル文トゥリ文書研究覺書》，《内陸アジア史研究》6, pp.9-27.

—— 1992b：《ウイグル文ピントゥング歎願書の譯註》，《風橋短期大學研究紀要》9, pp. 153-159.

杨富学 1990：《海外见刊回鹘文社会经济文献总目》，《中国敦煌吐鲁番研究通讯》1990-1。

中村淳（NAKAMURA Jun）1993：《元代法旨に見える歷代帝師の居所》，《待兼山論叢》史學篇 27, pp. 57-82.

—— 1999：《元代大都の敕建寺院をめぐって》，《東洋史研究》58-1, pp. 63-83.

中村淳（NAKAMURA Jun）、松川節（MATSUKAWA Takashi）1993：《新發現の蒙漢合璧少林寺聖旨碑》，《内陸アジア言語の研究》8, pp. 1-93, +8 pls.

Zieme, P. 1980: Uigurische Pachtdokumente. AoF 7, pp. 197-245, +Taf. III-XII.

—— 1981: Uigurische Steuerbefreiungsurkunden für buddhistische Klöster. AoF 8, pp. 237-263, +Taf. XIX-XXII.

—— 1982: Ein uigurisches Familienregister aus Turfan. AoF 9, pp. 263-267, +2 pls.

参考文献

古 籍

宋濂等撰:《元史》，日本京都大学人文研究所藏洪武本。
宋濂等撰:《元史》，国家图书馆藏残洪武本。
宋濂等撰:《元史》，北京大学图书馆藏明前期重印残洪武本。
宋濂等撰:《元史》，国家图书馆藏早期南监本。
宋濂等撰:《元史》，中华书局藏康熙二十五年（1686）重校北监本。
宋濂等撰:《元史》，乾隆四年（1739）初刊殿本。
宋濂等撰:《元史》,《文渊阁四库全书》本。
宋濂等撰:《元史》，道光四年（1824）重刊殿本。
宋濂等撰:《百衲本元史》，北京：国家图书馆出版社，2014 年。
宋濂等撰:《元史》，北京：中华书局，1976 年；1983 年第 1 版第 2 次印刷。
令狐德棻等撰:《周书》，北京：中华书局，2022 年。
脱脱等撰:《宋史》，北京：中华书局，1977 年。
张廷玉等撰:《明史》，北京：中华书局，1974 年。

《平宋录》，国家图书馆藏清抄本，李文田校跋，善本书号：11816。
《平宋录》，北京大学图书馆藏清抄本，善本书号：LSB/4244,《四库提要著录丛书》史部第 195 册影印。

《平宋录》，清抄本，《原国立北平图书馆甲库善本丛书》第 195 册、《元史研究资料汇编补编》史部第 6 册影印。

《平宋录》，《墨海金壶》本。

《平宋录》，《守山阁丛书》本。

《平宋录》，《碧琳琅馆丛书》本。

《平宋录》，《芋园丛书》本。

《平宋录》，《中国内乱外祸历史丛书》第 3 册，上海：神州国光社，1936 年。

《平宋录》，《中国历史研究资料丛书》之《避戎夜话》，上海：上海书店，1982 年。

《平宋录》，《丛书集成初编》第 3910 册，上海：商务印书馆，1939 年。

《平宋录》，车吉心主编：《中华野史》（辽夏金元卷），济南：泰山出版社，2000 年。

《平宋录》，曹金成整理，上海：上海古籍出版社，2024 年。

《北巡私记》，《云窗丛刻》本。

《北巡私记》，薄音湖、王雄编辑点校：《明代蒙古汉籍史料汇编》第 1 辑，呼和浩特：内蒙古大学出版社，1994 年。

《北巡私记》，叶爱欣点校，李修生主编：《全元文》第 58 册，南京：凤凰出版社，2004 年。

Zum Untergang Zweier Reiche: Berichte von Augenzeugen aus den Jahren 1232-33 und 1368-70, in *Abhandlungen für die Kunde des Morgenlandes*, XXXVIII, 4, Wiesbaden: Kommissionsverlag Franz Steiner GmbH, 1969.

Cleaves, Francis Woodman. *The Flight of Toγon Temür*.（残稿）

张景达、张玺纂修：嘉靖《冀州志》，嘉靖二十七年（1548）刻本，傅璇琮等编:《国家图书馆藏地方志珍本丛刊》第 49 册，天津：天津古籍出版社，2016 年。

李显忠修，耿德曙、陈淳纂：康熙《冀州志》，康熙十四年（1675）刻本，傅璇琮等编:《国家图书馆藏地方志珍本丛刊》第 51 册，天津：天津古籍出版社，2016 年。

范清旷纂修：乾隆《冀州志》，乾隆十二年（1747）刻本。

王树枏等纂修：民国《冀县志》，民国十八年（1929）铅印本。

刘岳申:《申斋集》卷八《资善大夫大都路都总管兼大兴府尹回会墓志铭》，《元代珍本文集汇刊》影印清代传录明初抄本，台北:"中央"图书馆，1970 年。

乌兰校勘:《元朝秘史》，北京：中华书局，2012 年。

阿尔达扎布:《新译集注〈蒙古秘史〉》，呼和浩特：内蒙古大学出版社，2005 年。

余大钧译注:《蒙古秘史》，石家庄：河北人民出版社，2007 年。

札奇斯钦:《〈蒙古秘史〉新译并注释》，台北：联经出版事业公司，1979 年。

鲍·包力高、齐木德道尔吉、巴图赛恒编:《〈元朝秘史〉畏吾体蒙古文再复原及其拉丁转写》，赤峰：内蒙古科学技术出版社，2013 年。

村上正二訳注:《モンゴル秘史》(1)，東京：平凡社，1970 年。

村上正二訳注:《モンゴル秘史》(2)，東京：平凡社，1972 年。

村上正二訳注:《モンゴル秘史》(3)，東京：平凡社，1976 年。

小沢重男:《元朝秘史全釈》(上)，東京：風間書房，1984 年。

小沢重男:《元朝秘史全釈》(中)，東京：風間書房，1985 年。

小沢重男:《元朝秘史全釈》(下)，東京：風間書房，1986 年。

Cleaves, Francis Woodman. *The Secret History of the Mongols*, Massachusetts: Harvard University Press, 1982.

de Rachewiltz, Igor. *The Secret History of the Mongols: A Mongolian Epic Chronicle of the Thirteenth Century*, Leiden and Boston: Brill, 2004.

Lobsangdanǰin, *Altan Tobči*, Ulaγabaγatur: Ulus-un Keblel-ün Γaǰar, 1990.

乔吉校注:《黄金史》(蒙古文)，呼和浩特：内蒙古人民出版社，2013年。

札奇斯钦:《蒙古黄金史译注》，台北：联经出版事业公司，1979年。

色道尔吉:《蒙古黄金史》，呼和浩特：内蒙古大学出版社，2016年。

乌兰:《〈蒙古源流〉研究》，沈阳：辽宁民族出版社，2000年。

Schimidt, I. J. *Geschichte der Ost-mongolen und ihres Fürstenhauses*, St. Petersburg: N. Gretsch; Leipzig: Carl Cnobloch, 1829.

Tumurtogoo, D. and Cecegdari, G. *Mongolian Monuments in Uighur-Mongolian Script (XIII-XVI Centuries)*, Taipei: Institute of Linguistics, Academia Sinica, 2006.

Tumurtogoo, D. and Cecegdari, G. *Mongolian Monuments in 'Phags-pa Script*, Taipei: Institute of Linguistics, Academia Sinica, 2010.

释迦仁钦德:《雅隆尊者教法史》(藏文版)，拉萨：西藏人民出版社，1988年。

释迦仁钦德:《雅隆尊者教法史》，汤池安汉译，拉萨：西藏人民出版社，1989年。

李治安:《雅隆觉沃教史(节译)》，《蒙古学资料与情报》1990年第3期。

蔡巴·贡嘎多吉:《红史》(藏文版)，东噶·洛桑赤列校注，北京：民族出版社，1981年。

蔡巴·贡嘎多吉:《红史》，东噶·洛桑赤列校注，陈庆英、周润年汉译，拉萨：西藏人民出版社，1988年。

稲葉正就、佐藤長:《フゥラン·テプテル——チベット年代記》，京都：法藏館，1964年。

达仓宗巴·班觉桑布:《汉藏史集》(藏文版),成都:四川民族出版社,1985年。

达仓宗巴·班觉桑布:《汉藏史集》,陈庆英汉译,西宁:青海人民出版社,2017年。

陈庆英、史卫民:《大蒙古王统综述——〈汉藏史集〉节译并注释》,《蒙古学资料与情报》1987年第1期。

班钦·索南查巴:《新红史》,黄颢汉译,拉萨:西藏人民出版社,1984年。

Jūzjānī, *Ṭabaqāt-i Nāṣirī*, ed. by Ḥabībī, Kābul: Anjuman-i Tārīkh-i Afghānstān, 1964.

Jawzjani, *Tabaqát-i Násiri*, ed. by Lees, Calcutta: the College Press, 1864.

Jūzjānī, *Ṭabaḳāt-i-Nāṣirī: A General History of the Muḥammadan Dynasties of Asia*, trans. by Raverty, London: Gilbert and Rivington, 1881.

[波斯]拉施特主编:《史集》第1卷第1分册,余大钧、周建奇译,北京:商务印书馆,1983年。

[波斯]拉施特主编:《史集》第1卷第2分册,余大钧、周建奇译,北京:商务印书馆,1983年。

[波斯]拉施特主编:《史集》第2卷,余大钧、周建奇译,北京:商务印书馆,1985年。

[波斯]拉施特主编:《史集》第3卷,余大钧译,北京:商务印书馆,1986年。

Rashīd al-Dīn, *Jāmi' al-Tavārīkh*, eds. by M. Roushan and M. Mūsavī, Tehran: Nashr-i Alburz, 1994.

[波斯]剌失德丁主编:《成吉思汗的继承者》,波义耳英译,周良霄译注,天津:天津古籍出版社,1992年。

[波斯]志费尼:《世界征服者史》,波伊勒英译,何高济汉译,北京:商务印书馆,2004年。

Juvaynī, *Tārīkh-i Jahāngushāy*, ed. by Qazwīnī, Part I, Leydon: Brill; London: LUZAC & CO., 1912.

马海若:《伊利汗国早期史料〈蒙古消息〉译注》, 朱玉麒主编:《西域文史》第17辑, 北京: 科学出版社, 2023年。

邱轶皓:《〈瓦萨甫史〉"海山合罕的登基"译注》, 余太山、李锦绣主编:《欧亚学刊》新12辑, 北京: 商务印书馆, 2023年。

邱轶皓:《〈完者都史〉"七〇五年纪事"译注》, 马建春主编:《暨南史学》第21辑, 广州: 暨南大学出版社, 2020年。

大塚修、赤坂恒明、高木小苗, 水上遼、渡部良子訳註:《カーシャーニーオルジェイトゥ史》, 名古屋: 名古屋大学出版会, 2022年。

阿布尔-哈齐-把阿秃儿汗:《突厥世系》, 罗贤佑译, 北京: 中华书局, 2005年。

Aboul-Ghâzi Bèhâdour Khan, *Histoire des mogols et des tatares*, par Le Baron Desmaisons, St. Pètersbourg: Imprimerie de l'Académie Impériale des sciences, 1874.

王国维:《〈圣武亲征录〉校注》,《王国维全集》第11卷, 杭州: 浙江教育出版社, 2010年。

贾敬颜校注:《圣武亲征录》(新校本), 陈晓伟整理, 北京: 中华书局, 2020年。

苏天爵:《元朝名臣事略》, 元刻本, 杨讷主编:《元史研究资料汇编》第94册, 北京: 中华书局, 2014年。

李志常著, 尚衍斌、黄太常校注:《长春真人西游记校注》, 北京: 中央民族大学出版社, 2016年。

赵珙撰, 王国维笺证:《〈蒙鞑备录〉笺证》,《王国维全集》第11卷, 杭州: 浙江教育出版社, 2009年。

彭大雅撰，徐霆疏，王国维笺证：《〈黑鞑事略〉笺证》，《王国维全集》第11卷，杭州：浙江教育出版社，2009年。

彭大雅撰，徐霆疏，许全胜校注：《〈黑鞑事略〉校注》，兰州：兰州大学出版社，2014年。

Meng-Ta Pei-Lu und Hei-Ta Shih-Lüeh, Chinesische Gesandtenberichte über die Frühen Mongolen 1211 und 1237, Nach Vorarbeiten von E. Haenisch und Yao Ts'ung-wu, übersetzt und kommentiert von P. Olbricht und E. Pinks, Wiesbaden: Harrassowitz, 1980.

刘一清撰，王瑞来校笺考原：《〈钱塘遗事〉校笺考原》，北京：中华书局，2016年。

佚名：《宋季三朝政要》，元皇庆元年（1312）刻本。

佚名：《宋季三朝政要》，元至治三年（1323）刻本。

佚名撰，王瑞来笺证：《宋季三朝政要笺证》，北京：中华书局，2010年。

郑麟趾：《高丽史》，韩国奎章阁藏光海君覆刻乙亥（1455）刻本。

孙晓主编：《高丽史》（标点校勘本），重庆：西南师范大学出版社；北京：人民出版社，2014年。

释念常：《佛祖历代通载》，《北京图书馆古籍珍本丛刊》第77册影印元至正七年（1347）刻本，北京：书目文献出版社，1997年。

权衡撰，任崇岳笺证：《〈庚申外史〉笺证》，郑州：中州古籍出版社，1991年。

Schulte-Uffelage, Helmut. *Das Keng-shen Wai-Shih: Eine Quelle zur Späten Mongolenzeit*, Berlin: Akademie-Verlag GmbH, 1963.

陈高华、张帆、刘晓、党宝海点校：《元典章》，天津：天津古籍出版社；北京：中华书局，2011年。

张铉撰，田崇校点：《至正金陵新志》，南京：南京出版社，1991年。

许绍锦编修：嘉庆《莒州志》，嘉庆元年（1796）刻本。
萧洵：《故宫遗录》，北京：北京古籍出版社，1983年。
王琼编，姚汉源、谭徐明点校：《漕河图志》，北京：水利电力出版社，1990年。
周家楣、缪荃孙等编纂：《光绪顺天府志》，北京：北京古籍出版社，1987年。

《柏朗嘉宾蒙古行纪》，贝凯、韩百诗译注，耿昇汉译，北京：中华书局，1985年。
《鲁布鲁克东行记》，柔克义英文译注，何高济汉译，北京：中华书局，1985年。
《鲁布鲁克东方行纪》，马列英俄文译注，沙斯契娜补注，余大钧、蔡志纯汉译，呼和浩特：内蒙古大学出版社，2009年。
［英］道森编：《出使蒙古记》，吕浦译，周良霄注，北京：中国社会科学出版社，1983年。
［法］西蒙·圣宽庭：《鞑靼史》，让·里夏尔法译、注释，张晓慧汉译，朱玉麒主编：《西域文史》第11辑，北京：科学出版社，2017年。
《马可波罗行纪》，沙海昂注，冯承钧译，党宝海新注，石家庄：河北人民出版社，1999年。
Moule, A. C. and Paul Pelliot. *Marco Polo: The Description of the World*, London: Routledge, 1935.

苏天爵编：《国朝文类》，国家图书馆藏元至正刻本，善本书号：03623。
苏天爵编：《元文类》，张金铣校点，合肥：安徽大学出版社，2020年。
耶律楚材：《湛然居士文集》，谢方点校，北京：中华书局，2021年。
郝经：《郝文忠公陵川文集》，秦雪清点校，太原：山西人民出版社，2006年。

王恽著，杨亮、钟彦飞汇校:《王恽全集汇校》，北京：中华书局，2013 年。
耶律铸:《双溪醉隐集》,《丛书集成续编》第 108 册影印《辽海丛书》本，上海：上海书店，1995 年。
陈福康校点:《郑思肖集》，上海：上海古籍出版社，1991 年。
邓瑞全、谢辉校点:《刘敏中集》，长春：吉林文史出版社，2008 年。
张文澍校点:《程钜夫集》，长春：吉林文史出版社，2009 年。
查洪德编校:《姚燧集》，北京：人民文学出版社，2011 年。
王颋点校:《虞集全集》，天津：天津古籍出版社，2007 年。
王颋点校:《黄溍全集》，天津：天津古籍出版社，2008 年。
许有壬:《圭塘小稿》,《丛书集成续编》第 136 册影印《三怡堂丛书》本，台北：新文丰出版公司，1990 年。
危素:《危太朴集》,《元人文集珍本丛刊》影印嘉业堂刊本。
徐永明校点:《郑元祐集》，杭州：浙江大学出版社，2010 年。
李修生主编:《全元文》第 60 册，南京：凤凰出版社，2004 年。
陈诚:《陈竹山先生文集》,《四库全书存目丛书》影印江西省图书馆藏雍正七年（1729）刻本。
陈子龙等选辑:《明经世文编》，北京：中华书局，1962 年。

王恽:《玉堂嘉话》，杨晓春点校，北京：中华书局，2009 年。
杨瑀:《山居新语》，余大钧点校，北京：中华书局，2006 年。
孔齐:《至正直记》，庄葳、郭群一校点，上海：上海古籍出版社，2012 年。
陶宗仪:《南村辍耕录》，北京：中华书局，1959 年。
陶宗仪:《南村辍耕录》，王雪玲校点，上海：上海古籍出版社，2022 年。
叶子奇:《草木子》，北京：中华书局，1959 年。
周致中:《异域志》，陆峻岭校注，北京：中华书局，2000 年。

贾敬颜:《五代宋金元人边疆行记十三种疏证稿》，北京：中华书局，2004 年。
张星烺编注:《中西交通史料汇编》，朱杰勤校订，北京：中华书局，2003 年。
陈正祥:《中国游记选注》（第一集），香港：商务印书馆，1979 年。

胡聘之:《山右石刻丛编》,《石刻史料新编》（20），台北：新文丰出版公司，1977 年。
国家图书馆善本金石组编:《辽金元石刻文献全编》，北京：北京图书馆出版社，2003 年。
魏坚主编:《元代北方金石碑刻集成》（内蒙古、东北卷），北京：中华书局，2023 年。
樊波主编:《陕西出土蒙元时期墓志》，西安：陕西人民美术出版社，2021 年。
洪金富:《元代石刻拓本目录》，台北:“中央”研究院，2017 年。
王大方、张文芳编著:《草原金石录》，北京：文物出版社，2013 年。
赵卫东、陈法永主编:《金元全真道碑刻集萃》，济南：山东大学出版社，2020 年。
成化《山西通志》,《四库全书存目丛书》影印明成化十一年（1475）刻本。
弘治《溧阳县志》，弘治十一年（1498）刻本。
万历《绍兴府志》，万历刻本。

钱大昕:《十驾斋养新录》，杨勇军整理，上海：上海书店出版社，2011 年。
钱大昕:《嘉定钱大昕全集》（增订本）第 5 册，陈文和主编，南京：凤凰出版社，2016 年。
黄虞稷、倪灿:《补辽金元史艺文志》，王承略、刘心明主编:《二十五史艺文经籍志考补萃编》卷二二，北京：清华大学出版社，2014 年。

赵翼著，王重民校证:《〈廿二史札记〉校证》(订补本)，北京：中华书局，1984年。
周中孚:《郑堂读书记》，黄曙辉、印晓峰标校，上海：上海书店出版社，2009年。

魏源:《元史新编》，光绪三十一年（1905）慎微堂刊本。
洪钧著，田虎校注:《元史译文证补校注》，石家庄：河北人民出版社，1990年。
柯劭忞:《新元史》,《元史二种》(上)，上海：上海古籍出版社，2012年。
屠寄:《蒙兀儿史记》,《元史二种》(下)，上海：上海古籍出版社，2012年。

四库全书研究所整理:《钦定四库全书总目》(整理本)，北京：中华书局，1997年。
胡玉缙撰，王欣夫辑:《四库全书总目提要补正》，上海：上海书店出版社，2020年。
邵懿辰撰，邵章续录:《增订四库简明目录标注》，上海：上海古籍出版社，1979年。
焦竑:《国史经籍志》，王云五主编:《丛书集成初编》第25册，上海：商务印书馆，1929年。
黄虞稷:《千顷堂书目》，瞿凤起、潘景郑整理，上海：上海古籍出版社，2001年。
莫友芝撰，傅增湘订补:《藏园订补郘亭知见传本书目》，傅熹年整理，北京：中华书局，2009年。

著　作

白拉都格其:《成吉思汗的遗产》，呼和浩特：内蒙古人民出版社，2009年。

白・特木尔巴根:《〈蒙古秘史〉文献版本考》，北京：北京大学出版社，2014 年。

白玉冬:《九姓达靼游牧王国史研究（8—11 世纪）》，北京：中国社会科学出版社，2017 年。

蔡鸿生:《唐代九姓胡与突厥文化》，北京：中华书局，1998 年。

蔡美彪:《辽金元史考索》，北京：中华书局，2012 年。

曹金成:《史事与史源:〈通鉴续编〉中的蒙元王朝》，北京：社会科学文献出版社，2020 年。

陈得芝等编:《朔漠情思——历史学家韩儒林》，南京：南京大学出版社，2000 年。

陈得芝:《蒙元史研究丛稿》，北京：人民出版社，2005 年。

陈得芝:《蒙元史研究导论》，南京：南京大学出版社，2012 年。

陈得芝:《蒙元史与中华多元文化论集》，上海：上海古籍出版社，2013 年。

陈高华、史卫民:《元上都》，北京：中国人民大学出版社，2010 年。

陈高华、陈智超等:《中国古代史史料学》（第三版），北京：中华书局，2016 年。

陈庆英:《雪域圣僧：帝师八思巴传》，北京：中国藏学出版社，2002 年。

陈世松、匡裕彻、朱清泽、李鹏贵:《宋元战争史》，呼和浩特：内蒙古人民出版社，2009 年。

陈寅恪:《陈寅恪集・书信集》，北京：生活・读书・新知三联书店，2001 年。

邓瑞全、王冠英编著:《中国伪书综考》，合肥：黄山书社，1998 年。

迪木拉提・奥玛尔:《阿尔泰语系诸民族萨满教研究》，乌鲁木齐：新疆人民出版社，1995 年。

方龄贵:《元史丛考》，北京：民族出版社，2004 年。

嘎日迪:《中古蒙古语研究》，沈阳：辽宁民族出版社，2006 年。

郭英德:《元杂剧与元代社会》，北京：北京师范大学出版社，1996 年。

韩儒林:《穹庐集——元史及西北民族史研究》，上海：上海人民出版社，1982年。
韩儒林主编:《元朝史》，北京：人民出版社，2008年。
黄时鉴:《东西交流史论稿》，上海：上海古籍出版社，1998年。
季羡林:《佛教十五题》，北京：中华书局，2007年。
李治安、王晓欣编著:《元史学概说》，杨志玖审定，天津：天津教育出版社，1989年。
李治安:《元代政治制度研究》，北京：人民出版社，2003年。
李治安:《元史暨中古史论稿》，北京：人民出版社，2013年。
李治安、薛磊:《中国行政区划通史》(元代卷)，上海：复旦大学出版社，2017年。
刘浦江:《正统与华夷：中国传统政治文化研究》，北京：中华书局，2017年。
刘晓:《耶律楚材评传》，南京：南京大学出版社，2011年。
刘迎胜:《察合台汗国史研究》，上海：上海古籍出版社，2006年。
罗斯宁:《元杂剧与元代民俗文化》，广州：广东高等教育出版社，2011年。
罗新:《黑毡上的北魏皇帝》，北京：海豚出版社，2014年。
蒙思明:《元代社会阶级制度》，上海：上海人民出版社，2006年。
苗润博:《〈辽史〉探源》，北京：中华书局，2020年。
南京大学历史系元史研究室编:《元史论集》，北京：人民出版社，1984年。
邱树森:《妥懽贴睦尔评传》，澳门：澳门周刊出版有限公司，2004年。
屈文军:《元史研究：方法与问题》，北京：中国社会科学出版社，2017年。
尚衍斌:《元史及西域史丛考》，北京：中央民族大学出版社，2013年。
邵循正:《邵循正历史论文集》，北京：北京大学出版社，1985年。
王贵:《藏学论文及忆文选编》，北京：中国藏学出版社，2017年。
王国维:《观堂集林》，北京：中华书局，1959年。
王继光:《陈诚及其西使记研究》，北京：中华书局，2014年。

王启龙:《八思巴生平与〈彰所知论〉对勘研究》，北京：中国社会科学出版社，1999 年。
魏良弢:《西辽史》，北京：人民出版社，2010 年。
乌云毕力格:《喀喇沁万户研究》，呼和浩特：内蒙古人民出版社，2005 年。
喜蕾:《元代高丽贡女制度研究》，北京：民族出版社，2003 年。
薛磊:《元代东北统治研究》，北京：社会科学文献出版社，2012 年。
杨志玖:《元史三论》，北京：人民出版社，1985 年。
姚大力:《北方民族史十论》，桂林：广西师范大学出版社，2007 年。
姚大力:《蒙元政治与制度文化》，北京：北京大学出版社，2011 年。
叶新民:《元上都研究》，呼和浩特：内蒙古大学出版社，1998 年。
亦邻真:《元朝秘史（畏吾体蒙古文）》，呼和浩特：内蒙古大学出版社，1987 年。
亦邻真:《般若至宝：亦邻真教授学术论文集》，乌云毕力格、乌兰编，上海：上海古籍出版社，2019 年。
亦邻真:《般若宝藏：亦邻真教授蒙古文学术论著全集及手迹选》（蒙古文），沈阳：辽宁民族出版社，2019 年。
余大钧:《一代天骄成吉思汗——传记与研究》，呼和浩特：内蒙古人民出版社，2002 年。
张岱玉:《〈元史・诸王表〉补证及部分诸王研究》，呼和浩特：内蒙古人民出版社，2019 年。
张帆:《元代宰相制度研究》，北京：北京大学出版社，1997 年。
张杰、杨燕丽选编:《追忆陈寅恪》，北京：社会科学文献出版社，1999 年。
张金铣:《元代地方行政制度研究》，合肥：安徽大学出版社，2001 年。
张云:《元代吐蕃地方行政体制研究》，北京：商务印书馆，2017 年。
照那斯图、薛磊:《元国书官印汇释》，沈阳：辽宁民族出版社，2011 年。
周清澍:《周清澍文集》，桂林：广西师范大学出版社，2020 年。

周思成:《规训、惩罚与征服：蒙元帝国的军事礼仪与军事法》，太原：山西人民出版社，2020 年。

［法］伯希和:《蒙古与教廷》，冯承钧译，北京：中华书局，2008 年。
［美］丹尼斯・塞诺:《丹尼斯・塞诺内亚研究文选》，北京大学历史学系民族史教研室译，北京：中华书局，2006 年。
［瑞典］多桑:《多桑蒙古史》，冯承钧译，北京：商务印书馆，2013 年。
［苏联］符拉基米尔佐夫:《成吉思汗传》，余元盦译注，余大钧、余静修订，上海：上海三联书店，2007 年。
［苏联］弗拉基米尔佐夫:《蒙古社会制度史》，刘荣焌译，北京：商务印书馆，2023 年。
［法］格鲁塞:《草原帝国》，蓝琪译，项英杰校，北京：商务印书馆，1998 年。
［俄］格・尼・波塔宁著,［苏联］B. B. 奥布鲁切夫编:《蒙古纪行》，吴吉康、吴立珺译，兰州：兰州大学出版社，2013 年。
［日］箭内亘:《元代经略东北考》，陈捷、陈清泉译，太原：山西人民出版社，2015 年。
［日］近藤一成主编:《宋元史学的基本问题》，北京：中华书局，2010 年。
［法］路易・巴赞:《突厥历法研究》，耿昇译，北京：中华书局，1998 年。
［俄］皮库林等:《蒙古西征研究》，陈弘法译，呼和浩特：内蒙古人民出版社，2015 年。

本田実信:《モンゴル時代史研究》，東京：東京大学出版会，1991 年。
村上正二:《モンゴル帝国史研究》，東京：風間書房，1993 年。
那珂通世增注:《校正增注元親征録》,《那珂通世遺書》，東京：大日本圖書株式會社，1915 年。

Biran, Michal. *Qaidu and the Rise of the Independent Mongol State in Central Asia*, London: Curzon Press, 1997.

Biran, Michal. *The Empire of Qara Khitai in Eurasian History*, Cambridge: Cambridge University Press, 2005.

Boyle, John Andrew ed. *The Cambridge History of Iran*, Vol.5, Cambridge: Cambridge University Press, 1968.

Jackson, Peter. *Studies on the Mongol Empire and Early Muslim India*, Surrey: Ashgate Publishing Ltd., 2009.

May, Timothy. *The Mongol Art of War: Chinggis Khan and the Mongol Military War*, South Yorkshire: Pen & Sword Books Ltd., 2007.

Molnár, Ádám. *Weather-Magic in Inner Asia*, Indiana: Indiana University Uralic and Altaic Series, Vol.58, 1994.

Pelliot, Paul. *Notes on Marco Polo*, I, Paris: Imprimerie Nationale, Librairie Adrien-Maisonneuve, 1959.

Poppe, Nicholas. *Grammar of Written Mongolian*, Wiesbaden: Harrassowitz Verlag, 2006.

Ratchnevsky, Paul. *Genghis Khan: His Life and Legacy*, trans. and ed. by Thomas Nivison Haining, Oxford and Cambridge: Blackwell Ltd., 1991.

Riasanovsky, Valentin A. *Fundamental Principles of Mongol Law*, Indiana: Indiana University Press, 1965.

Sela, Ron. *Ritual and Authority in Central Asia: The Khan's Inauguration Ceremony*, Papers on Inner Asia No.37, Bloomington: Sinor Research Institute for Inner Asian Studies, 2003.

论 文

愛新覚羅烏拉熙春:《遼朝の国号は“哈喇契丹（遼契丹)”にあらず考——

あわせて契丹大字[illegible]及と契丹小字[illegible]の的音価を推定する—》(《辽朝国号非“哈喇契丹（辽契丹）”考——兼拟契丹大字[illegible]及契丹小字[illegible]的音值》)，《愛新覚羅烏拉熙春女真契丹学研究》，京都：松香堂書店，2009年。

艾骛德:《蒙古帝国成吉思汗先世的六世系》，罗玮汉译，刘迎胜主编:《元史及民族与边疆研究集刊》第31辑，上海：上海古籍出版社，2016年。

宝音德力根:《关于王罕与札木合》,《蒙古史研究》第3辑，呼和浩特：内蒙古大学出版社，1989年。

宝音德力根:《成吉思汗建国前的金与蒙古诸部》,《内蒙古社会科学》1990年第4期。

毕德广、魏坚:《契丹早期墓葬研究》,《考古学报》2016年第2期。

蔡春娟:《元代汉人出任达鲁花赤的问题》,《北大史学》第13辑，北京：北京大学出版社，2008年。

蔡晶晶:《从阿速军到阿速卫：元代阿速军队组织的起源与变迁》，刘迎胜主编:《元史及民族与边疆研究集刊》第28辑，上海：上海古籍出版社，2014年。

曹金成:《从血缘归属到政治认同：成吉思汗建国前后对漠北部众的整编》，冯立君主编:《中国与域外》第4辑，北京：社会科学文献出版社，2021年。

曹永年:《〈北巡私记〉所见之北元政局》,《内蒙古大学学报》2001年第1期。

陈春晓:《伊利汗国成立前后伊朗与汉地关系史新考——记1258—1265年间的三次遣使事件》，刘迎胜、姚大力主编:《清华元史》第4辑，北京：商务印书馆，2018年。

陈得芝:《成吉思汗墓葬所在与蒙古早期历史地理》,《中华文史论丛》2010年第1期。

陈得芝:《藏文史籍中的蒙古祖先世系札记》,《中国藏学》2014年第4期。

陈见微:《北方民族的树崇拜》,《中国典籍与文化》1995年第4期。

陈述:《哈喇契丹说——兼论拓拔改姓和元代清代的国号》,《历史研究》1956 年第 2 期。
陈晓伟:《辽朝国号再考释》,《文史》2016 年第 4 辑。
陈寅恪:《元代汉人译名考》,《国学论丛》1928 年第 2 期。
陈寅恪:《〈彰所知论〉与〈蒙古源流〉》,《中央研究院历史语言研究所集刊》第 2 本第 3 分册,1931 年。
党宝海:《扩廓帖木儿的族源、本名与汉姓》,《西北史地》1997 年第 1 期。
党宝海:《元代城墙的拆毁与重建——马可波罗来华的一个新证据》,邱树森、李治安主编:《元史论丛》第 8 辑,南昌:江西教育出版社,2001 年。
党宝海:《〈马可·波罗行纪〉畏兀儿君主树生传说补证》,《国际汉学研究通讯》第 6 期,北京:北京大学出版社,2012 年。
党宝海:《外交使节所述早期蒙金战争》,姚大力、刘迎胜主编:《清华元史》第 3 辑,北京:商务印书馆,2015 年。
丁国范:《〈至正直记〉三议》,《元史及北方民族史研究集刊》1987 年第 11 期。
杜立晖:《民国〈冀县志〉所载元上万户府达鲁花赤那海公神道碑小考》,石志生、秦进才编:《冀州历史文化论丛》,石家庄:河北人民出版社,2010 年。
俄智多杰:《浅析蔡巴贡嘎多吉的名著〈红史〉》,《四川民族学院学报》2017 年第 1 期。
高建国:《伯颜南征遇"溧水"事辨析》,刘迎胜主编:《元史及民族与边疆研究集刊》第 25 辑,上海:上海古籍出版社,2013 年。
耿世民:《回鹘文亦都护高昌王世勋碑研究》,《考古学报》1980 年第 4 期。
耿世民、张宝玺:《元回鹘文〈重修文殊寺碑〉初释》,《考古学报》1986 年第 2 期。
卡哈尔·把拉提、刘迎胜:《亦都护高昌王世勋碑回鹘碑文之校勘与研究》,

《元史及北方民族史研究集刊》1984年第8期。
康丹:《“大中央辽契丹国”考》，康鹏译，余太山、李锦绣主编:《欧亚译丛》第2辑，北京：商务印书馆，2016年。
李航:《关于元末乃蛮氏关关神道碑的实地考察及研究》,《西部蒙古论坛》2017年第4期。
李鸣飞:《蒙元时期的札撒孙》,《西域研究》2013年第2期。
李新峰:《红罗山与元明战争》,《历史地理》第18辑，上海：上海人民出版社，2002年。
李治安:《元代陕西行省研究》,《中国历史地理论丛》2010年第4期。
林威:《蒙元时期契丹人研究》，山东大学博士学位论文，2004年。
刘开古、华涛:《奈撒维〈札兰丁传・序〉及花剌子模与蒙古和战初期史事部分译注》，刘迎胜主编:《中西元史》第2辑，北京：商务印书馆，2023年。
刘文锁、王磊:《敖包祭祀的起源》,《西域研究》2006年第2期。
刘迎胜:《“汉人八种”新解——读陈寅恪〈元代汉人译名考〉》,《西北民族研究》2020年第1期。
刘正寅:《〈史集・部族志・斡亦剌传〉译注》,《中国边疆民族研究》第6辑，北京：中央民族大学出版社，2012年。
马晓林:《蒙元时期真武—大黑天故事文本流传考》,《藏学学刊》第10辑，北京：中国藏学出版社，2014年。
邱轶皓:《哈剌和林成立史考》，沈卫荣主编:《西域历史语言研究集刊》第5辑，北京：科学出版社，2012年。
瞿大风:《“火失勒”军与探马赤军异同刍议》，邱树森、李治安主编:《元史论丛》第8辑，南昌：江西教育出版社，2004年。
沈卫荣:《再论〈彰所知论〉与〈蒙古源流〉》,《“中央”研究院历史语言研究所集刊》第77本第4分册，2006年。
王启龙:《藏传佛教在元代政治中的作用与影响》,《西藏研究》2001年第

4 期。

王小甫:《契丹建国与回鹘文化》,《中国中古的族群凝聚》，北京：中华书局，2012 年。

王一丹:《伊朗伊利汗时期与蒙古史有关的波斯语文献》，北京大学蒙古学研究中心主编:《面向新世纪的蒙古学：回顾与展望》，北京：民族出版社，2005 年。

王一丹:《孛罗丞相伊利汗国事迹探赜——基于波斯语文献的再考察》,《民族研究》2015 年第 4 期。

吴海航:《成吉思汗〈大札撒〉探析》,《法学研究》1999 年第 5 期。

乌兰:《印藏蒙一统传说故事的由来》,《蒙古史研究》第 6 辑，呼和浩特：内蒙古大学出版社，2000 年。

乌云高娃:《十三世纪元朝与高丽的外交文书》,《隋唐辽宋金元史论丛》第 10 辑，上海：上海古籍出版社，2020 年。

吴泽:《成吉思汗生年与史事纪年考辨——读王国维〈鞑靼年表〉》,《上海师范大学学报》1980 年第 2 期。

熊燕军:《〈平宋录〉的版本及作者》，魏崇武主编:《元代文献与文化研究》第 2 辑，北京：中华书局，2013 年。

叶新民:《元代的钦察、康里、阿速、唐兀卫军》,《内蒙古社会科学》1983 年第 6 期。

余大钧:《蒙古朵儿边氏孛罗事辑》,《元史论丛》第 1 辑，北京：中华书局，1982 年。

余大钧:《论阻卜与鞑靼之异同》,《历史研究》1981 年第 6 期。

于月:《蒙元时期燕只吉部帖速家族小考》,《北大史学》第 19 辑，北京：北京大学出版社，2014 年。

张长利:《波斯文蒙古史文献》,《中国边疆史地研究》1998 年第 3 期。

张岱玉:《元代亦乞列思部封建领地制度探讨》,《内蒙古社会科学》2008 年第 2 期。

张岱玉:《元朝末代中书右丞相也速行迹及其与时局关系探究》，刘迎胜主编:《元史及民族与边疆研究集刊》第 32 辑，上海：上海古籍出版社，2017 年。

张帆:《元代翰林国史院与汉族儒士》,《北京大学学报》1988 年第 5 期。

张帆:《元朝皇帝的“本命日”——兼论中国古代“本命日”禁忌的源流》，刘迎胜主编:《元史论丛》第 12 辑，呼和浩特：内蒙古教育出版社，2010 年。

张帆:《论蒙元王朝的“家天下”政治特征》，陈苏镇编:《中国古代政治文化研究》，北京：北京大学出版社，2009 年。

张云:《藏文史书〈雅隆尊者教法史〉的学术价值》,《民族研究》2016 年第 6 期。

钟焓:《民族学视角下的古代蒙古人传说——读乌瑞夫人蒙古学论著札记》，姚大力、刘迎胜主编:《清华元史》第2辑，北京：商务印书馆，2013年。

[法] 伯希和:《〈蒙古侵略时代之土耳其斯坦〉评注》，冯承钧译,《西域南海史地考证译丛三编》，北京：商务印书馆，1962 年。

[法] 伯希和:《成吉思汗》，黄振华译，内蒙古大学蒙古史研究所编:《蒙古史研究参考资料》1982 年第 23 辑。

[法] 伯希和、[法] 韩百诗:《圣武亲征录注释》(1)，黄振华译，内蒙古大学蒙古史研究所编:《蒙古史研究参考资料》1985 年第 39 辑。

[日] 若松宽:《〈红史〉著作年次考》，特克西汉译，内蒙古社会科学院情报研究所编:《蒙古学资料与情报》1989 年第 3 期。

本田実信:《成吉思汗の十三翼について》,《東方學》1952 年第 4 輯。

蓮見節:《〈元朝秘史〉にみえる alginci と manglai について》，日本蒙古学会编:《モンゴル研究》(13), 1982年。

山本明治:《13·14世紀モンゴル朝廷に赴いたチベット人をめぐって——チベット語典籍史料から見るモンゴル時代》,《待兼山論叢》(史学篇)2011年第45號。

藤島建樹:《元の順帝とその時代》,《大谷学報》49(4), 1970年。

植村清二:《乃蠻小考》,《和田博士古稀記念東洋史論叢》, 東京: 図書印刷株式会社, 1961年。

Boyle, John Andrew. "The Mongol Commanders in Afghanistan and India According to the *Ṭabaqāt-i Nāṣiri* of Jūzjānī", *Islamic Studies*, Vol.2, No.2, 1963.

Clark, Larry V. "The Theme of Revenge in the Secret History of the Mongols", in *Aspects of Altaic Civilization*, Vol.2, ed. by Larry V. Clark and Paul A. Draghi, Indiana: Indiana University Press, 1978.

Cleaves, Francis Woodman. "The Sino-Mongolian Inscription of 1362 in Memory of Prince Hindu", *Harvard Journal of Asiatic Studies*, Vol.12, No.1/2, 1949.

Cleaves, Francis Woodman. "Review of E. Haenisch, *Die Geheime Geschichte der Mongolen*", *Harvard Journal of Asiatic Studies*, Vol.12, No.3/4, 1949.

Cleaves, Francis Woodman. "The Sino-Mongolian Inscription of 1335 in Memory of Chang Ying-Jui", *Harvard Journal of Asiatic Studies*, Vol.13, No.1/2, 1950.

Cleaves, Francis Woodman. "The Sino-Mongolian Inscription of 1338 in Memory of Jigüntei", *Harvard Journal of Asiatic Studies*, Vol.14, No.1/2, 1951.

Cleaves, Francis Woodman. "The Biography of Bayan of the Bārin in The *Yüan Shih*", *Harvard Journal of Asiatic Studies*, Vol.19, No.3/4, 1956.

de Rachewiltz, Igor. "The Preclassical Mongolian Version of the *Hsiao-Ching*", *Zentralasiatische Studien*, 16, 1982.

de Rachewiltz, Igor. "Turks in China under the Mongols: A Preliminary

Investigation of Turco-Mongol Relations in the 13th and 14th Centuries", in Morris Rossabi ed., *China among Equals: The Middle Kingdom and Its Neighbors, 10th and 14th Centuries*, University of California Press, 1983.

Hambis, Louis. "Notes préliminaires à une biographie de Bayan le Märkit", *Journal asiatique*, Tome 241, 1953.

Hambis, Louis. "*Das Keng-shen Wai-Shih: Eine Quelle zur Späten Mongolenzeit* by Helmut Schulte-Uffelage", *T'oung Pao*, Vol.52, Livr.1/3, 1965.

Hambis, Louis. "Un épisode mal connu de l'histoire de Gengis-khan", *Journal des savants*, 1975.

Poppe, Nicholas. "On Some Military Terms in the *Yüan-Ch'ao Pi-Shih*", *Monumenta Serica*, XXVI, 1967.

Street, John C. "Nominal Plural Formations in the 'SECRET HISTORY'", *Acta Orientalia Academiae Scientiarum Hungaricae*, Vol.44, 1990.

Wright, David Curtis. "The Papers of Professor Francis Woodman Cleaves (1911-1995)", *Journal of Song-Yuan Studies*, No.28, 1998.

工具书

［德］海尼士著，内蒙古大学蒙古语文研究所编译:《〈元朝秘史〉词典》。

中国历史大辞典・辽、夏、金、元史卷编纂委员会编:《中国历史大辞典・辽、夏、金、元史卷》，上海：上海辞书出版社，1986年。

贾敬颜、朱风合辑:《蒙古译语 女真译语汇编》，天津：天津古籍出版社，1990年。

保朝鲁编:《汉译简编穆卡迪玛特蒙古语词典》，呼和浩特：内蒙古大学出版社，2002年。

邱树森主编:《元史辞典》，济南：山东教育出版社，2002年。

斯钦朝克图:《蒙古语词根词典》（蒙古文），呼和浩特：内蒙古人民出版社，

1988 年。

内蒙古大学蒙古学研究院蒙古语文研究所编:《蒙汉词典》(增订本),呼和浩特:内蒙古大学出版社,1999 年。

栗林均编:《〈元朝秘史〉モンゴル語漢字音訳·傍訳漢語対照語彙》,《東北アジア研究センター叢書》2009 年第 33 號。

Doerfer, Gerhard. *Turkische und Mongolische Elemente im Neupersischen*, I, Wiesbaden: Franz Steiner Verlag GmbH, 1963.

Lessing, Ferdinand D. *Mongolian-English Dictionary*, California: University of California Press, 1960.

Mostaert, Antoine. *Dictionnaire Ordos*, Peking: Catholic University, 1941.

后　记

这本小书的绝大部分章节完成或酝酿于博士阶段，算是我研读元代多语种文献的初阶性成果。2022 年江河的病逝，自己也曾大病一场，好友的骤然离去以及对健康的反求诸己，直接激起了我出版相关学术成果的迫切和焦虑。

我对元代历史文献的阅读始于《元朝秘史》。本科二年级时，曾购买过一本齐鲁书社于 2005 年出版的《元朝秘史》(鲍思陶点校、李文田注本)，虽然同时参考了从图书馆所借余大钧先生的译注本，但阅读起来困惑难解处仍然很多。后来随着蒙古语的学习以及对相关名物制度的熟悉，对《元朝秘史》的阅读也逐渐深入下去，由此自然形塑了一种从漠北草原或北方民族审视元朝历史的视角。当然，要系统研究元朝历史，还需要对其他域外语种史料尤其是波斯文史料的译释和利用，前辈学者邵循正先生已经做了很好的示范。不过，直到博士阶段我才加强了对波斯文学习的重视，在边学边研的过程中，逐渐选择了《纳昔儿史话》作为专门研读的基本史料；同时，也随南亚系萨尔吉老师修读了一年藏文，并阅读《雅隆尊者教法史》的元代部分。语言的学习和史料的译释难免枯燥，但客观上又进一步扩展了我从边疆和民族以及12—14世纪欧亚大陆史研究元朝历史的视野。

作为汉族学者，在对元史的研究中接触最多的无疑就是汉文文献了。如何充分利用自己先天的语言优势，在对汉文文献的阅读和研究上，写出拿得出手的代表性成果，是我一贯的学术追求。利用汉文文献从事研究的学者，一直以来都是元史学界数量最为庞大的队伍。对我来说，围绕一个学术选题，穷尽基本汉文史料，是自己研究的应有之义，在学术研究资料日益数据化的当下，全面搜罗汉文史料甚至发掘新的汉文史料更是存在诸多便利，但如何跳出对汉文史料进行缀连解说的表层写作，展开对学术议题的深层研究，则是自己一直反思和检讨的方向。尤其对于大家习以为常的汉文史料来说，如何在其中提炼出意料之外却又情理之中的历史信息，回应已有成果或展开全新研究，则是衡量一个元史学者治学功力的更高标准。

本书虽是对蒙元史多语种文献的研究，但所探讨的问题，并不仅仅止步于对文本本身的分析，而是力求在读书得间中深入文本的书写语境和叙述脉络，理解其真正要表达的意涵，进而对元史领域相关问题予以回应和重新诠释。刘浦江先生曾说：“有错误的创见要比没有错误的平庸有价值得多。”在对前人观点进行大胆怀疑、切实批判、系统反思和合理重建中，避免“没有错误的平庸”正是我研究中所恪守的基本治学原则。假以时日，我想在此书以及后续个案研究的基础上，综合中国古代中原王朝史、中国古代北方民族史、12—14世纪欧亚大陆史的视角，对蒙元史进行更加宏观的审视和考察。这种学术野心的实现，必然离不开对元史不同领域成果的吸纳与专题研究。我一直坚信“学术乃天下之公器”，自己在研究中，践行的是及时关注学界动态，努力吸收最新成果，适当拓展研究领域，不断挑战认知限度，在一个不断提升的研究进程中寻求做人和治学的终极意义。

最后，需要说明的是，本书很多章节虽已公开发表，但在收入时仍进行了全面修改，主要体现在增补关键史料、吸纳学界新说、订正旧有观点、润色个别文字等方面。在最初撰写和全面修改时，周清澍、孛儿只斤·额尔敦巴特尔、张帆、党宝海、苗润博、刘元珠、松井太、白玉冬、申万里、特木勒、于磊、陈晓伟、邱轶皓、于月、李鸣飞、张晓慧、申斌、李淼等诸位师友教示良多，在此一并致谢。当然，书中所作分析与所得结论未必皆令人信服，文责自负，诚挚地希望学界同仁的切实指正与不吝赐教。

2024 年 3 月 20 日